KB063140

부모와
아이 사이

부모와 아이 사이

하임 G. 기너트 외 지음 | 신홍민 옮김

하임 G. 기너트의 교육 심리학 『우리들 사이』 시리즈

Between
Parent
And
Child

 양철북

서문

나 죽거든 이렇게 기려주오.

한 사람이 살았으나 이젠 보이지 않네.

피기도 전에 먼 길 떠난 사람,

그가 부르던 삶의 노래는 중간에 그치고

남아 있던 노래 하나

이젠 그마저 영원히 사라졌네.

그 슬픔마저도.

「나 죽은 뒤에」

- 하임 내크먼 바이어리크

하임 G. 기너트 박사는 1973년 11월 4일, 오랫동안의 고통스런 투병 끝에 눈을 감았다. 당시 그의 나이 51세였다. 죽기 몇 주일 전, 첫 번째 저서인 『부모와 아이 사이(*Between Parent and Child*)』를 물끄러미 쳐다보더니 그는 내게 이렇게 말했다.

"앨리스, 이 책은 고전이 될 거야."

그의 예언은 현실이 되었다.

하임 G. 기너트는 임상 심리학자이자 어린이 심리 치료사, 부모를 교육하는 교사였다. 그의 저서 『어린이 집단 심리 치료』, 『부모와 아이 사이』, 『부모와 십대 사이』, 『교사와 학생 사이』는 부모와 교사가 어린이를 대하는 방법에 혁명적인 변화를 몰고 왔다. 이 책들은 1년 넘게 베스트셀러에 올라 있었고, 30개 언어로 번역되었다. 존 W. 샌트록, 앤 M. 미넷, 바버라 D. 캠벨이 펴낸 『자조(自助) 부문 도서에 대한 권위 있는 안내』라는 책자에서 기너트의 책들은 최고 점수('강력하게 추천한다')를 받았고, 자조 분야에서 가장 훌륭한 도서를 소개한 목록에 수록되기도 했다.

하임 G. 기너트는 「투데이」 쇼에 고정 출연한 최초의 심리학자였다. 그가 매주 쓴 칼럼은 중요한 특종 기사로 국제적으로 연재되었다. 그는 매달 잡지 『매콜』에 기사를 썼다. 또 뉴욕 대학교 대학원과 아델피 대학에서 심리학과 조교수로 봉직했다.

그가 책에서 주장한 의사 소통 기술을 통해서, 어른들은 어린이들의 마음을 이해하는 다정한 마음을 가지고 아이들의 세계 속으로 들어갈 수 있다. 또 어린이들의 감정을 파악하여 대응하는 방법도 배울 수 있다.

그는 이렇게 말했다.

"나는 어린이 심리 치료사입니다. 정신적인 문제가 있는 어린이들을 치료합니다. 치료를 할 때는 보통 한 어린이를 1주일에 한 시간씩 1년 동안 만납니다. 그러다 보면 어린이의 정신 이상 증세가 사라지고, 기분도 훨씬 더 좋아지고, 다른 아이들과 사이좋게 지내고, 학교에서 잠시도 가만히 앉아 있지 못하던 증세도 사라집니다. 어떻게 그렇게 될 수 있을까요? 나는 따뜻한 마음으로 아이들과 대화를 나눕니다. 기회가 있을 때마다 아이들이 자신감을 키울 수 있도록 도와줍니다. 상대를 배려하는 마음으로 대화를 나누어 병든 어린이들을 건강하게 할 수 있다면, 부모와 교사들은 그 원칙과 실천 방법을 터득해야 합니다. 심리 치료사들은 치료만 할 수 있을 따름입니다. 어린이들을 심리적으로 건강하게 해주는 일은 매일 그들과 접촉하는 사람들의 몫입니다."

그는 부모와 어린이 지도 집단에 대한 교육을 시작하기로 마음먹었다. 부모들이 좀더 다정한 마음으로 좀더 효과적으로 어린이들을 대하고, 어린이들이 자기 감정에 대해서 어떤 생각을 갖고 있는지를 인식하고, 그들의 감정을 더 깊이 이해하는 데 도움을 주기 위해서였다. 그는 부모들에게 다음과 같은 것을 요구했다. 모욕을 느끼지 않고 규칙을 지키게 하는 법, 인격을 훼손하지 않고 비판하는 법, 판결을 내리지 않고 칭찬하는 법, 마음에 상처를 주지 않고 분노를 표현하는 법, 감정과 지각, 그리고 의견에 대해 왈가왈부하지 않고 인정하는 법을 배우기를 원했던 것이다. 곧 부모들이 어린이들이 자기 마음에서 일어나는 일을 믿고 자신감을 키워나갈 수 있도록 그들을 대하는 방법을 터득하기를 원했다.

심리학자가 되기 전에, 하임 G. 기너트 박사는 이스라엘에서 교사 생활을 했다. 그는 예루살렘에 있는 데이비드 옐린 사범 대학을 졸업했다. 몇 년 간 교사 생활을 하면서, 그는 교실에서 어린이들을 대하는 데 필요한 것들을 충분히 준비하지 못했다는 사실을 깨달았다. 그래서 그는 컬럼비아 대학교 사범 대학에 진학했고, 그곳에서 박사 학위를 받았다.

51세라는 한창 나이에 생을 마감했지만, 하임 G. 기너트는 감동적이고 창의적이고 지적으로 충만한 삶을 살았다. 그의 저서와 강연, 칼럼들 도처에서 우리는 어린이들과 대화를 나누는 방법에 관한 그의 혁신적인 발상들을 확인할 수 있고, 이러한 발상들은 미국뿐만 아니라 전세계에서 반향을 일으켰다. 그는 육아 워크숍의 발전에 공헌하여, 부모와 교사들에게 섬세하고 배려하는 방법으로 어린이들을 대하는 방법을 터득할 수 있게 했다.

영어가 모국어는 아니었지만, 하임 G. 기너트는 영어를 사랑했다. 절제 있고 정확한 영어로 쓴 시에 그 사랑을 담기도 했다. 그 옛날 현인들이 그랬듯이, 그는 자기 지혜를 비유, 알레고리, 경구에 담아 나누어주기도 했다. 다음과 같은 그의 말은 의미 깊다.

"부모가 되지 말고, 부모로서 인간이 되시오."

50세에 생을 마감한 한 유대교 율법 학자에 대한 이야기가 있다. 가족이 장례식을 마치고 집으로 돌아왔을 때, 장남이 이렇게 말했다.

"우리 아버지는 긴 생을 사셨어."

가족들은 모두 화를 냈다.

"그렇게 일찍 돌아가신 분에게 어떻게 그런 말을 할 수가 있어?"

"아버지께서 충만한 삶을 사셨기 때문이야. 중요한 책을 여러 권 썼고, 많은 사람들의 삶에 영향을 끼친 분이셨어."

이 이야기는 내게도 위로가 된다.

2003년, 박사 앨리스 기너트

애야, 손을 내게 내밀렴.

내 안에서 빛나는 너의 신뢰의 빛을 받으며 걸을 수 있도록.

— 하난 칸(Hannan Kahn)

차 례 __

차 례 __

차 례 __

프롤로그

아침에 일어나, 아이의 하루를 비참하게 만들겠다고 작심하는 부모는 없다. "할 수만 있으면 오늘 우리 아이를 야단치고, 잔소리를 해대고, 창피를 주어야지." 하고 다짐하는 어머니나 아버지는 없다. 그와 반대로 많은 부모들은 아침에 일어나 이렇게 다짐한다.

"오늘은 아이들과 아무 일 없이 지내야지. 야단을 치지도 않고 말다툼을 벌이지도 않고, 싸우지도 말아야지."

하지만 아무리 마음을 좋게 먹어도, 원치 않았던 전쟁은 다시 벌어지고 만다.

부모 노릇을 하다 보면, 끝도 없이 소소한 일들이 벌어지고, 잊을 만하면 충돌이 터지고, 느닷없이 위기가 발생하여, 대응을 요구한다. 부모의 대응에는 결과가 뒤따른다. 부모의 대응이 적당했든 적당하지 않았든, 그것은 아이의 자존심과 인격에 영향을 끼친다.

우리는 정신적으로 문제가 있는 부모들만 아이에게 해를 끼친다고 믿고 싶어한다. 불행하게도 아이를 사랑하고, 선의를 가진 부모들도 아이를 비난하고, 창피 주고, 꾸짖고, 조롱하고, 위협하고, 매수하고, 낙인찍고, 처벌하고, 설교하고, 훈계한다.

왜 그럴까? 그것은 바로 부모들 대부분이 말이 가진 파괴적인 힘을 의식하지 못하기 때문이다. 부모들은 옛날에 자기 부모들에게 들었던 말들을 자기도 모르게 자기 입으로 말하고 있다. 본래는 입에 담으려고 하지 않았던 말들을, 자기도 좋아하지 않았던 어조로 말하고 있는 것이다. 이와 같은 의사 소통의 비극은 상대를 배려하는 마음이 부족해서가 아니라, 이해가 부족하기 때문에, 곧 지식이 부족하기 때문에 발생하는 경우가 많다.

아이들과 좋은 인간 관계를 맺고 좋은 대화를 나누기 위해서는 부모들에게 특별한 방법이 필요하다. 외과 의사가 수술실에 들어와서, 마취 전문 의사가 우리에게 주사를 놓기 전에, "사실 난 수술 실습을 많이 받지는 않았지만, 환자들을 사랑해요. 상식에 따라 수술할 거예요." 하고 말한다면 어떤 기분이 들 것인가? 아마도 두려운 나머지 도망칠지도 모른다.

하지만 아이들은 사랑과 상식만 있으면 충분하다고 믿는 부모들을 두고 그렇게 도망치기가 쉽지 않다. 아이들의 일상적인 요구를 해결할 수 있는 능력을 갖추려면 부모들도 외과 의사들처럼 특별한 기술들을 배워야 한다. 수술 부위에 조심스럽게 칼을 갖다 대는 숙련된 외과 의사처럼, 부모들 또한 말을 기술적으로 사용해야 할 필요가 있다. 말이란 바로 외과 의사의 칼과 같기 때문이다. 말을 통해서 아이는, 육체적인 상처는 아니더라도, 감정적으로 수많은 고통스런 상처를 받을 수 있다.

아이들과 의사 소통을 하는 방법을 개선하려면 어디에서 출발해야 하는가? 아이들에게 대응하는 방법을 점검하는 것에서 출발해야 한다. 우리는 말을 알고 있다. 과거에 우리 부모들이 친구와 낯선 사람들에게 하는 말을 들어본 적이 있다. 그때의 말은 행동을 비판하는 언어가 아니라, 감정을 보호하는 언어였다.

깜빡 잊고 우산을 놓고 간 손님에게 우리는 뭐라고 하는가? 그 사람에게 달려가, 이렇게 말하는가?

"어떻게 된 거죠? 우리 집에 올 때마다 늘 뭘 잊고서 놓고 가니까 하는 말이에요. 이것 아니면 저것을 늘 두고 가잖아요. 당신 여동생은 그렇지 않던데. 우리 집에 올 때마다 보면, 그녀는 행동이 참 반듯해요. 당신 나이 마흔네 살이에요! 이런 버릇은 고칠 때도 되지 않았나요? 난 당신이 놓고 간 물건이나 돌려주러 다니는 노예가 아니에요. 머리를 어디 두고 다니나 봐요! 아니면 그냥 어깨에 달고 다니든지! 그렇지 않고서야 어떻게 이럴 수가 있어요?"

우리는 손님에게 이런 식으로 말하지 않는다. "앨리스, 여기 당신 우산 있어요." 하고 간단히 말한다. "당신 주의가 산만하군요!"라고 덧붙이지도 않는다.

부모들은 손님 대하듯 아이들을 대하는 법을 익혀야 한다.

부모들은 아이들이 안전하고 행복하게 살길 바란다. 자기 아이를 겁 많고, 부끄러움 타고, 경솔하고, 미움받는 아이로 만들려고 애쓰는 부모는 없다. 하지만 성장 과정에서 많은 아이들이 바람직하지 못한 성격을 습득하게 되고, 자신을 비롯하여 타인을 존중하는 태도와 안정감을 몸에 익히지 못한다. 부모는 자기 아이들이 공손하기를 바라는데, 아이들은 버릇이 없다. 부모는 아이들이 청결하기를 바라는데, 아이들은 지저분하다. 부모는 아이들이 자신감을 가지기를 원하는데, 아이들은 불안해한다. 부모는 아이들이 행복하게 살기를 바라는데, 아이들은 행복하지 않을 때가 자주 있다.

부모들은 모든 아이가 훌륭한 사람, 곧 동정심과 헌신, 용기 있는 인간, 곧 강한 정신력을 바탕으로 공정함을 준칙으로 삼아 살아가는 인간이 될 수 있도록 도와줄 수 있다. 이와 같은 인간미 있는 목표들을 성취하기 위해서 부모들은 인간미 있는 방법들을 습득해야 한다. 사랑만으로는 충분치 않다. 통찰력만으로는 부족하다. 훌륭한 부모가 되려면 기술이 필요하다. 그런 기술을 습득하여 사용하는 방법에 대해 이야기하려는 것이 이 책의 주제이다. 이 책은 부모들이 바람직한 이상들을 일상 속에서 실천할 수 있도록 도와줄 것이다.

이 책이 부모들이 가진 목표들을 아이들과 관련지어 확인하는 데 도움을 주고, 그 목표들을 성취하는 방법들을 제시해 줄 수 있었으면 좋겠다. 부모들은 특정한 해결책을 필요로 하는 구체적인 문제들과 얼굴을 맞대고 있다. 아이를 좀더 사랑해 주고, 아이에게 좀더 관심을 보여주고, 아이에게 좀더 많은 시간을 주라는 식의 틀에 박힌 충고는 아이에게 아무런 도움이 되지 못한다.

우리는 개별 심리 치료와 집단 심리 치료, 육아 워크숍에서 여러 부모 그리고 아이들과 몇 년 동안 공동 작업을 해왔다. 이 책은 그 경험의 결과물이다. 이 책은 실천적인 안내서로서, 부모들이 매일 부딪히는 여러 가지 상황과 심리적인 문제를 처리하는 데 필요한 구체적인 방법과 바람직한 해결책을 제안한다. 이 책은 아이들과 서로 존중하는 가운데 품위를 지키며 살아가는 부모들에게 안내 역할을 해줄 기본적인 의사 소통 원칙에서 이끌어낸 특별한 충고를 제공해 줄 것이다.

부모와 아이 사이 ·········· 제 **1** 장

아이와 대화 나누기

1. 질문에 숨어 있는 아이의 속마음

아이들과의 대화는 마치 예술 같아서, 그 의미하는 바와 법칙이 특이하다. 아이들의 말과 행동을 그저 천진난만하다고만 생각하면 큰 잘못이다. 아이들의 말을 이해하려면, 마치 암호를 해독할 때처럼, 기술이 필요하다.

열 살 난 앤디는 아버지에게 "할렘(뉴욕의 빈민촌)에는 고아들이 몇 명이나 있어요?"라고 물었다. 매우 지적인 약사였던 아버지는 아들이 어린 나이에 벌써 사회 문제에 관심을 가진 것이 기뻐서 그에 관해서 길게 이야기를 한 뒤, 자세한 통계 수치를 일러주었다. 그러나 앤디는 거기에 만족하지 않고 계속 같은 문제에 대해서 질문을 던졌다.

"뉴욕에는 고아가 몇 명이나 있어요?"

"미국에는?"

"유럽에는?"

"전세계에는?"

아버지는 비로소 아들의 염려가 사회적인 것이 아니라 개인적인 문제에서 기인하며, 아들의 본래 걱정이 고아들에 대한 동정심이 아니라, 자기도 버림받을지 모른다는 두려움에서 비롯된 것이었음을 깨달았다. 아들은 통계 수치를 알고 싶었던 것이 아니라, 자기는 버림받지 않을 것이라는 확신을 얻고 싶었던 것이다.

그래서 아버지는 앤디의 걱정거리를 대신 이야기해 주며 이렇게 대답했다.

"엄마 아빠가 어떤 부모들처럼 널 버릴까 봐 걱정하는구나. 내가 장담하는데, 우린 절대 널 버리지 않아. 다시 그런 걱정이 들거든 내게 이야기해. 내가 널 안심시켜 줄 테니까."

엄마의 손을 잡고 처음 유치원에 온 다섯 살 난 낸시가 큰 소리로 말했다.

"누가 그림을 이렇게 밉게 그렸어, 엄마!"

얼굴이 화끈거린 낸시의 어머니는 못마땅한 얼굴로 딸아이를 쳐다보면서 나무랐다.

"예쁜 그림들을 밉다고 말하면 안 돼!"

옆에서 듣고 있던 선생님이 아이가 한 말의 뜻을 이해하고 싱긋이 웃으며 말했다.

"여기서는 그림을 꼭 예쁘게 그리지 않아도 괜찮아. 자기가 그리고 싶은 대로 그리면 돼."

낸시는 그때서야 자기가 알고 싶었던 물음의 속뜻, 즉 '그림을 잘 못 그리면 무슨 벌을 받을까?' 하는 것에 대한 만족스런 대답을 얻고 웃음을 지을 수 있었다.

낸시는 다시 깨진 장난감을 손가락으로 가리키며 당당한 표정으로 물었다.

"누가 이걸 망가뜨렸어?"

어머니는 대답했다.

"누구라고 말하면 네가 알겠니?"

낸시는 그 아이 이름이 궁금한 것이 아니었다. 낸시는 장난감을 망가뜨리면 어떤 벌을 받는지가 궁금했던 것이다. 물음의 참뜻을 이해한 선생님은 다시 대답해 주었다.

"장난감은 가지고 노는 것이긴 하지만, 어쩌다 깨지는 수도 있어."

그러자 낸시는 만족스러워했다.

낸시는 우회적인 질문을 던지는 방법으로 자기가 궁금하게 여겼던 사실들을 알게 되었다.

'아, 어른들은 그림을 못 그리거나 장난감을 깨뜨려도 쉽게 화를 내지 않는구나. 그렇다면 여기 와서 겁낼 필요가 없겠네.'

낸시는 유치원을 떠나는 어머니에게 손을 흔들어주고는, 선생님에게 달려가 재미있게 유치원에서의 첫날을 보냈다.

열두 살 난 외동딸 캐럴은 자기가 좋아하는 사촌 언니가 여름 방학 동안 자기 집에서 지내다 떠나게 되자 슬퍼서 어쩔 줄 모르며 눈물을 흘렸다.

캐　럴 : (눈물을 글썽거리며) 언니가 가면, 난 또 외톨이가 될 거야.
어머니 : 다른 친구를 사귀면 되잖아?
캐　럴 : 외로워질 것 같아요.
어머니 : 곧 괜찮아질 거야. 걱정하지 마.
캐　럴 : 아, 엄마는 몰라. (훌쩍훌쩍 운다.)
어머니 : 열두 살이나 먹은 아이가 아직도 어린애처럼 훌쩍거리다니!

캐럴은 절망적인 눈초리로 어머니를 흘겨보고는 제 방으로 뛰어 들어가 문을 쾅 닫아버렸다.

어머니가 조금만 캐럴을 이해했더라면, 이 대화는 얼마든지 즐겁게 끝맺을 수가 있었다. 사건 자체가 심각하지는 않더라도, 부모는 아이가 느끼는 감정을 진지하게 받아들여야 한다. 어머니가 보기에는 분명히, 방학을 같이 보내고 나서 헤어지는 것이야 눈물을 흘릴 정도로 큰일은 아니다. 그러나 그렇다고 해서 아이를 안쓰러워하는 마음마저 아낄 필요는 없다.

어머니는 '캐럴이 지금 섭섭해하고 있구나. 그런 마음을 충분히 이해하고 있다는 걸 보여주어서 아쉬워하는 아이의 마음을 달래주어야지.' 하고 생각할 수도 있었을 것이다. 그랬다면 캐럴에게 다음과 같이 말했을 것이다.

"언니가 가버리면 퍽 섭섭할 거야."

"늘 같이 지내다가 헤어지는 건, 참 어려운 일이야."

"언니가 가버리면 네게는 집이 온통 텅 빈 것 같을 거야, 그렇지?"

이렇게 부모가 아이의 마음을 이해하면서 반응하면, 부모와 아이의 관계는 한층 더 친밀해질 것이다. 부모가 자기 감정을 이해해 주고 있다고 느낄 때, 아이의 외로움과 상처는 모두 사라지게 된다. 아이는 이렇게 이해심 있는 어머니를 더 사랑하게 될 것이다. 어머니의 깊은 동정심은 상처받은 마음을 달래는 정서적인 치료제 구실을 한다.

진정으로 아이가 처한 어려움을 부모가 인정하고, 그 실망감을 말로 표현해 줄 때, 아이는 현실과 맞설 수 있는 힘을 얻게 된다.

일곱 살 된 앨리스는 친구 리어와 오후를 함께 지낼 계획을 세웠다. 그런데 갑자기 그날 오후에 걸스카우트 모임이 있다는 사실이 떠올랐다. 앨리스는 울음을 터뜨렸다.

어머니 : 실망이 크겠구나. 리어와 함께 놀려고 오늘 오후를 손
         꼽아 기다리고 있었는데.
앨리스 : 예. 왜 걸스카우트는 다른 날 만나면 안 될까요?

앨리스는 눈물을 그쳤다. 친구 리어에게 전화를 걸어 다시 약속을 정했다. 그런 다음 옷을 바꿔 입고, 걸스카우트 모임에 갈 준비를 했다.

어머니는 딸의 실망감을 이해하고 공감을 표현해 주었고, 이는 앨리스가 어쩔 수 없이 느끼는 갈등과 실망감을 해소하는 데 도움을 주었다. 어머니는 앨리스의 기분을 확인하고, 그 마음을 대신 표현해 주었다. 상황을 대수롭게 여기지 않았으며, 다음과 같이 말하지 않았다.

"무엇 때문에 그렇게 야단법석을 떠는 거니? 다른 날 리어하고 놀면 되잖아. 뭐가 문제야?"

어머니가 "그래, 동시에 두 군데에 다 갈 수는 없어."라는 상투적인 표현을 하지 않았던 것은 현명한 처사였다. 또 다음과 같이 꾸짖

거나 비난하지도 않았다.

"수요일에 걸스카우트 모임이 있다는 걸 알면서도 친구와 함께 놀 계획을 세우다니, 어떻게 된 일이니?"

다음에 나오는 짤막한 대화를 보면, 아버지는 아들의 기분과 불만을 인정해 준다. 그 결과 아들의 분노가 가라앉는다.

야간에 직장에 출근하고, 아내가 낮에 직장에 나가 있을 때 가사를 돌보는 아버지가 장을 보고 집에 돌아와 보니, 여덟 살 된 아들 데이비드가 화가 나 있었다.

아버지 : 아니, 이게 누구야, 화가 났구나. 정말 화가 무척 많이 났어.

데이비드 : 나 화났어요. 정말 많이 화났어.

아버지 : 오, 그래?

데이비드 : (아주 작은 소리로) 아빠가 보고 싶었어요. 학교에서 집에 왔는데, 아빠가 없잖아요.

아버지 : 네 말을 듣고 보니 기분 좋은데? 알았어, 학교에서 돌아올 때, 내가 집에 있으면 좋겠다는 말이지?

데이비드는 아버지를 포옹하고 나서, 밖으로 나가 놀았다. 데이비드의 아버지는 아들의 기분을 풀어주는 방법을 알고 있었다. "장을 보러 가야 했어. 장을 보지 않으면, 먹을 게 없잖아." 하며 집에 없었던 이유를 변명하지도 않았다. 왜 그렇게 화를 내냐고 묻지도 않았다. 그 대신 그는 아들의 기분과 불만을 인정했다.

아이들에게 그들의 불만과 생각이 터무니없고 사실과 다른 것이라고 설득하려고 해봐야 소용이 없다는 사실을 대부분의 부모들은 의식하지 못한다. 그런 태도는 말다툼만 일으키고, 기분만 상하게 할 뿐이다.

어느 날, 열두 살 된 헬렌이 학교에서 몹시 기분이 상해서 집으로 돌아왔다.

헬　렌 : 엄마도 실망할 거야. 시험에서 B밖에 받지 못했어요.
　　　　내가 A를 받는 것을 엄마가 얼마나 바라는지 나도 알아.

어머니 : 엄만 정말 상관 없어. 너 어떻게 그런 말을 할 수 있니?
　　　　네 성적 때문에 실망하지 않아. B도 좋은 점수라고 생
　　　　각해.

헬　렌 : 그런데 엄마는 왜 내가 A를 받지 못할 때마다 소리를
　　　　질러요?

어머니 : 내가 언제 네게 소리를 질렀니? 네가 실망해 놓고는,
　　　　나를 비난하는구나.

헬렌은 울음을 터뜨리며 방에서 뛰쳐나갔다. 헬렌의 어머니는 딸이 자신의 실망감을 인정하지 않고, 엄마인 자기에게 그 비난의 화살을 돌린다는 것을 알았다. 하지만 이 점을 지적하여 다툼을 벌였기 때문에 딸의 기분은 조금도 좋아지지 않았다. 오히려 다음과 같

이 말하면서 딸의 기분을 인정했더라면 좀더 도움이 되었을지도 모른다.

"내가 네 성적에 신경 쓰지 않았으면 좋겠지? 성적에 관해서는 모든 것을 네게 맡겨주었으면 한다는 거 나도 알아."

우리가 상대방의 어려움을 알아주고 이해하려고 노력하면, 아이들뿐만 아니라 모르는 사람들도 그 노력을 평가해 준다.

그래프턴 부인은 은행에 가기가 싫었다고 말했다.

"늘 사람들이 북적거리고, 지점장은 마치 자리를 지키고 있는 것만으로 내게 은혜를 베풀고 있다는 듯한 표정을 짓고 있어요. 그 사람에게 갈 일이 있을 때면, 긴장이 돼요."

어느 금요일, 그녀는 수표에 지점장의 서명을 받아야 했다. 그가 고객에게 하는 소리를 들으니 화가 나고, 견딜 수가 없었다. 하지만 그녀는 그의 처지에서 생각해 보기로 마음먹었다. 그의 기분을 대신 표현해 주고, 인정하면서, 그를 이해한다고 말했다.

"힘든 금요일이에요! 모두가 당신에게 손을 벌리고 있군요. 아직 정오도 되지 않았는데. 어떻게 하루를 헤쳐 나가시는지 참 대단하다는 생각이 들어요."

지점장의 표정이 환하게 밝아졌다. 그가 웃는 모습은 처음이었다.

"예, 그래요. 여기는 늘 바빠요. 모두가 다 자기 일부터 해결하고 싶어하니까요. 그런데 뭘 도와드릴까요?"

지점장은 수표에 서명을 해주고, 그래프턴 부인과 함께 창구 직원에게 가서 일을 신속하게 처리해 주었다.

2. 유익한 대화 : 설교와 비판은 아이의 분노를 일으킨다

부모들은 아이들과 이야기를 나눌 때, 어떻게 대화를 풀어가야 할지 몰라 짜증을 낼 때가 자주 있다. 다음 이야기를 보자.

"어디 갔었니?"

"바깥에요."

"뭘 했니?"

"아무것도 안 했어요."

때에 따라서는, 이런 대화가 정상적인 방법으로 자녀를 대하려고 노력하는 부모들을 얼마나 맥 빠지게 하는지 모른다.

어떤 어머니는 말한다.

"아이를 설득하려고 하다 보면, 화가 나서 내 얼굴이 새파래져요. 아이는 내 말이 귀에 들리지 않나 봐요. 꼭 소리를 질러야 말에 귀를 기울이거든요!"

아이들은 부모와의 대화를 피하려고 할 때가 많다. 왜냐하면 아이들은 대부분 부모에게서 설교나 일방적인 훈계를 듣기 싫어할 뿐더러 비난을 받는 것도 싫어하기 때문이다. 아이들은 부모가 말을 너무 많이 한다고 생각한다.

여덟 살 난 데이비드는 자기 어머니에게 이렇게 말한다.

"나는 간단하게 물어보았는데, 왜 엄마는 그렇게 길게 대답을 해요?"

또 데이비드는 자기 친구에게 말한다.

"난 우리 엄마에게 아무 말도 안 해. 이야기를 했다가는 설교를 들어야 하거든. 그럼 놀 시간이 없잖아."

부모와 아이가 나누는 대화를 귀담아들어 보면, 그들이 주고받는 말에는 굉장한 거리가 있음을 알게 된다. 그들의 대화는 마치 서로 다른 두 개의 독백처럼 들린다. 한 사람은 나무라며 지시하고, 또 다른 사람은 부인하고 변명한다.

이렇게 비극적인 대화가 오고 가는 까닭은 서로 사랑이 부족해서가 아니라 하나의 인격으로서 서로 존중하는 마음이 부족한 탓이며, 지식이 부족해서가 아니라 아이를 다루는 기술이 부족하기 때문이다.

아이들과 의미 있는 대화를 나누기에는 우리가 일상에서 사용하는 용어는 참으로 적절하지 못하다. 아이들에게 접근하고 부모 자신의 욕구 불만을 해소하려면, 새로운 방법으로 대화를 나누어야 하며, 또 새로운 방식으로 아이들과 친해지려고 노력해야 한다.

3. 부모와 아이를 이어주는 대화 :
아이의 행동이 아니라 감정에 대응한다

아이들과 대화를 나누는 새로운 방법의 바탕이 되는 것은 '존중'과 '기술'이다.

첫째, 어른이 자존심을 가지고 있듯이 아이들이 가지고 있는 자존심도 존중해 주어야 한다.

둘째, 충고나 지시를 할 때, 부모는 미리 그 말을 충분히 이해하고 있어야 한다.

아홉 살 난 에릭은 잔뜩 화가 나서 집에 돌아왔다. 학교에서 소풍을 가기로 했는데, 그만 비가 왔기 때문이다. 벌써 여러 번 이런 일을 경험한 아버지는 새로운 방법으로 아이의 마음을 달래보기로 했다. 전에 번번이 실패했던 다음과 같은 상투어는 피하기로 했다.

"비가 와서 못 간 걸 울면 뭐 하니, 다른 날 가면 되잖아?"

"내가 비 오라고 했니? 나한테 화를 내게……."

그 대신 에릭의 아버지는 이렇게 생각했다.

'소풍을 가지 못한 것 때문에 마음이 상해 있어. 실망한 거야. 내게 화를 낸 것은 실망한 자기 마음을 내가 알아주었으면 해서야. 화를 낼 만도 하겠지. 녀석의 기분을 이해하고 존중한다는 것을 보여주면 큰 도움이 될 수 있을 거야.'

그래서 에릭에게 이렇게 말했다.

"너 무척 실망한 표정이구나."

에 릭 : 예, 기분이 나빠서 그래요.

아버지 : 소풍날을 그렇게 기다렸는데.

에 릭 : 정말 그랬어요.

아버지 : 소풍 준비를 다 해 놓았는데, 그만 몹쓸 비가 와 버렸어.

에 릭 : 맞아요. 정말 그랬어요.

잠깐 침묵이 흐른 뒤, 에릭이 말했다.

"뭐, 꼭 오늘만 날인가요."

어느덧 에릭의 화가 풀어지고, 그날은 비교적 평화롭게 보낼 수 있었다. 보통 에릭이 화가 나서 학교에서 돌아오는 날이면, 온 집안이 소란스러웠다. 좀더 심한 경우에는, 식구들 모두에게 화풀이를 해대는 바람에 에릭이 잠들 때까지 집이 시끄러울 정도였다. 그럴 때 에릭의 마음을 누그러뜨릴 수 있는 방법, 도움이 될 만한 방법은 무엇일까?

어떤 격한 감정에 사로잡혀 있을 때, 아이들은 어느 누구의 말도 들으려 하지 않는다. 달래거나 야단치거나 충고를 해도 통하지 않는다. 아이들은 그 특정한 순간에 자기 마음속에 무슨 일이 일어나고 있는지, 자기 기분이 어떤지를 부모가 이해해 주길 바란다. 한 발 더 나아가 자기 마음속에서 일어나는 일을 이해해 주되, 자기가 무엇을 경험하고 있는지는 드러나지 않게 해주길 바란다. 마치 승부를 가르는 장난처럼, 그들이 느끼는 바를 조금만 내어 보이고, 나머지는 어른들이 추측하도록 남겨 두려는 것이다.

아이가 선생님에게 야단맞았다고 말할 때, 자세한 내용을 물을 필요가 없다. "무슨 짓을 했기에 야단을 맞았니? 야단맞을 짓을 했으니까 선생님께서 소리를 질렀겠지. 말썽을 피운 게 틀림없어. 무슨 말썽을 부렸니?" 하고 물어볼 필요가 없다. 우리는 다만 아이가 겪었을 아픔과 부끄러움, 그리고 복수심 같은 것에 대해서 이해하는 마음을 보여주기만 하면 된다.

어느 날 여덟 살 된 애니타가 점심을 먹으러 집에 왔는데, 무척 화가 나 있었다.

애니타 : 나 학교에 안 갈래.
어머니 : 화가 무척 많이 난 것 같구나. 무슨 일인지 엄마한테 이야기해 볼래?
애니타 : 선생님이 내 숙제를 찢었어. 얼마나 노력해서 한 숙제인데, 한 번 들여다보고는 찢어버렸어.
어머니 : 네 말은 들어보지도 않으시고? 그렇게 화를 낼 만도 하겠구나!

애니타의 어머니는 무슨 다른 언급을 하거나 질문을 하지 않았다. 딸에게 필요한 것을 알고 있었기 때문에, 대화를 나누면서 기분을 이해해 주고 함께 나누었다. 그 결과 애니타가 분노를 가라앉히는 데 도움을 줄 수 있었다.

다른 예가 있다. 아홉 살 된 제프리가 무척 기분 나쁜 표정으로 집에 돌아와 불평을 털어놓았다.

제프리 : 선생님 때문에 오늘 너무 힘들었어.
어머니 : 힘들어 보이는구나.
제프리 : 도서관에서 아이 둘이서 떠들었거든. 근데 선생님은 떠든 아이들이 누구였는지를 몰랐어. 그래서 단체로

벌을 주었어. 모든 아이들이 거의 하루 종일 복도에 서 있었어.

어머니 : 반 아이들 전체가 공부 대신, 하루 종일 아무 소리 없이 복도에 서 있었구나! 그러니 얼마나 힘이 들었겠니?

제프리 : 그래서 내가 선생님에게 말씀을 드렸어. "선생님! 선생님은 떠든 사람을 찾아낼 수 있잖아요. 그러면 우리 모두가 다 기합을 받지 않아도 되고요."

어머니 : 세상에, 아홉 살 먹은 어린애가 선생님을 가르치려고 들었구나! 한두 명이 잘못한 것을 가지고 단체 기합을 주는 것은 옳지 않다는 말을 하다니!

제프리 : 그래 봐야 소용이 없었어요. 하지만 그 소리를 듣더니 선생님은 처음으로 미소를 지었어요.

어머니 : 그래. 네가 선생님의 마음을 돌려놓지는 못했어도, 기분을 바꿔주었구나.

어머니가 이야기를 귀담아듣고, 감정을 존중하고, 견해를 인정하고, 문제를 해결하려고 노력한 태도를 평가해 주자, 제프리는 기분이 좋아지고, 화도 가라앉았다.

우리는 어떻게 아이들의 기분을 알게 되는가? 아이들을 바라보고, 이야기에 귀를 기울이면 된다. 우리 자신의 감정적 경험에 기댈수도 있다. 또래들이 있는 데서 공공연하게 창피를 당할 때, 아이들의 기분이 어떨지 우리는 안다. 말로 표현해 주면, 아이들은 우리가 자기들이 겪은 일을 이해해 주고 있다는 사실을 알게 된다. 다음과 같은 말들이 도움을 줄 수 있을 것이다.

"엄청나게 당황했겠구나."
"그 때문에 무척 화가 났겠구나."
"그때는 선생님이 미웠겠구나."
"무척 기분이 상했겠구나."
"네겐 기분 나쁜 하루였구나."

아이들이 부모 앞에서 버릇없이 굴 때가 있다. 그런 행동을 하는 것은 대개 기분이 상했기 때문이다. 그런데 불행하게도 부모들은 그런 사실을 깨닫지 못한다. 행동을 바로잡기 전에 감정부터 다스려야 한다.

열두 살 된 벤의 어머니는 이런 말을 했다.

"어제, 일을 마치고 집에 왔는데, 외투를 벗기도 전에, 아들 벤이 자기 방에서 달려나오더니, 선생님에 대해 불평을 늘어놓기 시작하더군요.

'선생님이 숙제를 너무 많이 내줘요. 1년 동안 해도 다 하지 못할 거야. 내일 아침까지 어떻게 이 시를 쓸 수가 있겠어요? 게다가 지난 주에 내준 짧은 이야기 숙제도 다 못 했는데. 오늘 선생님이 날 야단쳤어. 날 미워하나 봐요!'

난 냉정을 잃고 아들에게 소리를 질렀어요.

'내게도 높은 사람이 있어. 네 선생님만큼이나 골치 아픈 사람이
야. 하지만 넌 내가 불평하는 소리를 들어주지 않잖아. 선생님이 널
야단치는 것도 당연해. 생전 숙제를 해본 적이 없으니까. 너처럼 게
으른 아이가 있을까? 불평일랑은 그만하고, 공부나 해. 그렇지 않
으면 낙제할 거야.'"

"화를 낸 뒤에 무슨 일이 벌어졌나요?"

내가 물었다.

"아들 녀석이 제 방으로 달려 들어가더니 문을 걸어 잠그고는, 저
녁 먹으러 내려오지도 않더군요."

"그때 기분이 어땠어요?"

내가 다시 질문을 던졌다.

"끔찍했어요. 그날 밤 내내 기분이 엉망이었어요. 모두가 다 마음
이 상해 있었어요. 분위기도 침울했고요. 자책감을 느꼈지만, 어떻
게 해야 할지 모르겠더군요."

"아들 기분이 어땠으리라고 생각하세요?"

다시 내가 물었다.

"십중팔구 내게 화가 나고, 선생님은 무서웠을 거예요. 당황하여
어쩔 줄 모르고, 낭패감에 젖어 마음을 가다듬을 수가 없었을 거예
요. 난 아이에게 큰 도움이 되지 못했어요. 그런데 아이가 불평을
하면서 책임을 지지 않으려고 하는 모습을 볼 때마다, 참을 수가 없
어요."

벤이 불평을 하지 말고 자신의 감정을 표현할 수 있었더라면, 이

와 같은 사단은 피할 수 있었을 것이다.

"엄마, 나 내일 학교 가기가 무서워. 시 한 편과 짧은 이야기 한 편을 써야 하는데, 너무 당황해서 그런지 집중이 되지 않아."

벤이 이렇게 말할 수 있었더라면, 어머니도 아들의 어려움을 인정하고, 공감했을 것이다. 다시 말해서 자신의 감정부터 말했더라면, 어머니도 다른 반응을 보였을 것이다.

"그래, 내일 아침까지 시 한 편과 짧은 이야기 한 편을 쓰지 못할까 봐 걱정하는구나. 그러니 당황하는 것도 무리가 아니야."

부모도 그렇지만, 아이들도 감정을 함께 나누는 법을 배우면서 자라지 못했다. 심지어는 자신이 무엇을 어떻게 느끼고 있는지조차 모를 때도 자주 있다. 불행한 일이다.

일반적으로 아이들은 극복하기 어려운 일이 있을 때 화를 내며 다른 사람들을 비난한다. 그럴 때, 부모들은 보통 화를 내며 아이들을 나무라고, 나중에 가서 후회할 소리를 퍼붓는다. 물론 문제는 해결되지 않는다.

아이들은 감정을 함께 나누는 데 서툴다. 그러므로 그들이 분노의 분출을 숨기기 위해 드러내는 두려움과 절망, 무력감의 소리를 듣는 법을 부모들이 알아두면 유익할 수 있다. 부모들은 아이의 행동에 대해 반응을 보이는 대신에, 당황한 기분에 반응하여, 그것을 극복하도록 도와주는 것이 좋다. 제대로 느낄 때에만, 아이들은 명확하게 생각하고 제대로 행동할 수 있다. 다시 말하면 제대로 느낄 때에만 집중하고, 주의를 기울이고, 귀담아들을 수 있다.

그런 식으로 느끼는 것은 바람직하지 않다고 하거나, 그런 식으로 느낄 이유가 없다고 부모들이 설득하려고 해도, 아이들의 상한 기분은 가라앉지 않는다. 상한 기분은 떨쳐버려야 사라지는 법이다. 하지만 이야기를 들어주는 사람이 공감하고 이해하면서 그 기분을 받아들여 주면, 그 강도가 약해지고, 모난 정도가 수그러든다.

이런 사실은 아이들뿐만 아니라 어른에게도 해당된다. 부모들과 벌인 토론 가운데 몇 가지 실례를 찾아보자.

사회자 : 가령 우리가 보통 말하는, 실수를 연발하는 아침이라고 합시다. 전화벨이 울리고, 아이는 울고, 생각하지도 못하고 있는데, 토스트는 타고 있어요. 이때 남편이 토스트를 보면서 "맙소사, 언제나 토스트 만드는 법을 배울 생각이야?"라고 말한다면 여러분은 어떤 반응을 할까요?

A 부인 : 토스트를 남편의 얼굴에 던졌을 거예요.

B 부인 : "그렇다면 당신이 해요!"라고 했을 거예요.

C 부인 : 너무 속상해서 울었을 거예요.

사회자 : 그런 남편의 말을 듣고, 남편에게 어떤 감정을 갖게 되었을까요?

부인들 : (다 같이) 분노와 미움과 무안이요.

사회자 : 다시 토스트를 만들어줄 생각이 났을까요?

A 부인 : 토스트에다 독약이라도 탈 수 있다면요!

사회자 : 남편이 출근한 뒤, 제대로 집안일을 할 수 있었겠어요?

A 부인 : 천만에요. 하루 종일 기분이 좋지 않았을 거예요.

사회자 : 가령 똑같은 경우에, 토스트 타는 것을 보고, 남편이 "여보, 이거 안됐구려. 아이는 울고, 전화는 자꾸만 걸려오는데, 게다가 토스트까지 타니."라고 말했다고 생각해 봐요.

B 부인 : 기분이 근사할 것 같은데요.

C 부인 : 참으로 기분이 좋아 남편을 껴안고 입맞춤이라도 해주고 싶어지겠죠.

사회자 : 아이는 계속 울고 있고, 토스트는 다 타고 있는데 어떻게 그렇게 할 수 있을까요?

부인들 : (다 같이) 그런 건 문제도 안 돼요.

사회자 : 무엇이 여러분의 마음을 그렇게 다르게 만들었다고 생각하나요?

A 부인 : 비난을 받지 않아서 고마운 마음이 들었을 거예요.

사회자 : 하루를 어떻게 보냈을 거라고 생각하나요?

C 부인 : 유쾌하고 행복한 하루가 되었을 거예요.

사회자 : 그럼 세 번째 종류의 남편을 말해 보기로 해요. 이 양반은 토스트 타는 것을 지켜보더니 가까이 와서 조용히 말했어요. "내가 토스트 만드는 방법을 가르쳐줘야겠네."

B 부인 : 이런 남편은 첫 번째 남편보다 더 나빠요. 그 사람은 자기 아내를 바보로 만들고 있거든요.

사회자 : 그러면 토스트가 탈 경우에 서로 다른 방법으로 대응한

세 가지 상황이, 우리가 아이들을 다룰 때 어떻게 적용되는지 알아보도록 해요.

A 부인 : 사회자께서 무슨 말씀을 하려는지 잘 알겠어요. 저는 항상 우리 아이들에게 "너는 그 나이에 이것도 모르니? 저것도 모르니?"라고 말했어요. 그때마다 아이들이 얼마나 화가 났겠어요.

B 부인 : 나는 그런 경우 우리 아이들에게 "이거 어떻게 하는지 가르쳐줄게, 이것은 또 어떻게 하는지 가르쳐줄게."라고 말했어요.

C 부인 : 내겐 아이들을 나무라는 버릇이 있는데, 이젠 그것이 예사로운 일처럼 되어버렸어요. 어렸을 때에 우리 어머니가 늘 내게 하시던 것처럼 아이들을 나무라는 거예요. 그런데 나는 그런 어머니가 싫었어요. 내가 한 일은 제대로 된 것이 하나도 없고, 내가 해 놓은 일은 언제나 다시 해야만 했거든요.

사회자 : 그런데 부인은 지금 똑같은 말을 딸에게 하고 있다는 거지요?

C 부인 : 그래요. 나는 그런 말이 싫어요. 그런 말을 할 때는 나 자신도 싫어져요.

사회자 : 자, 그러면 토스트 타는 이야기에서 우리가 무엇을 배울 수 있었는지 살펴보도록 하죠. 불쾌한 기분을 사랑스런 감정으로 바꾸는 데 무엇이 도움을 주었는지 알아

보도록 해요.

B 부인 : 누가 나를 이해해 주고 있다는 사실이요.

C 부인 : 비난은 하지 말아야겠어요.

A 부인 : 그리고 어떻게 하면 더 잘 할 수 있다는 식의 말도 하지
말아야겠어요.

예로 든 위의 대화(하임 G. 기너트의 『어린이 집단 심리 치료』에서 인용함)에서 우리는 한 마디 말이 기쁨과 불행을 얼마나 좌우하는지 알 수 있다. 이 대화는 (말과 감정에 대한) 반응에 따라 우리 가정의 분위기가 달라질 수 있다는 것을 가르쳐준다.

4. 대화에서 중요한 것 : 이해와 감정 이입

아이가 어떤 사건에 대해서 말을 하거나 물으면, 사건 그 자체보다는 사건이 암시하는 관계에 초점을 맞추어 대답해야 한다.

여섯 살 난 플로라는 어머니에게 자기는 요즈음 오빠만큼 선물을 많이 받지 못한다고 투덜거렸다. 플로라의 어머니는 그렇지 않다고 부정하거나 오빠가 너보다 나이가 많아서 필요한 것이 더 많다고 설명하지도 않았다. 잘못되었으니 앞으로는 그렇게 하지 않겠다고 약속하지도 않았다. 그녀는 아이의 관심이 선물이 많고 적음에 있는 것이 아니라는 사실을 잘 알고 있었다. 아이의 관심은 자기가 부

모와 얼마나 깊은 관계에 있는지, 자신에 대한 부모의 관심이 얼마나 큰지에 쏠려 있었다. 그래서 어머니는 긴말할 것 없이 "엄마가 오빠를 더 사랑한다고 생각하나 보구나?" 하면서 플로라를 꼭 껴안아주었다. 플로라는 기쁘기도 하고 놀랍기도 해서 내내 미소를 짓고 있었다. 어쩌면 하루 종일 말다툼을 해도 끝나지 않을 문제가 한 마디로 끝날 수 있었다.

어린이들이 던지는 많은 질문들의 이면에는 확신을 얻고자 하는 욕망이 숨어 있다. 그와 같은 질문에 대한 최선의 대답은, 우리의 관계는 변함없을 것이라는 확신을 심어주는 것이다.

아이가 어떤 사건에 대해 이야기할 때, 사건 그 자체보다 사건을 둘러싸고 있는 아이의 감정을 깨닫고 그에 반응하는 것이 도움이 될 수 있다.

일곱 살 난 글로리아는 잔뜩 화가 나서 집에 돌아왔다. 글로리아는 아버지에게 남자아이들이 자기 친구 도리를 흙탕물 속에 밀어넣었다고 이야기했다. 아버지는 자세한 이야기를 더 묻지 않고, 딸이 그때 느꼈을 감정에 대해 말했다.

"너도 퍽 화가 났겠구나."

"네 친구를 떠다민 남자아이들이 미웠지?"

아버지의 말에 글로리아는 힘을 얻어 고개를 끄덕이며 그렇다고 대답했다.

"글로리아! 그 애들이 네게도 그렇게 할까 봐 두렵니?"

아버지의 질문에 글로리아는 이렇게 대답했다.

"그렇게만 해보라지. 내가 가만 있을 줄 알고? 끌어다 흙탕물에 거꾸로 처박아 버릴 거야."

그리고 거꾸로 박혀 있는 그 아이의 모습이 그림처럼 머릿속에 떠올라, 글로리아는 그만 킥킥 웃어버렸다.

이 경우 아버지와 글로리아의 대화는 장황한 설교나 자기 방어에 대한 불필요한 충고로 끝나지 않고, 아주 간단하고 유쾌하게 끝날 수 있었다. 아이들이 친구나 선생님, 또는 자신에 대해 산더미처럼 불평을 털어놓을 때는, 사건의 진상이나 잘잘못을 가리기보다 감정의 흐름에 따라 받아주는 편이 좋다.

열 살 난 해럴드가 잔뜩 화가 난 채 집으로 돌아와 불평을 털어놓았다.

해럴드 : 오늘은 진짜 재수 없는 날이에요. 내가 숙제를 잊어버리고 하지 못했다니까, 선생님이 나더러 거짓말쟁이라고 야단을 치잖아요. 소리를 꽥 지르면서 엄마한테 알리겠대나?

어머니 : 그래, 오늘은 정말 운수가 나쁜 날이었구나.

해럴드 : 정말 그래요.

어머니 : 친구들 앞에서 거짓말쟁이라는 말을 들었을 때 매우 창피했겠구나.

해럴드 : 정말 창피해서 혼났어.

어머니 : 너 속으로 선생님께 하고 싶은 말이 있었지?

해럴드 : 예. 그런데 엄마는 그걸 어떻게 알아요?

어머니 : 누가 기분을 상하게 하면, 사람들은 대개 그런 생각을
          하거든.

해럴드 : 그 말을 들으니 마음이 놓여요.

자신의 감정이 인간 경험의 정상적인 일부분이라는 것을 알게 되
면 아이들은 큰 안도감을 느낀다. 그런 사실을 전달하는 가장 좋은
방법은 그들에게 공감을 표현하는 것이다.

아이들이 스스로에 대해 어떤 평가를 할 때에는, 그 말에 동의하
거나 부정하기보다는 좀더 자세한 내용으로 들어가 아이가 기대했
던 이상의 이해를 얻을 수 있게 해주는 것이 좋다.

"난 수학에 취미가 없어."라고 말하는 아이에게, "그래, 넌 숫자
와는 담을 쌓았어."라고 한다든가, "더 열심히 해봐, 나아질 테니."
하는 말은 별 도움을 주지 못한다. 이런 경솔한 말은 오히려 아이의
자존심을 상하게 하기 쉬우며, 자신감을 아주 잃어버리게 하는 수
가 있다. 아이가 "난 수학에 취미가 없어."라고 말할 때는, 솔직하
고 이해하는 태도로 그 말을 받아주어야 한다.

다음 몇 가지 말을 생각해 보자.

"수학은 쉬운 과목이 아니야."

"어떤 문제는 계산하기가 참 어려워."

"선생님이 야단을 친다고 해서 어려운 수학 문제가 쉬워지는

않아."

"선생님한테 야단을 맞을 때는, 내가 바보가 아닌가 하는 생각이
들어."

"수학 시간이 정말 싫어. 그 시간이 지나면 기분이 날아갈 듯 시
원하지."

"시험 때는 더 힘들 거야."

"시험을 망칠까 봐 굉장히 걱정스러울 거야."

"우리가 널 어떻게 생각할지 염려될 거야."

"우리가 네게 실망할까 봐 두려울 거야."

"어떤 과목이 어려운지 엄마랑 아빠는 잘 알고 있어."

"네 힘껏 했을 거라고 믿어."

열두 살 난 여자아이가 말했다.

"형편 없는 성적표를 집에 가지고 갔는데, 아빠가 그토록 나를 이
해하며 말을 해주니까, 쥐구멍이라도 있으면 기어들어가고 싶은 심
정이었어요."

아이가 마음으로 보인 반응은 "아빠가 믿어주는 만큼 열심히 공
부해야지." 하는 결심이었다.

부모들은 때로 아이들이 불쑥 "난 바보인가 봐."라고 단언하는 말
을 듣는다. 내 아이가 바보일 리가 없다고 생각하는 부모는 굳이 아
이가 똑똑하다고 설득하려 애쓴다.

찰 스 : 난 바보인가 봐.

아버지 : 넌 바보가 아니야.

찰 스 : 난 진짜 바보야.

아버지 : 넌 바보가 아니야. 생각나지 않니? 네가 야영 갔을 때 선생님이 널더러 가장 영리한 아이라고 말했잖아.

찰 스 : 선생님이 무슨 생각으로 그런 말을 했는지 아빠가 어떻게 알아?

아버지 : 선생님이 아빠에게 그렇게 말씀하셨어.

찰 스 : 그랬어? 그런데, 왜 선생님은 나만 보면 바보 같은 녀석이라고 그럴까?

아버지 : 농담으로 그랬겠지.

찰 스 : 내가 바보라는 건 나도 알고 있어. 학교 성적 좀 봐.

아버지 : 조금만 더 열심히 하면 돼.

찰 스 : 열심히 해봤지만 안 돼. 난 머리가 나쁜가 봐.

아버지 : 아냐, 넌 영리해. 아빠가 잘 알아.

찰 스 : 난 바보야. 내가 잘 알아.

아버지 : (큰 소리로) 넌 바보가 아니야!

찰 스 : 난 바보야.

아버지 : 바보가 아니라니깐, 이 바보 같은 녀석아!

아이가 스스로를 바보라거나, 못생겼다거나, 나쁘다고 단언할 경우, 아이가 갖는 느낌을 어떤 말이나 행동으로 당장에 바꿀 수는 없다. 사람은 자신의 확고한 의견을 바꾸려는 직접적인 시도에 대해서 반발하게 마련이다. 한 아이가 자기의 아버지에게, "아빠가 말하는 뜻을 알아. 그러나 날더러 영리하다고 하는 아빠의 말을 그대로 믿을 만큼 나는 바보가 아니야." 하고 말할 때 볼 수 있듯이, 아이가 자신에 대해 부정적인 표현을 했을 때, 그것을 부정하거나 시인하는 것은 아무런 도움이 되지 못한다. 그런 태도는 오히려 아이로 하여금 그 생각을 더욱 강하게 주장하게 만들 뿐이다.

　아이를 가장 잘 도울 수 있는 길은, 아이가 느끼고 있는 감정뿐만 아니라 그 감정이 뜻하는 내용까지도 이해한다는 것을 보여주는 것이다.

이　반 : 난 바보예요.

아버지 : (진지하게) 넌 정말 네가 바보라고 생각하는구나. 네가 현명하다고 생각하지는 않니?

이　반 : 아뇨.

아버지 : 그럼 걱정이 퍽 많겠구나.

이　반 : 예, 그래요.

아버지 : 학교에서는 걱정이 더 많겠구나. 낙제하지는 않을까, 성적이 나쁘지는 않을까 해서 말이야. 선생님이 너를 지명하면, 그만 당황해서 잘 알고 있던 대답도 제대로 나오질 않을 거야. 혹시 말했다가 틀리면 어떡하나 하고 걱정이 되어서 말이야. 틀리면 선생님에게 꾸중을

듣고, 친구들은 비웃을 테니 차라리 아무 말도 하지 않을 때가 많겠지. 어쩌면 무슨 말을 했다가 웃음거리가 되었던 기억이 떠오를 수도 있고. 네 눈엔 네가 바보같이 보였겠고, 기분도 나쁘고 화도 났을 거야.(이때 아이는 자기가 경험했던 일들을 이야기할지도 모른다.)

아버지 : 하지만 애야! 누가 뭐라고 하든, 내가 보기에 넌 좋은 아이야. 그런데 넌 그렇게 생각하지 않는 것 같구나.

이런 식의 대화가 아이의 생각을 그 자리에서 단번에 바꿀 수는 없을지 모른다. 하지만 자신에 대한 적절치 못한 생각을 스스로 의심해 볼 조그마한 씨앗을 뿌린 셈은 될 것이다. 아이는 '우리 아빠가 나를 이해해 주고, 나를 좋은 아이라고 생각하는 걸 보면, 내가 그렇게 가치 없는 아이는 아닌가 봐.'라고 생각할지도 모른다. 이런 대화에서 느낀 친밀감 때문에, 아들은 아버지의 믿음대로 살려고 노력하게 될지도 모른다. 궁극적으로 그는 자기 자신 속에서 더 소망스런 대답을 찾아내려고 할 것이다.

아이가 "나는 한 번도 운이 좋은 적이 없었어."라고 말할 때, 어떻게 설명하거나 시시비비를 가려서 아이가 믿고 있는 바를 고칠 수는 없다.

우리가 운이 좋았던 한 가지 예를 들어 말하면, 아이는 운이 없었던 두 가지 사례를 말할 것이다. 다만 우리가 할 수 있는 일은, 아이가 믿고 있는 바를 충분히 이해하고 있다는 걸 보여주는 것뿐이다.

애너벨 : 난 한 번도 운이 좋았던 적이 없어.

어머니 : 너 정말 그렇게 생각하니?

애너벨 : 응.

어머니 : 그래서 꼭 시합을 할 때면 네 스스로 으레 "나는 운이 없으니까 이기지 못할 거야."라고 생각하는구나.

애너벨 : 응. 꼭 그렇게 생각해.

어머니 : 학교에서는 선생님이 질문할 때 답을 잘 알고 있으면서도, "오늘은 선생님이 내 이름을 부르지 않을 거야."라는 생각을 하지?

애너벨 : 응, 그래.

어머니 : 그러나 네가 숙제를 안 해 갔을 때는 "오늘은 꼭 나를 지명할 거야."라고 생각하고?

애너벨 : 응, 그래.

어머니 : 이런 예는 수두룩할 거야.

애너벨 : 그럼, 가령 이럴 때도 있어.(아이는 예를 들 것이다.)

어머니 : 네가 어떤 것을 운이라고 생각하는지 알고 싶구나. 운이 나쁘다거나, 운이 좋다는 생각이 들 만한 일이 일어나거든, 와서 말해. 우리 함께 이야기를 나눠보자.

이런 대화로 아이가 생각하는 행운에 대한 정의를 바꿀 수는 없을 것이다. 하지만 아이로 하여금 이렇게 이해심 많은 엄마가 있어서 얼마나 다행인가 하고 생각할 수 있게는 할 것이다.

5. 상반된 감정 : 아이의 죄의식과 불안을 덜어준다

아이들은 부모를 사랑하기도 하지만, 또 한편으로는 미워하기도 한다. 부모나 선생님, 또는 자기에게 큰 영향을 끼친다고 생각하는 사람이면 누구에게든 아이들은 이런 두 가지 감정을 보인다. 이렇게 상반된 감정이 우리 생활에 실제로 존재하는데도 부모들은 이를 받아들이는 데 어려움을 겪는다.

그 까닭은 자기 마음속에서 이렇게 감정이 서로 어긋나는 것도 마땅치 않은 터에, 아이들의 마음속에서 그런 일이 일어난다고 하니, 더욱더 이를 인정할 수가 없기 때문이다. 사람들에 대해서, 특히 가족에 대해서 두 가지 다른 감정을 갖는 것은 뭔가 근본적으로 잘못된 것이라고 생각한다.

우리는 두 갈래 감정이 우리 안에도 있고 아이들에게도 있음을 인정하고 받아들이는 아량을 가져야 한다. 쓸데없는 갈등을 피하기 위해서는, 아이들에게 이런 감정이 정상적이고 자연적이라는 것을 깨닫게 해주어야 한다. 그렇게 해서 아이들이 느끼는 죄의식이나 불필요한 걱정을 덜어주는 것이 좋다.

"내가 보기에 너는 선생님에게 두 가지 감정을 갖고 있어. 좋아하면서도 싫어해."
"넌 형에게 두 가지 감정을 갖고 있는 것 같구나. 존경하면서도 미워해."

"너 이 문제에 대해 두 가지 생각을 하는구나. 캠프에 가고 싶어 하면서도 집에 있고 싶어해."

비난하지 않는 말투로 조용히, 아이가 상반된 감정을 가지고 있음을 깨닫게 함으로써 아이를 도와줄 수 있으며, 혼란스런 감정을 순화해 줄 수 있다. 어떤 아이가 "내 복잡한 감정을 이해할 수만 있다면, 이토록 뒤죽박죽이 되지는 않았을 텐데."라고 말했다고 하자. 이런 경우 다음과 같은 말들은 결코 도움이 되지 않는다.

"너처럼 이랬다저랬다 하는 아이는 처음 본다. 어느 때는 좋아했다가 어느 때는 싫어했다가……. 도대체 넌 어느 쪽이니?"

현실 사회를 관찰해 보면, 사랑이 있는 곳에 미움이 있고, 동경이 있는 곳에 질투가 있으며, 헌신이 있는 곳에 적대감이 있고, 성공이 있는 곳에 근심이 있다. 이런 모든 감정들, 곧 긍정적 감정, 부정적 감정, 그리고 혼합된 감정들 모두 정당한 것이라는 사실을 깨닫는 데는 커다란 지혜가 필요하다.

그런 생각을 마음으로 받아들이기란 쉬운 일이 아니다. 어렸을 때 받은 훈련과 커서 받은 교육은 우리에게 양쪽의 견해에 대한 편견만을 가르쳤다. 부정적인 감정은 모두 나쁜 것이며, 그런 감정을 가져서는 안 된다고 우리는 들었다. 그러나 새로운 과학적 견해에 따르면 반드시 그렇지는 않다. 드러난 행위에 대해서는 좋다 나쁘다 하는 판결을 내릴 수 있지만, 마음속의 행위에 대해서는 판결을 내릴 수 없다는 것이다. 행동(conduct) 자체는 비난이나 명령을 받을 수 있지만, 감정은 그럴 수도, 또 그렇게 해서도 안 된다. 감정에 대해 판결을 내리거나, 상상을 검열하는 것은 자유로운 사고와 정신 건강을 해치는 결과를 가져온다.

감정은 우리가 유전으로 받은 소산이다. 물고기는 헤엄치고, 새는 날고, 인간은 느낀다. 우리는 어느 때는 행복하다고 느낀다. 그러나 행복하지 않을 때도 있다. 살아가면서 때에 따라서 분노, 노여움, 두려움, 서러움, 기쁨, 욕심, 가책, 번뇌, 경멸을 느낀다. 이런 감정을 우리 마음대로 좌우할 수는 없다. 하지만 우리에게는 이런 감정들을 어느 때 어떻게든 표현할 수 있는 자유가 있다. 또 우리는 이런 감정이 무엇인지도 알아야 한다.

많은 사람들이 교육을 받았지만, 자기들이 무엇을 느끼고 있는지는 모르는 경우가 많다. 상대를 죽이고 싶도록 미워하는데, 그것은 다만 싫어하는 것이라고 일러주고, 두려워서 벌벌 떠는데, 아무것도 두려워할 것이 없다고 일러준다. 마음이 쓰라리고 아픈데, 용감하게 웃어야 한다고 충고해 준다.

이렇게 감정을 숨기고 꾸민다는 것은 무엇을 뜻할까? 꾸미거나 숨기지 않은, 진실 그대로의 것이 있다는 것을 의미한다. 그러므로 감정에 대한 교육은 아이들 스스로 자기들이 무엇을 느끼고 있는가를 깨닫는 데 도움을 줄 수 있다. 아이들에게는 '왜 느끼는지' 보다 '무엇을 느끼는지'를 아는 것이 더 중요하다. 자기가 무엇을 느끼는지 분명히 알 수만 있다면, 뭐가 뭔지 모르겠다는 혼란에 빠지지는 않을 것이다.

6. 감정을 비춰주는 거울 :
아이가 스스로의 감정을 이해하게 한다

아이들은 거울에 비친 모습을 보고 자신의 생김새를 알게 된다. 마찬가지로 자신에게 투영된 감정의 소리를 듣고 자신의 감정에 대해서 이해하게 된다.

거울의 역할은 모습을 있는 그대로 비춰주는 것이다. 보태거나 빼지 않으며 아첨하거나 거짓으로 보여주지 않는다. 우리는 "넌 보기 흉해. 눈은 벌겋고, 얼굴은 부었고 불결해. 아무튼 전체적으로 봐서 못난이야. 무슨 수를 쓰는 게 좋을걸." 하고 말해 주는 거울을 갖고 싶어하지 않는다. 그렇게 요술을 부리는 거울이 몇 번만 얼굴을 비춰주어도, 우리는 마치 전염병이라도 되는 듯 그것을 피하게 될 것이다. 우리가 거울에서 원하는 것은 설교가 아니라 상이다. 비록 우리에게 보이는 상이 좋지 않아도, 우리는 겉으로 드러나는 움직임에 대해서 스스로 대책을 세우기를 원한다.

감정을 비춰주는 거울의 역할은, 비꼬지 않고 느끼는 감정을 그대로 보여주는 것이다.

"너 몹시 화가 난 것 같구나?"

"말하는 투가 나를 몹시 미워하는 것같이 들리는데."

"네겐 저것이 못마땅한 모양이구나."

이런 감정을 가진 아이들에게는 앞의 이야기들이 도움이 된다. 이것들은 아이가 어떤 느낌을 갖고 있는가를 보여준다. 유리 거울이든 감정을 비추는 거울이든, 상이 선명하면 성장하고 변화할 수 있는 기회를 얻을 수 있다.

우리 부모들은 모두 어른으로서 마음에 상처를 입거나, 화를 내거나, 두려워하거나, 혼돈을 느끼거나 서글퍼한다. 감정이 상할 때는 이야기를 귀담아들어 주고 이해해 주는 사람만큼 위안이 되고 도움이 되는 존재가 없다. 어른에게 들어맞는 것은 아이들에게도 들어맞는 법이다. 상냥한 대화는 비판과 설교 그리고 충고를, 인간을 이해해 주는, 다시 말하면 마음을 치료하는 진통제로 바꾸어준다.

아이가 괴로워하거나, 두려워하거나, 혼동을 느끼거나, 슬퍼할 때, 우리는 대부분 당장 뛰어들어 판결을 내리며 충고를 아끼지 않는다. 이런 태도는 우리가 의도하지도 않은 메시지를 아이에게 전한다.

"넌 참으로 어리석은 녀석이라 무엇을 어떻게 해야 할지 모르고 있어."

처음에 느낀 고통에 새로 모욕을 보태주는 격이다.

좀더 좋은 방법이 있다. 시간을 두고 동정심을 가지고 아이를 이해하게 되면, 완전히 다른 메시지를 보낼 수 있다.

"넌 내게 중요해. 네 기분을 이해하고 싶어."

그와 같이 중요한 메시지 뒤에는 다음과 같은 확신이 담겨 있다.

"기분이 편안할 때, 가장 좋은 해결책을 찾을 수 있을 거야."

부모와 아이 사이 ··········제 **2** 장

 말의 힘 : 격려하고 이끌어주는 좋은 방법

심리 치료를 할 때는 아이에게 "넌 훌륭한 꼬마야. 넌 대단해."라고 말하는 법이 절대 없다. 판결을 내리고 가치를 평가하는 칭찬을 하지 않는다. 왜 그럴까? 도움이 되지 않기 때문이다. 그런 칭찬은 아이를 불안하게 하고, 남에게 의지하게 하며, 움츠러들게 만든다. 그것은 타인의 판결로부터 자유로워야 할 자립, 자발, 자율에 도움이 되지 않는다.

1. 아이에게는 칭찬도 소용 없는가

전혀 예기치 않은 순간에 아이가 못된 행동을 할 때가 가끔 있다.

추수 감사절 주말이 지난 월요일 이른 아침이었다. 가족은 자동차로 피츠버그에서 뉴욕으로 가고 있었다. 여섯 살 된 에이번은 뒤에 앉아 있었는데, 조용히 무엇인가 생각하고 있는 품이 꼭 천사 같았다. 어머니는 에이번이 칭찬을 받을 만하다는 생각이 들었다. 차가 링컨 터널(뉴욕으로 들어가는 해저 터널)에 막 들어섰을 때, 아들에게 말했다.

"에이번, 너 참 착하구나. 그렇게 얌전하다니. 네가 정말 자랑스럽구나."

잠시 후, 에이번은 차에 달린 재떨이를 빼내, 속에 든 내용물을 부모에게 쏟았다. 담뱃재와 꽁초들이 마치 폭탄처럼 쏟아졌다. 터널 속에서 자동차는 밀리고, 꼭 숨이 막혀버릴 것 같았다. 에이번의 어머니는 아이가 죽이고 싶도록 미웠다. 조금 전에 그토록 진지하게 칭찬을 했는데도 그런 일을 저질렀기 때문에 더욱 화가 치밀었다. 그녀는 스스로에게 물었다. 아이들에게는 칭찬도 소용 없는가?

몇 주일 뒤 에이번은 그때 자신이 난리를 부린 까닭을 말해 주었다. 그는 자동차 뒤에 앉아서 줄곧 어떻게 하면 앞자리의 어머니와 아버지 사이에 앉아 있는 어린 동생을 없애버릴 수 있을까 하는 생각을 하고 있었다. 그때 문득 생각이 떠올랐다. 만일 잭나이프로 가족이 타고 있는 자동차의 한복판을 쫙 가르면 자신과 부모는 안전할 것이고 동생은 두 토막이 될 것 같았다. 막 이런 생각을 하고 있는데, 어머니가 착하다고 칭찬하자 에이번은 가책을 느꼈다. 그래서 자기는 칭찬을 받을 만큼 착한 마음을 먹지 않았다는 사실을 보여주어야 한다고 생각했다. 주위를 둘러보니, 재떨이가 눈에 띄었다. 그 다음 일은 순간적으로 일어난 것이다.

1) 무슨 일을 잘 했다고 해서 좋은 사람이 되는 것은 아니다

대부분의 사람들은 칭찬이 아이에게 자신감과 안정감을 준다고 믿는다. 그러나 실제로는 칭찬이 긴장과 나쁜 버릇을 초래할 수도 있다. 왜냐하면 아이들은 때로 가족들에 대해서 무시무시한 생각을 품기도 하기 때문이다. 부모가 "너는 착한 아이야."라고 했을 때, 아이들이 그 말을 액면 그대로 받아들이지 않는 까닭은, 자기가 생각할 때는 그렇지도 않기 때문이다. 자기가 생각하기에 착하지 않은 까닭은, 얼마 전에 엄마가 없어져 버렸으면, 또는 이번 주말에는 형이 병이 나서 병원에 입원했으면 하고 생각한 적이 있었기 때문이다.

사실 칭찬을 받을수록 아이의 버릇이 더 나빠지는 것은 자기 모습을 있는 그대로 보여주려고 하기 때문이다. 부모들은, 착한 행동을 칭찬해 주었더니 마치 칭찬을 받아들이지 못하겠다는 듯이 아이가 사납게 행동하기 시작하더라는 말을 자주 한다. 버릇없는 행동은 주위 사람들이 자기를 바라보는 눈길에 대해 불안감을 표현하는 아이 나름의 방법일 수도 있다.

영리하다고 칭찬받는 아이가 배우는 일에서 꽁무니를 빼려는 태도를 드러내는 것은 드문 일이 아니다. 자기가 누리고 있는 높은 평가를 위험에 빠뜨리고 싶지 않기 때문이다. 그에 비해서, 노력에 대해서 칭찬을 받는 아이들은 어려운 과제에 더욱 끈질기게 매달리는 태도를 보인다.

2) 바람직한 칭찬과 바람직하지 못한 칭찬

칭찬이란 페니실린 주사처럼 함부로 놓아서는 안 된다. 잘 듣는 약이 모두 그렇듯이, 약을 쓸 때에는 법칙과 주의가 필요하다. 법칙이란 시간과 양 그리고 부작용의 가능성들이다. 감정에 쓰이는 약에도 이와 비슷한 법칙이 있다. 칭찬할 때 가장 중요한 법칙은, 성격과 인격에 대해서 칭찬하지 말고, 꼭 아이의 노력과, 노력을 통해 성취한 것에 대해 칭찬하는 것이다.

아이가 마당을 쓸었을 때, 열심히 했다든가 마당이 아주 깨끗해졌다고 하는 말은 자연스런 칭찬이다. 그러나 매우 착하다고 말하는 것은 아이가 한 일과는 아무런 관련이 없으며 적절한 표현도 아니다. 아이를 위하려면, 칭찬하는 말은 인격에 대한 왜곡된 상이 아니라, 아이가 성취한 일을 있는 그대로 비추어주는 거울이 되어야 한다.

다음의 예는 해주어야 할 칭찬들이다.

여덟 살 난 줄리는 마당을 깨끗이 쓸었다. 마당을 쓸고, 쓰레기를 버리고, 빗자루와 쓰레받기도 잘 정돈해 놓았다. 이것을 본 어머니는 감동하여, 아이의 노력과 아이가 해 놓은 일에 대해 고마움을 표현했다.

어머니 : 마당이 너무 지저분해서 하루 만에 그것을 다 치우리라고는 생각하지 못했단다.

줄　리 : 내가 그걸 치웠어요.

어머니 : 쓰레기랑 나뭇잎이 수두룩했지?

줄　리 : 내가 그걸 다 청소한 거라니까요.

어머니 : 힘들었겠구나.

줄　리 : 예, 좀 힘들었어요.

어머니 : 마당이 깨끗해지니까 이젠 보기에도 시원한데.

줄　리 : 참 좋아요.

어머니 : 고맙다.

줄　리 : (웃으며) 이 정도 가지고 뭘요.

어머니의 말은 줄리에게 자신의 노력을 기쁘게 생각하고, 자기가 한 일에 대해 자랑스러운 마음을 갖게 해주었다. 그날 저녁, 줄리는 아버지에게 마당을 청소한 것을 보여주고, 일을 잘 해냈다는 만족감을 한 번 더 느끼고 싶어서 아버지가 얼른 돌아오기를 초조하게 기다렸다.

위의 칭찬과 대조적으로 다음처럼 아이의 개인적인 성품에 대해 칭찬하는 것은 별로 도움이 되지 못한다.

"넌 참 훌륭한 아이야."
"넌 엄마의 좋은 심부름꾼이야."
"네가 없으면 엄마가 어떻게 살겠니."

이런 말은 아이에게 위협이 될 수 있고, 그 결과 아이에게 걱정을 안겨줄 수도 있다. 아이는 자기가 그런 칭찬을 받을 만큼 착한 아이라고는 생각하지 않을지도 모른다. 또 그런 칭찬을 받으며 살기는 거의 불가능하다고 느낄 수도 있다. 그래서 자기의 본모습이 폭로될 때까지 두려워하며 기다리기보다는, 오히려 나쁜 행동을 통해서 미리 고백함으로써 마음의 짐을 덜어야겠다고 마음먹을 수도 있다.

개성을 직접적으로 칭찬하는 것은 마치 곧장 내리쬐는 햇빛 같아서, 눈을 불편하게 하고 부시게 한다. 눈앞에 놓고 너는 훌륭하다, 천사 같다, 너그럽다, 겸손하다고 하면 누구나 당황함을 느낄 것이다. 그리고 '꼭 그렇지는 않다고' 조금은 부정하려고 할 것이다.

여러 사람이 있는 앞에서 떳떳하게 일어나 "고맙습니다. 여러분이 내게 훌륭하다고 한 말씀을 나는 그대로 믿습니다."라고 말할 수 있는 사람은 없을 것이다.

개인적으로도 마찬가지이다. 그런 칭찬을 선뜻 받아들일 수가 없다. 솔직히 자기 자신에게 "난 훌륭해. 성격이 좋고, 강하고, 너그럽고 겸손한 인간이야."라고 말할 수가 없기 때문이다. 또 자기에 대한 칭찬을 부인하는 데 그치지 않고, 칭찬을 한 사람들에 대해서 다시 생각할지도 모른다. "진정으로 나를 훌륭하게 생각한다면, 저들은 정녕 똑똑한 사람은 아니야."라고 생각할 수도 있다.

3) 칭찬하는 과정

칭찬은 두 부분으로 이루어진다. 우리가 아이들에게 말하는 것이 그 하나이고, 다른 하나는 아이들이 그들 자신에 대해서 이야기하는 것이다.

칭찬을 하려거든 아이들이 노력하였거나 도움을 주었거나, 배려를 하였거나, 새로운 것을 해냈거나, 성취한 일에 대해서 어떤 점이 마음에 들고, 어떤 점을 높이 평가하는가를 명확하게 표현해야 한다. 칭찬의 표현은 아이들이 자신의 성품에 대해서 실제적인 결론을 이끌어내지 않을 수 없도록 구성되어야 한다. 부모의 칭찬은 요술 캔버스와 같아야 한다. 그래서 아이들이 자기 자신에 대해서 긍정적인 그림을 그릴 수 있도록 해야 한다.

열 살 난 케니는 아버지를 도와 지하실을 함께 치웠다. 일을 하는 동안 케니는 무거운 가구를 옮겨야 했다.

> 아버지 : 나무로 만든 의자는 무거워서 옮기기가 힘들어.
> 케　니 : (자랑스럽다는 듯이) 난 옮겼는데…….
> 아버지 : 옮기는 데 힘이 꽤 많이 들지?
> 케　니 : (팔을 굽혀 근육을 보이면서) 난 힘이 세요.

이 대화에서 아버지는 아들이 힘든 일을 해낸 데 대해 언급했다. 자신의 힘에 대하여 결론을 내린 것은 아이 자신이었다. 만일 아버지가 "너 참 힘센 아이구나."라고 했더라면, 케니는 "아니에요. 우리 반에는 나보다 더 힘센 아이가 있어요." 하고 대답했을지도 모른다. 그러면 결론 없는 논쟁이 벌어졌을지도 모른다.

일반적으로 우리가 칭찬을 하는 것은, 아이들의 기분을 더 좋게 해주고 싶어서이다. 그런데 딸에게 "너 예쁘구나!"라고 했는데, 거절하는 까닭은 뭘까? 아들에게 "너 잘생겼구나!"라고 했는데 당황해하면서 뒷걸음칠치는 것은 무슨 까닭에서일까? 우리 아이들이 즐겁게 해주기가 너무 힘든 까다로운 성격이어서, 칭찬도 도움이 되지 못하기 때문일까? 물론 그렇지 않다. 그것은 대부분의 사람들처럼 우리 아이들도 인격이나 육체적·정신적인 특징에 대해 평가하는 칭찬의 표현에 별로 좋은 반응을 보이지 않기 때문이다. 아이들은 평가받는 것을 좋아하지 않는다.

우리를 사랑한다고 주장하는 사람이 월말마다 우리에게 평가표를 건넨다면 어떤 기분이 들까? "입을 맞추면 A를 받지만, 껴안아 주면 B밖에 받지 못해요. 하지만 사랑을 하면 A⁺를 받아요." 어쩌면 우리는 마음이 불편하고, 모욕감을 느낄 뿐, 사랑받는다는 느낌은 느끼지 못할 것이다.

더 좋은 방법이 있긴 하다. 기쁨과 놀람을 자세하게 묘사하고, 아이의 노력에 대해서 인정한다는 내용이 담긴 표현을 사용하고, 아이를 존중하고 이해한다는 사실을 전해 주는 말을 하면 된다.

어느 날 저녁, 열세 살 된 준이 혼자 집에 있는데, 강도가 들어오려고 했다. 준은 이웃집에 전화를 하려고 했지만, 아무도 받지 않았다. 그래서 경찰에 전화를 걸었다.

부모가 집에 돌아와 보니, 경찰이 준에게서 증언을 받고 있었다. 어머니와 아버지 모두 그런 무서운 사건을 의젓하게 처리한 준의 태도에 깊은 감명을 받았다.

하지만 그들은 매우 훌륭하다느니, 참으로 의젓하다느니 하는 말로 준을 칭찬하지 않았다. 그 대신 이야기를 나누며 준에게 상황을 자세하게 설명하고, 적절한 조치를 취한 점에 대해서 높이 평가한다는 말을 해주었다.

아버지는 이렇게 말했다.

"헤밍웨이가 정의한 용기에 딱 들어맞는 행동을 했더구나. '곤경에 처했을 때, 점잖게 행동하라!' 열세 살짜리 아이가 냉정을 잃지 않고, 급한 상황에서 자신을 지키는 데 필요한 조치를 취하고, 이웃집에 전화를 하고, 그 다음엔 경찰에 전화를 걸어 상세한 증언을 하다니, 참으로 장하다. 네 엄마와 나는 네가 얼마나 존경스러운지 모르겠구나."

아버지의 말에 귀를 기울이며, 준은 마음을 놓기 시작했다. 얼굴에 함지박만 한 미소가 번졌다. 그러더니 "아빠가 내게 넌 지금 인생을 살아가는 법을 배우는 중이라고 말할 줄 알았어요."라고 말했다.

어머니 아버지가 그런 반응을 보였기 때문에, 준은 자기 혼자 집을 지키게 남겨 놓았다고 불평하지 않았다. 오히려 자기 자신이 좀더 능력 있는 사람이 된 것 같은 기분을 느끼면서, 안도의 한숨과 함께 가슴을 쓸어내렸다.

여기 다른 예가 하나 더 있다. 레스터의 어머니는 아들이 축구 경기에서 뛰는 모습을 지켜보며 오후를 보냈다. 경기가 끝난 뒤, 아들의 공 다루는 기술과 시합에서 세운 공로에 대해서 의견을 나누고 싶어서, 인상 깊었던 경기 내용을 자세하게 설명했다.

"오늘 오후에 네가 축구 경기하는 것을 보면서 정말 흐뭇했어. 네가 골을 넣을 수 있는 기회를 만들어준 마지막 10초가 특히 더 그랬어. 수비 지역에서 경기장 맞은편 끝까지 내달려 결승골을 넣는 데 도움을 주었잖아. 넌 자부심을 가져도 돼!"

어머니는 "넌 자부심을 가져도 돼!"라는 말을 덧붙였다. 레스터가 마음속에 좀더 커다란 자부심을 품기 바랐기 때문이다.

어떤 아버지는 낙엽을 긁어모은 뒤에, 여섯 살 된 딸 제니퍼에게 낙엽을 쌓는 일을 도와달라고 했다. 일을 마치고 나서, 아버지는 낙엽 더미들을 가리키며 말했다.

"하나, 둘, 셋, 넷, 다섯, 여섯! 36분 동안에 여섯 더미나 쌓았구나. 일을 어떻게 그렇게 빨리 할 수가 있었지?"

그날 밤, 잠자리에 들기 전에 인사를 하면서 제니퍼는 물었다.

"아빠, 낙엽 더미 이야기 좀 다시 해줄 수 있어요?"

구체적이고 사실에 근거한 칭찬을 하려면 노력을 들여야 한다. 어린이들은 성품에 대해서 평가해 줄 때보다, 정보와 의견을 말해 줄 때 훨씬 더 많은 것을 얻는다.

조지의 어머니는 아들의 기타에 이런 쪽지를 남겨놓았다.

"네 기타 연주는 내게 커다란 즐거움을 준단다."

아들은 크게 기뻐했다.

"날 훌륭한 연주자라고 말해 줘서 고마워요."

조지는 어머니의 인정을, 자신을 칭찬하는 말로 바꾸어 표현했다.

칭찬이 용기를 잃게 하는 경우도 있다. 그것은 칭찬을 들은 뒤, 아이가 자신에게 무슨 말을 하는지 보면 알 수 있다.

열두 살 된 린다가 비디오 게임 3단계에 도달했을 때, 아버지가 큰 소리로 말했다.

"너 대단하구나! 손놀림이 완벽해! 전문 게임 선수야."

린다는 흥미를 잃고 뒷걸음질치며 물러났다. 아버지의 칭찬을 듣고 나서는 게임을 더 이상 계속하기가 어려웠다. 이런 생각이 들었기 때문이다.

"아빠는 내가 대단한 선수라고 생각해. 하지만 난 전문가가 아니야. 운이 좋아서 3단계에 도달했을 뿐이야. 다시 하면 2단계에도 도달하지 못할 거야. 이쯤에서 그만두는 것이 좋겠어."

아버지로서는 지켜보고 있다가 그냥, "새 단계에 도달했으니 정말 기분이 좋겠구나."라고 말했더라면 더 도움이 되었을 것이다.

아래의 예들이 이 점에 대해서 좀더 설명해 주고 있다.

* **도움이 되는 칭찬** : 자동차를 닦아줘서 고마워. 새 차 같은데.

  긍정적인 결론 : 내가 일을 잘한 거야. 내가 한 일이 인정을 받았어.

  도움이 되지 않는 칭찬 : 너는 천사야. 착한 아이야.

* **도움이 되는 칭찬** : 네가 준 그림 엽서 참 좋더라. 아주 예쁘고 멋지던데.

  긍정적인 결론 : 난 좋은 취미를 가졌나 봐. 이젠 내 선택을 믿을 수 있겠어.

  도움이 되지 않는 칭찬 : 넌 언제나 남을 걱정할 줄 아는 아이야.

* **도움이 되는 칭찬** : 네 시는 내 마음을 말해 주는 듯했어.

  긍정적인 결론 : 내가 시를 쓸 수 있다니, 기뻐.

  도움이 되지 않는 칭찬 : 나이에 비해 넌 참으로 훌륭한 시인이더구나.

* **도움이 되는 칭찬** : 너, 책장을 예쁘게 만들었구나.

  긍정적인 결론 : 나는 뭐든 할 수 있나 봐.

도움이 되지 않는 칭찬 : 너는 훌륭한 목수야.

* **도움이 되는 칭찬** : 네 편지는 내게 큰 기쁨을 주었어.
   긍정적인 결론 : 내가 다른 사람을 기쁘게 할 수 있구나.
   도움이 되지 않는 칭찬 : 넌 탁월한 작가야.

* **도움이 되는 칭찬** : 오늘 설거지를 도와주어 고마워.
   긍정적인 결론 : 나는 책임감이 있어.
   도움이 되지 않는 칭찬 : 그 누구보다 설거지를 잘 했어.

* **도움이 되는 칭찬** : 돈을 더 거슬러주었다는 사실을 알려줘서 고
   마워. 정말 고맙게 생각하고 있어.
   긍정적인 결론 : 정직한 행동을 했다는 것이 기뻐.
   도움이 되지 않는 칭찬 : 너는 매우 정직한 아이야.

* **도움이 되는 칭찬** : 네 작문을 보고, 나는 몇 가지 새로운 견해를
   얻었어.
   긍정적인 결론 : 나도 창작을 할 수 있구나.
   도움이 되지 않는 칭찬 : 네 나이에 비해서는 글을 꽤 잘 쓰는 편
   이야. 그러나 아직 말을 더 배워야 해.

이렇게 사실에 근거한 칭찬을 듣고 아이 스스로 긍정적인 결론을

내리는 것은, 정신 건강이라는 건물에 사용되는 벽돌이나 마찬가지이다. 우리의 칭찬을 듣고, 자신들에 대해서 결론을 내리고 나서, 아이들은 그것을 나중에 조용히 혼자 중얼거려 본다. 마음속에서 이런 실질적이고 긍정적인 표현들을 되풀이함으로써, 아이는 자기 자신과 자기를 둘러싸고 있는 세계에 대해 긍정적인 견해를 갖게 된다.

2. 아이를 비판하기보다는 이끌어준다

평가를 내리는 칭찬과 비판은 동전의 양면을 이룬다. 둘 다 상대방에 대해 판결을 내린다. 판결을 내리는 우를 범하지 않으려고, 심리학자들은 비판을 통해서 아이들에게 영향을 끼치려고 하지 않는다. 심리학자들은 아이들을 이끌어주려고 한다. 비판할 때, 부모들은 아이의 인격과 성품에 대해 비난을 퍼붓는다. 이끌어줄 때는 문제에 대해, 그리고 가능한 해결책에 대해 언급한다. 아이 자신에 대해서는 한 마디도 하지 않는다.

여덟 살 된 메리가 잘못하여 주스를 쏟았다. 어머니는 침착하게 이렇게 말했다.

"주스가 쏟아졌구나. 가서 다른 잔하고 행주를 가져와야겠다."

어머니는 자리에서 일어나 딸에게 주스를 따라주고 행주를 건넸다. 딸은 안도의 한숨을 쉬며 믿을 수 없다는 표정을 지으며 어머니를 바라보다가 "엄마, 고마워요."라고 중얼거렸다. 메리는 어머니의 도움을 받아 식탁을 닦았다. 어머니는 다른 쓸데없는 훈계나 깎아내리는 말을 덧붙이지 않았다. 메리의 어머니는 나중에 "다음에는 조심하라고 말할 뻔했지만, 내 너그러운 침묵을 메리가 참으로 고마워했기 때문에, 아무 말도 할 수가 없었어요."라고 말했다.

일이 잘못되었을 때, 바로 그 자리에서 일을 저지른 아이의 인격에 대하여 나무라는 것은 바람직하지 못하다. 이럴 때는 그저 벌어진 사건 자체만 다루고, 사람에 대해서는 왈가왈부하지 않는 것이 최선이다.

당신이 사랑하는 사람과 드라이브를 하는 중인데, 그가 길을 잘못 들어섰다고 가정하자. 그런 상황에서 "왜 길을 잘못 들어섰어? 신호등도 볼 줄 몰라? 저 뒤에 커다란 신호등이 있잖아. 아무나 다 볼 수 있는 신호등이야."라고 말해서 무슨 도움이 될 수 있을 것인가? 당신이라면 그런 말을 듣고도 사랑이 물밀 듯 밀려드는 기분이 들겠는가? 사랑하는 사람을 기쁘게 해주기 위해서 운전 실력과 신호등 보는 실력을 높이겠다고 다짐하겠는가? 아니면 다정하게 대꾸하겠다고 마음먹겠는가? 어떻게 하는 것이 도움이 되겠는가? 그럴 때는 상대방의 기분에 호응하며 같이 한숨을 내쉬는 것이 좋다. "무척 당황했지?" 아니면 아무렇지 않게 "여기서 10킬로미터 지나면 출구가 있어."라고 말하는 것이 좋을 수도 있다.

3. 아이의 잘못에 차분하게 대처한다

많은 가정에서 부모와 자녀 사이에 일어나는 소동을 보면, 흔히 있을 수 있는 일에서 시작하여 예측할 수 있는 과정을 밟는다. 아이가 잘못을 저지르면 부모는 흔히 모욕적인 말로 꾸짖는다. 그래서 아이가 버릇없는 말로 대꾸하면, 부모는 큰 소리를 지르고 윽박지르거나 매를 든다. 이리하여 무료 공개 쇼가 시작된다.

일곱 살 난 너대니얼은 빈 유리컵을 가지고 놀고 있었다.

아버지 : 너 그거 깨뜨릴라. 넌 항상 잘 깨뜨리잖아.
너대니얼 : 깨뜨리지 않을 거야.

그러다가 그만 컵이 마루에 떨어져 깨져버렸다.

아버지 : 아유! 저 바보 같은 녀석. 또 깨뜨렸네. 집에 있는 물건
          이란 물건은 모조리 다 깨뜨리는구나.
너대니얼 : 그렇담 아빠도 바보야. 요전에 엄마가 가장 아끼는 접
          시를 깨뜨렸잖아.
아버지 : 버릇없이 누가 아버지한테 바보라고 하니!
너대니얼 : 아빠가 먼저 나를 바보라고 했잖아. 그렇다면 아빠도
          버릇이 없는 거야.
아버지 : 한 마디만 더 해봐라! 주둥이를 비틀어놓을 테니. 네 방

으로 썩 꺼지지 못해!

너대니얼 : 싫어!

아이가 이렇게 정면으로 자기 권위에 대항하자, 화가 머리끝까지 치솟은 아버지는 아들을 움켜잡고 마구 때렸다. 아버지를 뿌리치고 달아나려던 너대니얼은 아버지를 유리문 있는 쪽으로 떠밀었다. 유리가 깨지면서 아버지는 손을 뱄다. 피를 본 아이는 겁에 질려 집을 뛰쳐나간 뒤 저녁 늦게까지 돌아오지 않았다. 집안이 온통 뒤숭숭해졌고, 온 식구가 밤잠을 잘 수 없었다.

이러한 소동을 통해 너대니얼이 그릇을 깨뜨리지 않는 방법을 배웠는가, 배우지 못했는가 하는 것은 그리 중요하지 않다. 그가 자기 자신과 아버지에 대해서 부정적인 교훈을 얻었다는 사실이 더 중요하다. 문제는 이렇게까지 다툴 필요가 있었는가 하는 점이다. 그렇게 보기 흉하게 싸우지 않고, 좀더 슬기롭게 처리하는 방법은 없었을까?

아들이 컵을 굴리며 노는 것을 본 즉시, 컵을 치우고 그 대신 공 같은 것을 주어서 가지고 놀게 할 수도 있었을 것이다. 컵이 깨어졌을 때에도, 유리 조각 치우는 일을 도와주면서, 유리컵은 잘 깨진다거나, 작은 컵이라도 깨지면 조각들이 이렇게 많이 흩어진다는 등의 말을 해줄 수도 있었을 것이다.

이런 식으로 차분하게 반응했더라면 너대니얼로 하여금 자기가 저지른 실수에 대해 사과하고 속죄하는 마음을 갖게 했을지도 모른다. 소리지르고 때리지 않더라도, 아들은 마음속에서 컵은 굴리며 장난하는 물건이 아니라는 결론을 스스로 내렸을지도 모른다.

하찮은 실수와 중요한 가치들

아이들은 사소한 사고에서 중요한 가치 있는 교훈들을 얻을 수 있다. 아이들은 부모에게서 단순히 불쾌하고 기분 나쁜 사고와, 비극적이거나 재앙을 안겨주는 사건을 구분하는 법을 배워야 한다. 많은 부모들은, 달걀 한 개 깨뜨린 일을 두고 마치 다리라도 부러뜨린 듯이, 유리창 한 장 깨뜨린 사고를 마치 심장이라도 터뜨린 듯이 다루려 한다. 하찮은 불행은 가볍게 취급해야 한다.

"그래, 너 또 장갑을 잃어버렸구나. 기분 나쁠 거야. 후회가 되기도 하고. 그렇다고 무슨 큰 난리가 난 건 아니야. 그건 사고에 지나지 않아."

장갑 한 짝 잃어버렸다고 마음의 평정을 잃어버릴 것까지는 없다. 옷이 찢어진 일을 두고 마치 그리스 비극이라도 벌어진 것처럼 난리법석을 떨 필요는 없다.

그와 반대로 사고는 가치를 가르쳐줄 좋은 기회가 될 수 있다.

여덟 살 된 다이애나는 반지에 박힌 탄생석을 잃어버리고 서럽게 울기 시작했다. 아버지는 딸을 바라보면서 분명하고 힘있는 목소리로 이렇게 말했다.

"우리 집에서는 돌이 그토록 중요하지 않아. 사람이 중요하고, 감정이 중요해. 누구나 돌을 잃어버릴 수 있지만, 돌은 다른 것으로 대체할 수도 있어. 내게 중요한 것은 네 감정이야. 네가 정말 좋아하는 돌이니까, 다시 찾을 수 있었으면 한다."

비판은 아무런 도움이 되지 않는다. 비판은 분노와 적대감을 낳는다. 심지어는 그보다 더 나쁠 수도 있다. 정기적으로 비판을 받는 아이들은 자기 자신과 다른 사람들을 비난하는 법을 배우게 된다. 또 자신의 가치를 의심하고 다른 사람의 가치를 하찮게 여기게 된다. 사람들을 의심하고 인간적으로 파멸하기를 기대하는 어른으로 자란다.

열한 살 된 저스틴은 자동차를 닦겠다고 약속해 놓고는, 그만 잊어버리고 말았다. 마지막까지 애를 썼지만, 결국 일을 다 끝내지 못했다.

아버지 : 차를 좀더 닦아야겠는데. 특히 지붕과 왼쪽 옆을 말이
　　　　야. 얘, 언제 할 수 있겠니?
저스틴 : 오늘 밤에 닦을 수 있어요, 아빠.
아버지 : 고맙구나.

이 아버지는 비난하는 대신에 미비한 점에 대해서 정보를 주어서, 아들이 아버지 때문에 화를 내지 않고 일을 마무리할 수 있게 해주었다. 만일 아버지가 아들을 교육하겠다는 의도로 비난했을 경우에, 저스틴이 다른 방법을 통해서 어떤 맞대응을 보였을지 상상해 보자.

아버지 : 차 닦았니?

저스틴 : 네, 아빠.

아버지 : 틀림없어?

저스틴 : 그래요.

아버지 : 저걸 세차했다고 하는 거니? 늘 그렇듯이 차를 가지고
　　　　놀았어. 넌 노는 것밖에 모르니까. 그런 식으로 세상을
　　　　헤쳐나갈 수 있다고 생각하니? 저렇게 어설프게 해서
　　　　는 직장에서 하루도 버틸 수가 없을 거다. 넌 책임감이
　　　　없어. 넌 그런 애야!

아홉 살 된 바버라의 어머니는 비판을 하지 않고 어떤 방법으로
딸에게 반응해야 할지 막막했다.

어느 날, 바버라가 학교에서 돌아오더니, 신경질적으로 불평을
터뜨렸다.

"오늘 내게 별의별 일이 다 일어났어. 책이 흙탕물 속으로 떨어지
지 않나, 남자아이들이 날 못살게 굴지 않나, 누가 내 운동화를 훔
쳐 가지 않나."

어머니는 딸의 말에 공감을 표현하는 대신에, 훈계하고 비판했다.

"왜 네게 별의별 일이 일어나는 건데? 왜 다른 아이들처럼 굴지
못하니? 도대체 뭣 때문에 그래?"

바버라는 울음을 터뜨렸다. 바버라의 기분을 풀어주려면 어떻게
했어야 도움이 되었을까? 힘든 하루를 보냈다는 사실에 대해서 간

단하게 공감하면서 인정하기만 하면 됐을 것이다.

"오, 그래. 오늘 정말 힘들었겠구나!"

4. 아이에게 상처를 입히는 말

독설이 담긴 형용사는 독화살과 같아서, 아이들에게 사용해서는
안 된다.

의자를 보고 '못생긴 의자'라고 한다고 해서 어떻게 되는 않는
다. 의자 스스로가 모욕을 당했다거나 창피하다는 생각을 하는 것
은 아니다. 어떤 형용사를 갖다 붙이든 물건은 제자리에 그대로 머
물러 있다. 그러나 아이들은 그렇지 않다. 못생겼다, 바보다, 미련
하다고 하면, 반드시 아이의 마음과 몸가짐에 어떤 반응이 일어난
다. 아이의 마음속에 앙심과 분노와 미움이 일어난다. 복수하는 장
면이 떠오른다. 바람직하지 못한 행동과 성가신 징후들이 나타날지
도 모른다. 언어를 이용한 비난은 일련의 맞대응을 초래하고, 이는
아이들과 부모 모두를 비참하게 만든다.

'굼뜨다'는 말을 들었을 때, 아이는 당장에는 "난 굼뜨지 않아."
라고 항변할지도 모른다. 하지만 아이들은 대개 부모의 말을 더 믿
기 때문에, 자기가 굼뜨다고 생각하게 된다. 그래서 어쩌다 실수로
비틀거리거나 넘어지기라도 하면, 자신을 향해 "너 정말 굼뜨구
나!"라고 소리지를지도 모른다.

그 이후부터 아이는 몸을 민첩하게 움직여야 하는 상황을 피하려 들 것이다. 동작이 굼뜬 자기는 그런 상황을 헤쳐나갈 수 없다고 단정하기 때문이다.

　선생님이나 부모에게서 멍청이라는 말을 반복하여 듣게 되면 아이 자신도 그렇게 믿게 되고, 자신을 그런 사람으로 생각하기 시작한다. 그런 다음부터는 지적인 노력을 포기한다. 웃음거리가 되지 않으려면, 남과 겨루고 경쟁을 벌이는 길을 비켜 가면 된다고 생각한다. 아이는 시도하지 않는 것이 더 안전하다고 믿는다. "시도하지 않으면, 실패도 없다."는 것이 아이에게 인생의 좌우명이 된다.

　부모들은 면전에서 아이들에게 수없이 많은 부정적이고 품위를 떨어뜨리는 표현을 하면서도, 그것이 얼마나 해롭고 파괴적인 결과를 초래하는지를 깨닫지 못한다. 참으로 놀라운 일이다. 다음 예를 보도록 하자.

　"태어날 때부터 그 애는 골칫덩어리였어. 늘 말썽만 피웠다니까."
　"저 아이는 어머니를 닮아서 고집불통이야. 자기가 하고 싶은 것
　　만 한다니까. 저 아이를 다스릴 방도가 없어."
　"쟤는 뭘 달라는 말밖에 할 줄 몰라. 아무리 많은 것을 줘도, 만족
　　할 줄을 모른다니까."
　"저 꼬마 녀석이 내 하루를 몽땅 다 잡아먹어. 어찌나 막무가내인
　　지, 마치 매처럼 지켜보고 있어야 한다니까."

불행하게도 아이들은 이런 말들을 곧이곧대로 받아들인다. 어린 아이들은 특히 부모들의 하는 이야기, 곧 자기가 어떤 아이이며, 앞으로 무엇이 될 수 있을 것이라고 말하는 데 따라 달라진다. 우리는 아이들의 마음속에 자기 자신이 가치 있는 존재라는 생각을 키워주어야 한다. 그러자면 아이들은 자기 자신에 대해 긍정적으로 표현하는 소리를 직접 듣기도 하고, 우연히 엿듣기도 하면서 자랄 필요가 있다. 많은 부모들은 자기 아이들의 좋은 점보다는 잘못된 점을 더 쉽게 지적한다. 역설이 아닐 수 없다. 하지만 우리 아이들이 자신에 대해 믿음을 갖고, 자신감 있는 사람으로 성장하기를 바란다면, 기회가 있을 때마다 긍정적인 언급을 강조해 주고, 품위를 떨어뜨리는 표현 같은 것은 하지 말아야 한다.

5. 인내의 한계 : 말이 있으면, 감정도 있는 법

아이들도 짜증을 내고 크게 화를 낼 줄 안다. 하지만 우리는 인내하고 이해심을 보이려고 무진 애를 쓴다. 하지만 이내 지치게 되어, 아이의 방을 들여다보거나 하면 이내 폭발하고 만다.

"넌 돼지우리 안에서 살 자격조차도 없어!"

그런 다음에는 자책감에 가득 차서 사과하려고 애쓴다.

"그럴 의도는 아니었어. 넌 돼지우리에서 살 자격이 있어."

우리는 인내가 미덕이라고 믿고 싶어한다. 하지만 과연 그럴까?

감정은 부글거리는데, 겉으로 아무렇지도 않은 체하고, 감정과는 다른 행동을 하고, 행동을 통해서 본래 감정을 드러내는 대신에, 감추라고 요구한다면, 인내를 미덕이라고 할 수 없다.

우리는 감정을 드러내지 않도록 교육받았다. 그래서 감정이 매우 격렬하게 요동치는 한가운데서도 거의 아무런 맞대응을 하지 않았을 때, 이를 제일 자랑스러워한다. 혹자는 그것을 인내라고 부르기도 한다.

하지만 아이들이 부모에게서 배워야 하고, 또 배워서 고맙게 생각해야 할 것은 바로 감정에 맞게 행동하는 태도이다. 아이들은 부모에게서 진짜 감정을 비춰주는 표현을 듣고 싶어한다.

심지어는 어린아이도 부모의 분노를 피하기 위해서, 모든 비난 가운데 가장 심한 비난, 곧 "엄마 아빠는 날 사랑하지 않아."라는 비난을 퍼붓곤 한다. 이는 드문 일이 아니다. "아냐, 우린 널 사랑해!" 부모는 화난 목소리로 소리를 지른다. 하지만 이런 행동은 말과 일치하지 않기 때문에 아이를 안심시키지 못한다. 화가 날 때는, 부모도 사랑을 느끼지 못한다. 사랑에 호소함으로써, 아이는 부모로 하여금 변명을 하게 했다. 다시 말하면 초점이 자기 자신에게서 부모로 옮아가도록 했다.

화가 날 때는 사랑을 느끼지 못한다는 사실을 인정하는 부모들만이 아이들의 비난에 대해서 당당하게 대답할 수 있다.

"지금은 사랑에 대해서 이야기하기에 적절한 시간이 아니야. 무엇 때문에 내가 화가 났는지에 대해서 이야기해야 할 시간이야."

부모가 화를 낼수록, 아이들의 마음을 안심시켜야 할 필요는 더 커진다. 하지만 성난 어조로 사랑을 표현해도 아이들에게는 위안이 되지 않는다. 그것은 아이들에게 사랑받고 있다는 느낌을 전해 주지 못한다. 오로지 혼돈만을 초래할 뿐이다. 아이들에게 들리는 소리가 사랑의 언어가 아니라, 귀에 거슬리는 소리를 전해 주는 분노이기 때문이다. 분노가 곧 사랑의 포기로 이어지지 않는다는 사실을 알아두면, 아이들에게 좀더 도움이 될 것이다. 사랑의 감정을 잃는 것은 일순간에 지나지 않는다. 분노가 사라지는 순간, 사랑의 감정은 다시 나타나게 된다.

6. 분노 다스리기

우리는 어린 시절에 삶의 일부분인 분노를 다스리는 법을 배우지 못했다. 분노를 느끼면 죄책감을 느꼈고, 그것을 드러내는 것을 벌받을 짓으로 여겼다. 화를 내는 것을 나쁘게 생각하도록 배웠다. 분노는 단순한 비행이 아니라, 무서운 범죄였다. 우리는 아이들 앞에서 화를 참으려고 애쓴다. 하지만 결국 언젠가는 터뜨리고 만다. 분노가 아이들에게 해를 미칠까 봐 두려워하기 때문에, 마치 잠수부가 숨을 쉬지 않듯이, 그것을 억누른다. 하지만 위의 두 가지 예에서 볼 수 있듯이 화를 참는 데도 한도가 있는 법이다.

분노는 감기처럼, 빈번히 재발한다. 감기가 싫다고 해서 무시할 수도 없는 노릇이다. 감기에 대해서 자세하게 알고 있지만, 그것이 나타나는 것을 막을 수는 없다. 분노는 예측 가능한 결과와 상황에 따라 발생하지만, 늘 갑작스럽고 예기치 않게 닥치는 것처럼 보인다. 분노는 오래 지속되지 않지만, 그 순간에는 영원할 듯이 보인다.

냉정함을 잃으면, 우리는 마치 제정신이 아닌 사람처럼 행동한다. 적에게 퍼붓기조차 망설여지는 말과 행동을 아이들에게 퍼붓는다. 야단을 치고, 창피를 주며, 비난을 퍼붓는다. 한바탕 소란이 지나고 나면, 죄책감을 느끼며 다시는 그런 짓을 하지 않겠다고 결연하게 다짐한다. 하지만 분노는 반드시 다시 찾아와, 우리의 선의를 물거품으로 만들어놓는다. 우리는 다시 한 번 더, 자신의 생명과 재산을 다 바쳐 행복하게 해주려고 했던 아이들을 향해 폭언을 퍼붓는다.

화를 내지 않겠다는 다짐은 쓸데없는 다짐을 하는 것보다 더 해롭다. 그것은 불에 기름을 끼얹는 것이나 마찬가지이다. 우리는 분노를 태풍처럼, 삶의 일부분으로 인정하고 그것에 대비해야 한다. 평화로운 가정은, 사람들이 바라는 평화로운 세계처럼, 인간 본성이 갑작스럽게 자비롭게 변한다고 해서 얻어지지 않는다. 그것은 긴장이 폭발하기 전에 기술적으로 누그러뜨리는 사려 깊은 과정을 통해서 얻어지는 것이다.

감정적으로 건강한 부모들은 성자처럼 행동하지 않는다. 그들은 분노를 의식하고, 그것을 존중한다. 분노를 정보의 근원, 상냥함을 보여주는 징조로 활용한다. 그런 부모들의 언어는 감정과 일치한다. 그들은 감정을 숨기지 않는다. 다음의 일화에서 어머니는 딸에게 창피를 주거나 모욕을 주지 않고, 분노를 발산한다. 그 덕분에 딸은 용기를 얻어 어머니의 말에 따를 수 있었다.

열한 살 된 제인이 소리를 지르며 집에 들어왔다.

"야구를 할 수가 없어. 셔츠가 없어!"

어머니로서는 딸에게 블라우스를 입으라고 하여 문제를 무난하게 해결해 줄 수도 있었을 것이다. 아니면 도와주고 싶은 마음에 제인을 도와 셔츠를 찾아줄 수도 있었을 것이다. 하지만 어머니는 감정을 있는 그대로 표현하기로 마음먹었다.

"나 화났어. 정말 기분 나빠. 너한테 야구 셔츠를 여섯 벌이나 사줬어. 그런데 아무 데나 흘려버리거나 잃어버린 거야. 네 셔츠는 네 옷장에 넣어두었어야지. 정 필요하다면, 어디서 찾아야 할지 네가 알아봐."

나중에 이야기했듯이, 제인의 어머니는 딸에게 창피를 주지 않고 분노를 표현했다.

"난 한 번도 지나간 일에 대해서 불만을 터뜨리거나 지난 상처를 다시 파헤치지 않았어요. 딸의 이름을 부르지도 않았어요. 딸에게 산만하다거나 무책임하다고 말하지도 않았어요. 그냥 내 기분이 어떤지, 화나는 일이 없도록 하기 위해 앞으로 해야 할 일에 대해서만 이야기했어요."

어머니의 말은 제인이 스스로 해결책을 찾아내는 데 도움을 주었다. 제인은 잊어버리고 체육관의 보관함이나 친구 집에 놓고 온 셔츠들을 서둘러 찾아냈다.

아이를 교육하다 보면, 부모가 화를 내야 할 때가 있다. 사실 어떤 시점에서 화를 내지 못할 경우, 이것이 아이에게 선의가 아니라 무관심으로 전달될 때가 있다. 관심이 있는 사람이라면, 분노를 드러내지 않을 수가 없는 법이다. 그렇다고 해서 파도처럼 쏟아지는 격노와 폭력을 아이들이 참아낼 수 있다는 뜻은 아니다. 아이들은 "내 인내에도 한계가 있다."고 말하는 분노만을 견디고 이해할 수 있기 때문이다.

부모에게 분노는 값비싼 감정이다. 그 값을 다하기 위해서는, 이익이 남는 곳에 그것을 쏟아야 한다. 화가 났다는 사실을 좀더 강조하기 위해 분노를 이용하지는 말아야 한다. 약을 처방하는 것이 병보다 못해서는 안 된다. 분노는 부모에게 위안을 주고, 아이에게는 자신을 바라보게 하고, 양쪽 모두에게 부작용이 없는 방법으로 표현되어야 한다.

그러므로 친구들이 보는 앞에서 아이를 꾸짖어서는 안 된다. 이는 아이를 더욱 사납게 행동하게 만들 따름이다. 그러면 부모는 더 거세게 화를 내게 된다. 우리는 분노와 반발, 보복과 앙갚음의 물결을 일으키거나, 그것이 영원히 반복되게 하는 데는 관심이 없다. 오히려 문제의 핵심을 파악하여 분노의 폭풍이 잠잠해지기를 바란다.

7. 분노를 삭이는 세 단계

마음의 분노를 다스리려면, 마음이 평화로울 때 이에 대해 준비를 해야 하는데, 그러자면 다음과 같은 진실을 인정해야만 한다.

첫째, 아이들은 대하다 보면 더러 화가 날 수도 있다는 사실을 인정한다.

둘째, 우리에게는 죄의식이나 부끄러움을 느끼지 않고 화를 낼 수 있는 자격이 있다.

셋째, 아이를 보호해야 한다는 사실 한 가지를 제외하면, 우리에게는 감정을 표현할 자격이 있다. 아이의 인격이나 성격을 비판하지 않는다면, 분노의 감정을 표현해도 괜찮다.

이러한 전제들은 분노를 처리하는 구체적인 과정 속에서 실행되어야 한다. 부글부글 끓어오르는 감정을 다스리는 첫 단계는, 구체적으로 이름을 붙여 이를 확인하는 것이다. 이는 행동을 고쳐주고 싶거나, 사전에 주의를 주고 싶은 사람에게 경고가 될 수 있다. 이것을 하려고 할 때, 우리는 '나'라는 표현을 사용한다. "나 기분 나빠."라고 하거나, "나 짜증났어."라고 하는 것이 좋다.

짧게 한 마디 하고 시무룩한 표정을 짓고 있는데도 해결이 되지 않으면, 두 번째 단계로 나아간다. 화를 좀더 강하게 표현한다.

"나 화났어!"

"나 무척 화났어!"

"나 무지무지하게 화났어!"

"나 화가 나서 꼭지가 돌 지경이야!"

때로는 감정을 (설명하지 않고) 짤막하게 말로 표현하여 아이들의 버릇없는 행동을 멈추게 할 수 있다. 경우에 따라서는 세 번째 단계로 나아갈 필요가 있을지도 모른다. 화가 난 까닭을 설명하고, 마음속에서 어떤 상황이 벌어지고 있는지를 이야기하면서, 어떻게 행동했으면 좋겠는지를 아이에게 요구한다.

"구두, 양말, 셔츠, 스웨터 따위가 마룻바닥에 온통 널려 있는 것을 보면 화가 나서 견딜 수가 없어. 창문을 열고 모두 길바닥에 내동댕이치고 싶은 충동을 느껴!"

"네가 동생을 때리는 것을 보면 몹시 화가 나. 속에서 어찌나 화가 치밀어 오르는지, 얼굴이 벌겋게 달아올라. 속이 부글부글 끓어. 앞으로 동생을 때리면, 가만두지 않을 거야."

"밥을 먹다 말고 지저분한 접시와 기름투성이 냄비들을 그냥 내버려둔 채 텔레비전 앞으로 달려가는 걸 보면 그만 버럭 화가 나. 화가 나서 미칠 정도야. 마음이 부글부글 끓어. 접시로 텔레비전을 박살내고 싶은 충동을 느낄 때가 있어."

"저녁 먹으라고 부르는데도 이내 오지 않을 때는 화가 치밀어

올라. 엄청 화가 나지. 그럴 때면 혼자 중얼거려. '맛있는 음식을 준비했으니, 솜씨 칭찬 좀 해주지. 황당하게 만들지 말고!' 라고 말이야."

이런 식으로 아무런 피해 없이 부모의 분노를 삭일 수 있다. 또 이런 방식은 아이들에게도 분노를 삭이는 중요한 가르침이 되기도 한다. 아이는, 분노가 사람의 힘으로 어떻게 할 수 없는 것이 아니며, 다른 사람을 해치지 않고도 얼마든지 이를 해소할 수 있다는 것을 배울 수 있다. 이를 위해서 부모는 분노를 표현하는 것 그 이상의 것을 아이들에게 가르쳐주어야 한다. 곧 아이들에게 무난하게 감정을 표현할 수 있는 통로를 가르쳐주고, 분노를 표현할 수 있는 안전하고 바람직한 방법을 보여주어야 한다.

배우자들도 모욕을 주지 않고 분노를 표현하는 것을 고맙게 여긴다. 어떤 아버지는 이렇게 말했다.

"어느 날 아침, 출근하려고 하는데 아내가 알려주더군요. 아홉 살 된 해럴드가 거실에서 공을 가지고 놀다가 또다시 골동품 벽시계의 유리를 깨뜨렸다고 말이에요. 난 화가 나서, 지금까지 배운 것을 까맣게 잊어버린 채, 아이에게 폭언을 퍼부었어요.

'넌 도대체 물건을 소중하게 다룰 줄을 몰라. 오늘 저녁, 내가 돌아올 때까지 기다려. 다시는 거실에서 공을 가지고 놀 마음이 싹 사라질 정도로 혼을 내줄 테니까!'

아내가 출입문까지 날 따라오더군요. 낙인이 찍히면, 이를 당하는 사람은 아이나 남편이나 할 것 없이 무능력자가 되어, 분노가 치밀어 올라요. 그런데 그런 사실을 전혀 깨닫지 못하는지, 아내가 내게 말하더군요.

'여보, 해럴드에게 무슨 그런 바보 같은 소리를 하는 거예요!'

아내를 사랑하기 때문에, 나는 분노를 억누르며, '당신 말이 맞을지도 몰라.'라고 대답했어요. 처음에는 아들 녀석에게 화가 났고, 아내가 날더러 바보라고 하는 소리를 들으니, 그녀에게도 화가 났어요. 아들에게 옛날식으로 야단을 친 것 때문에 이미 죄책감을 느끼고 있었는데, 아내까지 나서서 그걸 상기시켜 줄 필요는 없었거든요. '유리를 두 번씩이나 깨뜨리다니, 너무나 화가 나요. 해럴드가 앞으로 이런 사고를 치지 않게 하려면 어떻게 해야 좋을지 모르겠어요.'라고 말했더라면, 훨씬 더 큰 도움이 되었을 텐데 말이에요."

멜리사의 아버지 경우는 더 운이 좋은 편이었다. 그의 아내는 화를 돋우지 않고도 남편에게 영향을 끼칠 수 있는 방법을 터득하고 있었다. 어느 날, 멜리사와 그녀의 부모는 드라이브를 하면서 다음과 같은 대화를 나누고 있었다.

멜리사 : 피자는 무슨 뜻이에요?
아버지 : 피자? 이탈리아 말로 파이라는 뜻이야.
멜리사 : 약국은 무슨 뜻이에요?
아버지 : 약을 파는 가게를 다르게 표현한 말이야.

멜리사 : 은행은 무슨 뜻이에요?

아버지 : (화를 내며) 그건 알잖아. 사람들이 돈을 맡겨두는 곳이야.

멜리사 : 낮은 어떻게 밤으로 변해요?

아버지 : (무척 화가 나서) 너, 질문이 너무 많아. 해가 지면, 빛이
없기 때문이야.

멜리사 : 왜 달은 자동차와 같이 움직이는 거예요?

어머니 : 정말 재미있는 질문이구나! 이 질문이 수백 년 동안 과
학자들을 괴롭혔어. 그래서 달의 움직임을 연구하기로
결심한 거야. 그걸 알고 있니?

멜리사 : 와, 그럼 난 과학자 될 거예요. 도서관에 가서 달에 관
한 책을 찾을 거야.

멜리사는 더 이상 질문을 하지 않았다. 질문에 계속 대답을 해주
면, 아이들은 신이 나서 계속해서 질문을 던진다는 사실을 멜리사
의 어머니는 알고 있었다. 그녀는 남편에게 이 점을 지적해 주고 싶
었지만 참았다. 그 대신 직접 대답을 해주지 않고도, 딸이 호기심을
자기 힘으로 충족시킬 수 있는 방법을 찾을 수 있도록 도와줄 수 있
다는 사실을 보여주었다.

아이들에게 마구 명령하는 버릇이 있는 남편을 말리려고 노력하
던 크리스의 어머니는 다음과 같은 사건을 겪게 되었다. 어느 날 밤,
그녀와 남편은 해변의 별장 부엌에서 포도주를 같이 마시고 있었다.
그런데 남편이 비치백과 젖은 수영복, 비치볼이 식탁 위에 놓여 있

는 것을 목격했다. 평소 같았으면 화를 내며 이렇게 말했을 것이다.

"내가 몇 번이나 말해야 알아듣겠니? 네 물건들 치우지 못해! 왜 저렇게 생각이 없을까. 넌 우리가 네 꽁무니나 따라다니며 물건이나 치워주는 노예라고 생각하니?"

하지만 이번에는 자기가 본 것을 침착하게 서술했다.

"이게 뭐야. 비치백과 젖은 수영복, 비치볼이 식탁 위에 있잖아."

여덟 살 된 크리스가 거실에 있는 의자에서 벌떡 일어나며 설명했다.

"그거 내 것이 맞을 거야."

아이는 부엌으로 들어와 자기 물건들을 집어들었다.

크리스가 나간 뒤에, 그의 아버지는 무척 기분 좋은 표정으로 아내에게 말했다.

"선물을 주니까, 효과가 있어! '내가 진작 말했잖아.'라고 말할 필요도 없었어. 잔을 들어 말의 건배를 하면 아이들도 협조를 하게 돼."

8. 화내는 아이 상대하기 : 방법이 곧 메시지

감정적으로 혼란 상태에 빠진 아이들에게는 논리적인 설득이 통하지 않는다. 화가 나면, 아이들은 오로지 감정적인 위안에 대해서만 반응을 보일 따름이다.

어린 두 형제가 지하실에서 놀고 있었다. 갑자기 뭐가 부서지는 소리에 이어, 소리를 지르고 비난하는 소리가 들려왔다. 여섯 살 된 빌리가, 화가 나서 얼굴이 벌겋게 달아오른 얼굴로 계단을 뛰어올라와 일러바쳤다.

"베스티가 내가 쌓은 성을 무너뜨렸어."

어머니는 아이의 기분을 맞춰주며 이렇게 말했다.

"오, 그래. 정말 화가 났겠구나."

아이는 "응, 그랬어."라고 하더니, 등을 돌려 다시 놀러 지하실로 내려갔다.

빌리의 어머니가 아이들이 일상 벌이는 드잡이에 관여하지 않은 것은 이번이 처음이었다. "누가 먼저 그랬니?"라고 하는 결정적인 질문을 하지 않았기 때문에, 아들이 늘 부르는 불평의 노래와 앙갚음의 청탁을 모면할 수 있었다. 아들의 마음속 분위기를 비춰주었기 때문에, 아이들에게 재판관과 검사, 법률의 강제 집행인 노릇을 해야 하는 내키지 않은 역할을 피할 수 있었다.

다음 일화에서 볼 수 있듯이, 아이의 감정을 이해하면서 거드는 어머니의 말에 따라 평화와 전쟁이 갈린다. 아홉 살 된 데이비드는 치과에 가려고 하지 않았다. 아이는 화를 내며 누나 티나를 못살게 굴었다. 티나는 "데이비드, 너 좀더 의젓하게 굴어!"라고 했고, 아이는 점점 더 화를 내며 심술을 부렸다.

이때 어머니가 티나에게 말했다.

"데이비드가 오늘 좀 흥분했어. 치과에 들러야 하는데, 걱정이 되어서 그러는 거야. 지금은 우리 모두 데이비드의 마음을 이해해 줘야 해."

그러자 마치 요술처럼 데이비드가 차분해졌다. 더 이상 아무런 불평도 하지 않고, 치과에 들렀다. 어머니는 누나를 못살게 구는 행동에 대해서는 언급하지 않고, 데이비드의 불안한 기분에 대해 언급했다. 그 결과 아이는 마음을 좀더 편안하게 가질 수 있었고, 불쾌한 기분을 달랠 수 있었다.

다음에 나오는 짤막한 두 장면은 아이를 도와 화를 풀어주고, 심술을 받아주면서도 서로 대조를 이룬다. 하나는 화를 더 돋우었고, 다른 하나는 화를 풀어주었다.

세 살짜리인 톰과 친구 짐은 장난감 실로폰을 가지고 놀고 있었다. 실로폰 망치가 틈에 끼자, 짐은 울기 시작했다. 어머니는 아이에게 주의를 주었다.

"그렇게 울고불고할 일 없어. 울음을 그치지 않으면, 고쳐주지 않을 거야."

짐은 울음을 그치지 않았고, 어머니는 아이에게서 장난감을 빼앗았다. 그러자 울고불고 떼를 쓰는 장관이 벌어졌다.

그와 대조적으로 실로폰 망치가 틈에 끼어, 톰이 울기 시작했을 때, 아이의 어머니는 이렇게 말했다.

"망치가 끼어서 우는구나. 고쳐야겠네."

아이는 울음을 그쳤다. 이젠 망치가 틈에 끼어도 톰은 울지 않는다. 대신에 고쳐달라고 어머니에게 가져온다.

톰의 어머니는 문제에 대해 정의를 내리고 해결책을 제시했다.

그 반면에 짐의 어머니는 아이를 꾸짖고, 위협하고, 비난하고, 벌을
주었다.

열두 살 된 미리엄은 극장에서 잔뜩 기분이 상해서 돌아와 화를
냈다.

어머니 : 기분이 안 좋아 보이는구나.

미리엄 : 정말 속상해요. 너무 뒷자리에 앉아서, 연극을 거의 볼
수가 없었어요.

어머니 : 그러니 화가 날 만도 하겠구나. 그렇게 뒷자리에 앉았
으니, 무슨 재미가 있었겠어.

미리엄 : 정말, 아무 재미도 없었어요. 게다가 어떤 키 큰 남자아
이가 바로 내 앞자리에 앉은 거야.

어머니 : 엎친 데 덮친 격이었구나. 뒷자리에 앉은 것도 모자라,
바로 앞자리에 키가 큰 사람이 앉다니. 그거 너무했다!

미리엄 : 응, 그랬어요.

미리엄의 어머니가 보여준 반응이 도움이 되었던 까닭은 비판하
거나 충고하지 않고, 미리엄의 기분을 받아주었기 때문이다. 쓸데
없는 질문도 하지 않았다. "왜 좀더 일찍 가서 좋은 자리에 앉지 그
랬니?"라거나, "그 키 큰 사람에게 너와 자리를 바꾸자고 부탁하지
그랬어?"라고 묻지 않았다. 오로지 딸의 화를 누그러뜨리는 데에
만 마음을 쏟았다.

감정을 이해하며 반응한다는 것은 아이의 상한 기분을 그대로 비춰주고, 부모가 그 기분에 공감하고 이해한다는 것을 보여준다는 것이다. 그것이 아이의 화난 기분을 누그러뜨리는 데는 효과적이다.

분노를 터뜨린 끝에 상처를 입은 감정을 회복하는 데는 글로 쓴 말이 매우 효과적인 수단이 될 수 있다. 아이들이나 부모 모두 감정을, 편지든 전자 우편이 되었든, 용기를 내어 글로 표현할 필요가 있다.

어느 날 밤, 열세 살 된 트루디는 어머니에게 무례한 말을 퍼부어 댔다. 자기 방에 들어와 책상 열쇠를 열고 자기 일기를 읽었다고 비난했다. 자기가 근거도 없이 어머니를 의심했다는 것을 깨닫게 된 트루디는 글로 용서를 빌기로 마음먹었다.

엄마! 방금 나는 도덕적인 인간이 범할 수 있는 가장 나쁜 잘못을 저질렀어요. 비난을 퍼부어 우리 엄마를 불행하게 했고, 몹시 속을 상하게 했어요. 부끄럽고 창피스러워요. 내 자신을 괜찮은 아이라고 여겨왔는데, 지금은 내가 미워요. 엄마, 사랑해요.

– 트루디가!

트루디의 어머니는 속이 상해 있었다. 그런데 편지를 보니, 그 일 때문에 트루디의 긍정적인 자아상이 흔들리고 있었다. 어머니는 시간을 내어 편지를 써서, 트루디에게 자신을 사랑하는 마음을 되찾게 해주고 싶었다.

안녕, 트루디. 고통스럽고 서글픈 마음을 내게 말해 주어서 고맙
구나. 어젯밤에 있었던 일 때문에 우리 둘이 힘들었던 것은 사실
이지만, 비극적인 일로 생각하지는 말아라. 너에 대한, 그리고 너
를 위한 내 감정에는 전혀 아무런 변화가 없다는 것을 알아주었으
면 한다. 나는 네가 때로는 무척 속상해하기도 하고 화를 낼 수도
있는, 변함없이 사랑스런 아이라고 생각한다. 네가 진정으로 네
자신을 용서하고, 다시 너를 좋은 아이라고 생각하기 바란다. 무
척 사랑한다.

- 엄마

어머니는 화를 낸다고 해서 자기 자신이나 다른 사람을 사랑하는
마음이 변할 것까지는 없다고 딸을 안심시켰다. 그것이 딸에게 도
움이 되었다.

자기들의 주장을 귀담아들어 주지 않는다고 부모에게 화를 내고
나서, 아이들이 그 일을 글로 표현하는 경우가 자주 있다.

어떤 아버지는 이런 일이 있었다고 이야기했다. 그의 집에서는
아이들에게 허가증을 나누어주고, 밤에 잠자리에 들기 전에 좀더
놀고 싶을 때 그것을 사용할 수 있도록 했다. 어느 날 밤, 열 살 된
피터가 허가증을 사용하고 싶어했다. 하지만 아이는 그것을 잃어버
렸다고 했다. 아버지는 허가증이 없으니 인정할 수 없다고 했다. 실
망한 피터는 화를 내며, "아빠가 내게 허가증을 준 건 사실이잖아!"
라고 소리치며 방을 뛰쳐나갔다. 그날 밤, 아버지가 아이의 방에 갔

더니, 다음과 같은 편지가 놓여 있었다.

아빠, 날 더 놀지 못하게 한 것은 공정하지 못한 일이에요. 왜냐하면, 첫째, 아빠가 나에게 허가증을 준 것을 우리 둘 다 알고 있기 때문이에요. 둘째, 아빠는 내 책상 상태가 좋지 않아서 물건이 없어진다는 것을 알고 있어요. 셋째, 내가 얼마나 그 허가증을 사용하고 싶어했는지 아빠는 알아요. 이런 편지를 쓴 것 때문에 버릇없는 아이로 보이고 싶지 않아요. 단지 내 마음을 말하고 있는 거예요.

- 피터

편지를 읽은 아버지는, 피터가 둘 사이의 불편한 감정을 치유하는 방법을 보여주고 있다는 것을 깨달았다. 편지는 또 아이를 키우는 데 중요한 원칙 하나를 적용할 수 있는 기회를 주기도 했다. 바로 기회가 있을 때마다, 아이의 자존심을 키워주라는 원칙이었다. 그래서 그는 펜을 들고 다음과 같이 썼다.

아들에게. 생각이 매우 명쾌하더구나. 네 주장을 무척 설득력 있게 폈고. 편지를 읽는 동안에도, 이것을 쓴 사람이 열 살을 넘기지 않은 소년이라는 사실을 잊지 않으려고 애썼다. 다른 허가증을 넣었으니 받아주었으면 좋겠구나. 사랑한다.

- 아빠

요약

　말에는 칭찬하고 격려하거나 위협하고 파괴하는 힘이 있다. 아이들의 노력을 지켜보고 그것을 인정해 준다면, 이는 희망과 자신감을 가지고 자랄 수 있도록 도와주는 것이다. 그와 반대로 아이의 가치에 대해 평가를 내린다면, 이는 불안감을 조성하고, 반발을 초래하게 된다. '게으른, 멍청한, 비열한'과 같은 부정적인 낙인이 아이에게 치명적인 해를 입히는 것은 분명하다. 그런데 놀라운 일은 '좋은, 완벽한, 가장 훌륭한'과 같은 긍정적인 꼬리표도 아이를 무기력하게 만들 수 있다는 사실이다.

　부모가 아이들을 긍정적으로 대하며 격려하는 것은 중요하다. 노력을 인정하고, 그 점을 평가한다는 점을 표현해 주는 것이 좋다.("넌 그 과목을 무척 열심히 공부했는데." "도와줘서 고맙구나.") 아이에게 낙인을 찍거나, 아이의 가치를 평가해서는 안 된다.

　문제가 있을 때는, 꾸짖거나 비판하기보다는 해결책을 찾아야 한다. 하는 수 없이 화를 낼 때에도, 아이에게 꼬리표를 달거나 비난하지 말아야 한다. 이런 기술들은 모두 의사 소통에서 상대방을 배려할 때에 가능하다. 그러자면 아이들을 깊이 존중해 주어야 한다.

아이를 망치는 부모 : 부모의 잘못

많은 부모와 아이들의 관계가 자기 파괴적인 유형에서 벗어나지 못한다. 이런 방법으로 아이들을 대할 경우에는 장기적인 목적을 달성하지도 못할 뿐더러, 당장 큰 혼란을 초래할 때가 자주 있다. 자기 파괴적인 유형의 행동에는 여러 가지가 있다. 위협하고, 매수하고, 약속하고, 빈정대고, 거짓말이나 도둑질에 대해 설교 투로 훈계하고, 사나운 태도로 공손함을 가르치는 것들이다.

1. 위협 : 버릇없는 행동을 부추긴다

위협은 아이에게 금지된 행동을 반복하게 하는 역할을 한다. "이 녀석, 한 번만 더 그랬단 봐라." 하고 위협할 경우, 아이는 '이 녀석'이란 말보다는 '한 번만 더 그랬단 봐라.'라는 말에 더 귀가 솔깃해진다. 아이들은 위협을 다음과 같이 해석하는 경우가 가끔 있다. "엄마는 내가 정말로 한 번 더 그런 행동을 하기를 바라고 있어. 안 그러면 실망할 거야." 하는 식으로 말이다.

어른들이 보기에는 당연할지 모르겠지만, 이런 경고는 차라리 하지 않는 것보다 못하며, 아이들로 하여금 나쁜 행동을 되풀이하게 하는 결과를 초래하기도 한다.

경고는 아이들의 자율성에 대한 일종의 도전 행위이다. 만일 자존심이 있는 아이라면, 경고를 받고 나면, 자신과 다른 사람에게 졸

장부가 아니라는 것을 입증하기 위해, 다시 한 번 해서는 안 될 행동을 하게 될 것이다.

다섯 살 난 올리버는 여러 번 주의를 받았는데도 줄곧 유리창에다 공을 던지고 있었다. 이윽고 아버지가 "한 번 더 유리창에 공을 던지기만 해봐. 혼내줄 거야. 두고 봐."라고 경고했다.

잠시 후 유리창 깨지는 소리가 났다. 아버지에게는 마치 "아빠의 약속이 효력을 발휘했어."라고 소리로 들렸다. 공에 맞아 끝내 유리창이 깨진 것이다. 이와 같이 위협과 경고에도 아랑곳없이 버릇없는 행동이 이어진 뒤에 어떤 장면이 펼쳐질지는 쉽게 상상할 수가 있다.

그와 반대로 다음 일화는 위협에 호소하지 않고도 나쁜 행동에 효과적으로 대처하는 한 예를 보여주고 있다. 일곱 살 난 피터는 어린 동생에게 장난감 공기총을 쏘았다. 어머니는 말했다.

"아기에게 총을 쏘지 말고 과녁에 대고 쏴."

그런데 피터는 다시 동생에게 총을 쏘았다. 어머니는 총을 빼앗으며 피터를 타일렀다.

"총은 사람에게 대고 쏘는 것이 아니야!"

피터의 어머니는 아이를 보호하기 위해서 필요하다고 생각하는 행동을 취했으며, 동시에 바람직한 행동 기준도 어기지 않았다. 아들 피터도 자존심에 상처를 입지 않고, 자기 행동이 어떤 결과를 초래하는지 알게 되었다. 거기에는 분명히 대안이 암시되어 있었다. 과녁을 향해 총을 쏘든지, 총을 빼앗기든지, 둘 중 하나를 선택해야만 했다. 이 이야기에서 어머니는 흔히 빠지기 쉬운 함정에 빠지지 않았다. 실패가 뻔히 내다보이는 길에 발을 들여놓지 않았다.

"피터, 그만두지 못해! 동생에게 총을 쏴서는 안 되는 것 모르니? 과녁은 뒀다가 뭐에 쓰니? 한 번만 더 동생에게 쏴봐, 한 번만 더. 그러면 영영 총을 가지고 놀지 못할 줄 알아."

온순하지 않은 아이일 경우는, 이런 경고를 받고도 오히려 금지된 행동을 되풀이하는 식으로 대응한다. 그 다음에 어떤 광경이 펼쳐질지에 대해서는 굳이 말할 필요조차도 없다. 부모라면 누구든 쉽게 이런 잘못에 빠져든다.

2. 매수 : 조건을 붙여 보상을 제시하는 잘못된 방법

대놓고 무엇을 하면(또는 하지 않으면) 상을 주겠다고 아이에게 조건과 대가를 제시하는 방법도 아이를 망치는 유형에서 크게 벗어나지 않는다.

"동생을 잘 봐주면, 영화 구경을 시켜줄게."
"오줌 안 싸면 이번 크리스마스 때, 자전거 사주지."
"숙제 잘 하면 해수욕장에 데리고 갈게."

이런 식으로 조건을 붙인 말은 당장 눈에 보이는 목적을 달성하는 데는 더러 효과가 있을지 몰라도, 지속적인 효과를 거둔다는 보장은 거의 없다.

조건을 붙여 보상을 내거는 말의 이면에는 행동을 고칠 수 있는 아이의 능력을 의심하고 있다는 뜻이 함축되어 있다. '네가 시를 배운다면'이란 말에는, 아이가 시를 배울 수 있을지 확신할 수 없다는 뜻이 담겨 있다. '네가 오줌을 싸지 않으면'이란 말에는 아이가 오줌을 가릴 수 있으면서도 가리려고 하지 않는다는 뜻이 들어 있다.

부모가 원하는 행동을 하도록 보상을 내거는 것은 도의적으로도 문제가 있다. 어떤 아이들은 의도적으로 못된 짓을 한다. 바른 행동을 했을 때, 부모에게서 대가를 받으려는 목적에서다. 그런 의도는 곧바로 거래와 부당한 이익 취득으로 이어지고, '착한' 행동에 대한 대가로 보상과 추가적인 반대 급부를 요구하는 강도도 점점 더 강해진다.

그런 식으로 아이들에게 길든 부모는 시장에 가면 꼭 선물을 사들고 와야만 한다. 이런 가정의 아이는 어머니가 어디 다녀오면 "다녀오셨어요."라는 인사 대신에 "엄마, 과자 사 왔어요?"란 말로 인사를 대신한다.

보상이란 사전 예고 없이 받을 때, 기대하지 않았는데 받게 될 때, 행동을 인정하고 그에 대한 칭찬의 대가로 받을 때 가장 유익하며 즐겁다.

3. 약속 : 비현실적인 기대가 아이에게 고통을 안겨주는 이유

부모가 먼저 아이들에게 약속을 해서도 안 되고, 아이들에게 밀려 약속을 강요당해서도 안 된다고들 한다. 어쩌다가 약속에 대해 이런 터부가 생긴 걸까? 아이들과의 관계에서는 믿음이 가장 중요하다. 부모가 자기가 한 말을 강조하기 위해 약속을 해야 한다면, 이는 약속을 하지 않은 말은 믿을 만한 가치가 없다고 인정하는 것이나 다름없다.

약속은 아이들에게 비현실적인 기대를 품게 한다. 어떤 아버지가 아이와 동물원에 가기로 약속을 했다고 하자. 그러면 아이는 그 날은 비가 내리지 말고, 차도 고장이 나지 말고, 병도 나지 않았으면 좋겠다고 생각한다. 그러나 예상치 못한 일이 생겨 약속을 지키지 못할 때도 있다.

그러나 아이는 그런 사정은 생각하지도 않고, 부모가 약속을 어겼다고 불평하고, 부모는 부모대로 약속을 하지 말걸 그랬다며 뒤늦게 후회한다. 안된 일이지만, 부모들은 이런 일에 익숙하다.

무엇을 해주겠으니 앞으로는 착한 행동을 하라거나, 과거의 버릇없는 행동을 하지 말라거나 하는 약속을 아이에게 요구하거나 강요해서는 안 된다. 아이들의 마음에서 우러나지 않는 약속을 하는 것은, 마치 부도 수표를 발행하는 것과 같다. 아이들에게 이런 좋지 못한 습관을 길러주면 안 된다.

4. 빈정거림 : 학습을 가로막는 소리 장벽

빈정거림은 아이의 정신 건강에 심각한 위협이 된다. 빈정거리는 부모는 언어의 마술사가 되어, 효과 있는 대화를 가로막는 소리의 담을 쌓는다.

"몇 번이나 같은 말을 되풀이해야 하니? 귀가 멀었니? 도대체 왜 말귀를 못 알아듣는 거야?"

"버르장머리 없는 녀석 같으니라고. 에미 애비도 없이 컸니? 씨는 못 속인다니까!"

"도대체 왜 그래? 미친 거냐, 멍청한 거냐? 평생 그 꼬락서니를 면하지 못할 거야!"

이런 부모는 자기 말이 반발을 살 것이고, 그런 표현이 아이들을 복수심에 사로잡히도록 자극하기 때문에, 의사 소통을 가로막는다는 사실조차도 깨닫지 못한다. 빈정대는 말과 신랄하기 짝이 없는 표현들은 아이를 키우는 데 전혀 도움이 되지 않는다.

"뭣 때문에 그렇게 낄 데나 안 낄 데나 나서는 거냐? 제 앞가림도 제대로 못 하면서, 자기가 꽤 똑똑하다고 생각하는 모양이지?"

이런 표현들은 입에 담지 않는 것이 상책이다. 고의든 아니든, 부모는 아이를 앞에 두고, 또 친구들 앞에서 절대로 아이의 위신을 깎아내리면 안 된다.

5. 부모의 권위 : 때로는 침묵도 필요하다

"너 꼭 부모님처럼 이야기하는구나."라는 말은 칭찬이 아니다. 부모들은 뻔한 이야기를 하고 또 하며, 무슨 대단한 것이라도 되는 양 과장한다. 이건 세상이 다 아는 이야기이다. 부모들이 그렇게 나오면, 아이들은 마음으로 "이제 그만 해!"라고 외치며, 더 이상 귀를 기울이지 않는다.

부모라면 아이들을 효율적으로 대하는 방법을 익혀야만 한다. 그러면 사소한 실수가 커다란 재앙으로 번지는 것을 막을 수 있다. 다음 이야기는 장황한 설명보다는 짤막한 한 마디가 더 효과적이라는 점을 잘 보여준다.

얼의 어머니는 손님을 대문 앞의 길까지 배웅했다. 그런데 여덟 살 된 얼이 달려와 눈물을 흘리며 형에 대해 한바탕 온갖 푸념을 늘어놓았다.

"내 친구가 올 때마다, 테드 형은 핑계를 대고 와서는 우리를 괴롭혀. 우리를 가만 내버려두질 않아. 형한테 그러지 말라고 해줘."

옛날 같았으면, 얼의 어머니는 테드에게 이렇게 소리질렀을 것이다.

"동생을 가만 놔두라고 몇 번이나 말해야 알겠니? 말 들어. 그렇지 않으면 한 달 동안 외출을 금지시킬 거야."

하지만 이번에는 테드를 바라보며 이렇게 말했다.

"테드, 선택해. 평소처럼 야단을 맞을 테냐, 아니면 동생의 불만을 네 스스로 해결할 테냐?"

테드가 웃으면서 대답했다.

"알았어요, 엄마. 앞으로는 안 그럴게."

다음 이야기에서 볼 수 있듯이, 공감이 담긴 간단한 대답으로 불필요한 말다툼을 예방할 수 있다.

러　스 : (여덟 살) 엄마, 중학교가 남자, 여자아이들끼리 만나 노는 학교라는 거 알았어?

어머니 : 무슨 말이니?

러　스 : 남자, 여자아이들끼리 맨날 파티만 벌인대.

어머니 : 그래서 너도 중학교에 가고 싶은 거지?

러　스 : 응!

그전 같았으면, 어머니는 러스에게 시간을 낭비하지 말라고 훈계를 늘어놓았을 것이다. 학교는 공부하러 가는 곳이지, 남녀가 어울려 노는 곳이 아니며, 넌 아직 어리니 그런 것들을 생각해서는 안 된다고 말이다. 그러고 나면 긴 말다툼이 벌어지고, 모두 언짢은 기분이 되었을 것이다. 그런 대신 어머니는 중학교에 다니고 싶어하는 딸의 소망을 인정해 주었다.

때로는 한 마디 농담이 수만 마디 말의 값을 하는 경우가 있다. 열두 살 된 론은 어머니가 쇼핑 카트에서 신선한 과일을 내리는 것을 보았다. 어머니는 보통 과일을 부엌의 싱크대 위에 놓아두곤 했다. 론이 삐딱한 미소를 지으며 말했다.

"엄마, 이번만은 좀 제대로 해. 과일을 냉장고에 넣어."

어머니는 이렇게 대꾸했다.

"제대로 한 일도 있어. 널 낳았잖아. 이젠 네가 날 거들어 과일을 냉장고에 넣을 차례야."

론은 빙그레 웃으며 어머니를 돕기 시작했다.

어머니가 론의 말을 걸고넘어지기만 했어도, 당장 말다툼이 벌어졌을 것이다.

"그게 무슨 말버릇이니? 제대로 하라고? 어떻게 엄마한테 그렇게 말을 할 수가 있니?"

하지만 농담과 가벼운 한 마디로 권위를 지킬 수 있었다.

어떤 아버지는 아이가 욕구 불만과 분노를 농담으로 해소하는 소리를 듣고 참으로 기분이 좋았다고 했다. 크리스마스 이전에 그는 여덟 살 된 딸 미건과 함께 인조 크리스마스 트리를 조립하느라고 씨름하는 중이었다. 가지를 모두 연결하기가 만만치 않았기 때문에, 미건의 아버지는 조금씩 짜증이 나기 시작했다. 마침내 나무가 조립되어 장식을 할 수 있게 되었다. 그런데 나뭇가지에 별을 걸려고 하자마자 나무가 주저앉아 버렸다. 아버지는 신경질을 내며 소리쳤다.

"아, 짜증나!"

그러자 미건이 다가와 아버지를 껴안으며 말했다.

"아빠, 지금 분명히, 차라리 내가 유대인이었으면 하고 바랐을 거야."

다음 이야기는 말없는 권위의 힘을 잘 보여준다. 여덟 살 된 스콧은 다리를 다쳤지만, 그날 밤에 있는 소년단 어린이 회원 파티에 기어이 참석했다. 이튿날 스콧은 다리를 다쳐서 학교에 못 가겠다고 했다. 어머니는, 파티에도 갈 수 있었으면, 학교에도 갈 수 있다고 말하고 싶은 생각이 굴뚝같았지만, 아무 말도 하지 않았다. 무거운 침묵이 흘렀다. 몇 분 뒤, 스콧이 물었다.

"엄마, 나 학교 가야겠지요?"

어머니가 대답했다.

"그 생각 하고 있었니?"

스콧은 그렇다고 대답한 후 서둘러 옷을 입었다.

스콧의 어머니는 침묵을 지켰고, 그것이 아들이 스스로 결정을 내리는 데 도움을 주었다. 분명히 스콧은 파티에 갈 수 있을 만한 다리라면 충분히 학교도 갈 수 있다는 결론을 내렸을 것이다. 만일 어머니가 굳이 그 점을 지적해서 이야기했더라면, 말싸움이 벌어지고, 두 사람 모두 기분이 언짢았을 것이다.

다이앤의 어머니는 아이들에게는 말을 적게 할수록 좋다는 점을 알고 있었다. 그 덕에 딸의 언짢은 기분이 다른 가족에게 전염되는 것을 막을 수 있었다.

열두 살 된 다이앤은 채식주의자인데, 어느 날 저녁을 먹으러 식탁에 앉자마자 불평을 늘어놓기 시작했다.

"배고파 죽겠어. 저녁 어디 있어?"

어머니 : 무척 배가 고프겠구나.

다이앤 : 응. 가지네. 난 별로 좋아하지 않는데.

어머니 : 실망했구나.

다이앤 : 치즈가 부족해.

어머니 : 가지에 치즈가 좀더 있었으면 좋았을걸.

다이앤 : 괜찮아. 다른 때는 더 맛있게 만들었잖아.

어머니는 "너 때문에 특별히 만든 건데 왜 그래? 고맙다는 말은 못할망정." 하고 맞대응하는 대신 다이앤의 기분을 맞춰주었다. 그래서 말다툼을 피할 수 있었다.

6. 거짓말하는 아이 : 거짓말할 상황을 만들지 않는다

부모는 아이들이 거짓말을 할 때에 화를 낸다. 특히 속이 훤히 들여다보이는 거짓말이나 어처구니없는 거짓말을 할 때는 더욱 화를 낸다. 셔츠와 얼굴에 온통 증거가 다 드러나 있는데도 페인트에 손을 대지 않았다거나 초콜릿을 먹지 않았다고 잡아떼는 소리를 들으면 분통이 터진다.

1) 어쩔 수 없이 나오는 거짓말

부모들은 아이들이 자기 방어적으로 거짓말을 하지 않을 수 없게 만드는 질문을 하지 말아야 한다. 특히 대답을 다 알고 있다고 생각하는데도, 부모가 질문할 때 아이들은 화를 낸다. 아이들은 함정이 들어 있는 질문, 어색하지만 거짓말을 하든지, 창피하지만 이실직고를 하든지 둘 중 하나를 선택할 수밖에 없는 질문을 싫어한다.

일곱 살 된 크웬틴은 아버지가 준 새 트럭을 망가뜨렸다. 아이는 화들짝 놀라 깨진 조각들을 지하실에 숨겼다. 떨어진 트럭 조각을 발견한 아버지는 몇 가지 질문을 던지다가 결국 폭발하고 말았다.

아버지 : 새 트럭 어디 있니?
크웬틴 : 어디 있을 거예요.
아버지 : 가지고 노는 걸 보지 못했는데.
크웬틴 : 어디 있는지 모르겠어요.
아버지 : 찾아봐. 한 번 봤으면 싶으니까.
크웬틴 : 누가 훔쳐갔을지도 몰라요.
아버지 : 이 거짓말쟁이 같은 녀석! 네가 망가뜨렸잖아! 그냥 넘어가지 않을 거야. 내가 제일 싫어하는 게 뭔지 알아? 거짓말하는 거야!

이렇게 싸울 필요가 전혀 없었다. 은근슬쩍 밝히고 캐물으며, 아들을 거짓말쟁이라고 윽박지르지 않고, 다른 방법으로 좀더 도움을 줄 수도 있었을 것이다.

"새 트럭이 망가진 것 같더라. 오래 갈 줄 알았는데. 아깝게 됐어.

네가 정말 재미있게 가지고 놀았는데."

그랬더라면 아이는 꽤 값진 교훈을 얻었을 것이다.

'아빠가 저렇게 나를 이해해 주니까, 걱정거리가 있으면 말해도 될 거야. 아빠가 준 선물은 좀더 잘 간수해야지. 더 조심해서 가지고 놀고.'

이미 내용을 알고 있으면서, 아이에게 질문을 던지는 것은 좋은 방법이 아니다. 예를 들면, 방이 지저분한 것을 쳐다보면서, "내가 말한 대로 방 청소는 했니?"라거나, 딸이 결석했다는 소식을 듣고 나서 "오늘 학교에 갔었니?"라고 묻는 것이 그렇다. 그보다는 "아직 방 청소를 안 했더라."라거나, "너 오늘 결석했다던데?"라고 말하는 것이 바람직하다.

아이들은 왜 거짓말을 하는가? 사실대로 말하면 곤란하기 때문에 거짓말을 하는 경우가 종종 있다.

네 살 된 윌리가 뛰어들어와 어머니에게 불평을 터뜨렸다.

"할머니 미워!"

깜짝 놀란 어머니는 이렇게 대꾸했다.

"아냐, 그러면 안 돼. 넌 할머니를 좋아하잖아! 우리 집에서는 누굴 미워하면 안 돼. 그리고 할머니는 네게 선물도 주고, 구경도 시켜주잖아. 그런데 어떻게 그렇게 심한 말을 할 수가 있어?"

그래도 윌리는 고집을 부렸다.

"싫어. 할머니 미워. 할머니 보기 싫어."

어머니는 이제는 정말로 화가 나서 좀더 엄격한 방법으로 아이를 교육해야겠다고 마음먹었다. 어머니는 윌리의 엉덩이를 때렸다.

더 맞기가 싫었는지 윌리는 마음을 바꿨다.

"나 정말 할머니가 좋아."

이때 어머니는 어떤 반응을 보였을까? 윌리를 껴안고 입을 맞추었고, 착한 아이라며 칭찬해 주었다.

이 거래에서 꼬마 윌리는 무엇을 배웠을까? 어머니에게 사실대로 이야기하고, 있는 그대로 감정을 드러내면 위험하다는 것을 배웠을 것이다. 사실을 거짓 없이 이야기하면 벌을 받고, 거짓을 말하면 사랑을 받는다. 진실을 말하면 상처를 입는다. 진실을 멀리하라. 엄마는 거짓말하는 아이를 사랑한다. 엄마는 듣기 좋은 이야기만을 듣고 싶어한다. 느낌을 그대로 말하지 말고, 엄마가 듣고 싶어하는 소리만 말해야지.

윌리에게 진실을 말하라고 가르치고 싶다면 어머니는 어떻게 대답을 했어야 했을까?

아들의 분노를 인정했어야 했다.

"응. 이젠 할머니를 좋아하지 않는구나. 무엇 때문에 할머니에게 그렇게 화가 났는지 말해 주지 않을래?"

아이는 이렇게 대답했을지도 모른다.

"아기한테 선물을 줬어. 나한테는 안 주고."

아이에게 정직을 가르치려거든, 듣기 좋은 진실뿐만 아니라 귀에 쓴 진실도 귀담아들을 마음의 준비가 되어 있어야 한다. 아이들이 정직하게 자라려면, 긍정적이든 부정적이든, 또는 두 가지가 혼합

된 것이든, 감정에 대해서 거짓말을 하게 해서는 안 된다. 아이들은 자기들이 표현한 감정에 대해서 우리가 드러내는 반응에 따라, 정직한 행동이 최선인지 아닌지를 판단하게 된다.

2) 진실을 말해 주는 거짓말

진실을 말했는데도 야단을 맞을 때, 아이들은 자기 자신을 보호하기 위하여 거짓말을 한다. 또 현실에서 부족한 점을 상상 속에서 메우기 위해 거짓말을 하기도 한다. 거짓말은 아이의 두려움과 장래의 희망에 대해 진실을 말해 준다. 무엇이 되고 싶고, 무엇을 하고 싶은지를 드러내준다. 분별력을 가지고 들어보면, 거짓말에는 아이들이 무엇을 숨기고 싶어하는지 드러나 있다. 내용을 부정하거나 거짓말을 한 사람을 비난하기보다는, 거짓말에 담긴 의미에 대해 이해하는 태도를 보여주어야 한다. 그것이 거짓말에 대해 성숙하게 대응하는 방법이다. 거짓말에서 얻어낸 정보는 아이로 하여금 현실과 소망스런 환상을 구분할 수 있도록 도와주는 데 사용되어야 한다.

세 살짜리 재스민은 할머니에게 성탄절 선물로 살아 있는 코끼리를 받았다고 했다. 할머니는 굳이 손녀딸의 이야기가 거짓이라는 사실을 일깨워주려고 하지 않았다. 그 대신 재스민의 소원을 대신 말해 주었다.

"너, 살아 있는 코끼리를 선물로 받고 싶은 게로구나. 코끼리를 갖고 싶은 거야! 네 동물원이 있었으면 좋겠지? 동물들로 가득한 정글을 갖고 싶을 거야!"

세 살짜리 로버트는 아버지에게 엠파이어 스테이트 빌딩만큼 키가 큰 사람을 보았다고 했다. 아버지는 "무슨 말도 안 되는 소리! 그렇게 큰 사람은 없어. 거짓말하지 마!"라고 대꾸하지 않았다. 아이의 지각 능력을 부정하지 않고 인정하는 가운데 새로운 낱말을 가르쳐줄 기회로 삼았다.

"정말 키가 큰 사람을 만났나 보구나. 거인 같고, 엄청나게 크고, 어마어마하게 큰 사람을 만난 것이 틀림없나 봐!"

모래 상자 안에서 도로를 만들고 놀던 네 살짜리 크레이그가 갑자기 고개를 쳐들며 소리를 질렀다.

"내가 만든 도로가 태풍에 망가지고 있어. 어떡하면 좋지?"

"태풍은 무슨 태풍! 보이지도 않는데. 쓸데없는 소리 그만둬."

어머니가 화가 난 목소리로 말했다.

크레이그의 어머니가 무시해 버린 모래 상자 속의 태풍이 현실을 강타했다. 크레이그가 허리케인과 같은 기세로 울화통을 터뜨린 것이다. 어머니가 아들의 상상 속의 세계로 들어가, 아들이 본 것을 인정하고 받아주었더라면, 이와 같은 야단법석을 예방할 수 있었을 것이다.

"네가 그토록 힘들게 만든 도로를 태풍이 휩쓸고 있단 말이니? 저걸 어째……."

그런 다음 하늘을 쳐다보며 한 마디 덧붙일 수도 있었을 것이다.

"태풍은 거기 멈추어라. 네가 내 아들이 만든 도로를 휩쓸고 있구나."

7. 정직하지 못한 아이 : 추궁보다는 예방이 우선

아이가 거짓말을 했을 때, 이에 대응하는 방법은 분명하다. 먼저 검사처럼 굴거나, 자백을 요구하거나, 단순한 거짓말을 가지고 거창한 재판을 벌이지 말아야 한다. 또 망설이지 말고 사실대로 말해야 한다. 가령 아이가 도서관에서 빌린 책의 반납 기일이 지난 것을 알았을 때, 이렇게 물어서는 안 된다.

"도서관에서 빌린 책 반납했니? 틀림없어? 아직까지 네 책상에 두면 어쩌자는 거야?"

그보다는 이렇게 말하는 것이 좋다.

"너 도서관에서 빌린 책 반납 기일이 지났더라."

학교에서 아이가 수학 시험에서 낙제 점수를 받았다는 통지를 받았을 때, 부모는 이렇게 물어서는 안 된다.

"수학 시험 합격했니? 확실해? 거짓말해도 이번에는 소용 없어. 선생님하고 이야기했어. 네 성적이 형편 없다는 거 알고 있어."

그 대신 이렇게 직접 말하는 것이 좋다.

"수학 선생님한테 이야기 들었어. 너 수학 시험에 합격하지 못했다고 하더라. 어떻게 하면 네게 도움이 될 수 있을지 걱정이구나."

한 마디로 하면, 부모는 아이들이 자신을 방어하기 위해 거짓말을 할 수밖에 없도록 부추기지 말아야 하며, 아이에게 거짓말할 기회를 일부러 만들어주지 말아야 한다. 아이가 거짓말을 한다고 해서 신경질을 부리거나 융통성 없이 굴어서도 안 된다. 사실에 근거

하여 현실적으로 대처해야 한다. 우리가 바라는 것은, 거짓말을 할 필요가 없다는 사실을 아이들이 깨우치는 것이다.

아이들이 거짓말을 하지 않도록 예방하는 또다른 방법은 "왜?" 라고 묻지 않는 것이다. 옛날에 "왜"는 연구할 때 쓰는 용어였다. 그 의미는 오래 전에 사라져버렸다. "왜"를 비판의 무기처럼 악용한 결과, 그 의미가 타락하고 말았다. "왜?"라고 물으면, 아이들은 부모가 찬성하지 않고, 실망하고 있으며, 불쾌하게 생각하고 있다고 간주한다. 그것은 아이들에게 전에 들었던 꾸중의 메아리를 다시 울리게 해준다. 단순히 "왜 그랬니?"라고 하는 말도 "세상에, 왜 너 그런 바보 같은 짓을 했니?"라는 의미로 들릴 수 있다.

현명한 부모는 다음과 같이 해로운 질문을 하지 않는다.

"왜 넌 그렇게 이기적이니?"
"왜 넌 내가 말한 것은 죄다 잊어먹니?"
"왜 넌 늘 시간을 지키지 않니?"
"왜 넌 그렇게 어수선하니?"
"왜 넌 입을 다물고 있지 못하니?"

아이가 대답할 수 없는 수사적인 질문 대신에, 동정심을 표현하는 말을 하는 것이 좋다.

"네 것을 나눠주면 존이 좋아할 텐데."

"기억하기 힘든 것들이 있긴 해."

"네가 늦으면 걱정되더라."

"차분하게 하기가 쉽지는 않아."

"넌 아이디어가 많아."

8. 훔치는 아이 : 시간과 노력이 필요하다

아이들에게는 누구나 제 물건이 아닌데도 집으로 가져오고 싶어
하는 공통된 심리가 있다. 훔친 것을 알았을 때는, 훈계하거나 야단
법석을 떨지 말아야 한다.

위엄 있게 아이들을 옳은 길로 이끌 수가 있다. 예를 들면 "그 장
난감은 다른 사람 것인데, 임자에게 돌려줘야지." 또는 "그 총을 갖
고 싶은가 본데, 지미가 돌려달라고 하잖니." 하는 식으로 차분하고
단호하게 말해야 한다.

아이가 과자를 훔쳐서 제 주머니에 넣는 것을 보았을 때는, 차분
하게 대응하는 것이 최선의 방법이다.

"과자를 갖고 싶어서, 왼쪽 주머니에 넣었나 보구나. 하지만 안
돼. 진열대에 갖다 놔."

만일 아이가 과자를 갖고 있지 않다고 부인하면, 거듭 말한다.

"초콜릿, 진열대에 갖다 놓아야지. 자 어서."

그래도 아이가 거절하면, 주머니에서 과자를 꺼내 빼앗고 나서

말한다.

"이 과자는 가게 거야. 여기 둬야 해."

1) 적절하지 않은 질문과 적절한 표현

아이가 당신 주머니에서 돈을 훔친 것이 확실하다면, 물어보는 것이 가장 좋은 방법은 아니라고 해도, "얘, 내 주머니에서 1달러 가져갔더구나. 돌려줘야지."라고 말한다. 그래서 돈을 돌려주거든, "돈이 필요하면 말해. 줄 테니까."라고 말한다. 만일 아이가 돈을 훔친 사실을 부인할 때에는, 말싸움을 벌이거나 자백하라고 하소연할 필요가 없다. "내가 알고 있다는 거 너도 알잖아. 이리 내놔."라고 반복하는 것이 좋다. 만일 그 돈을 이미 써버렸으면, 그 대가로 일을 시킨다거나 용돈을 줄여서 그 돈을 갚을 방법을 찾아준다.

2) 피해야 할 표현

아이를 도둑이나 거짓말쟁이라고 하거나, 앞날이 뻔하다는 등의 표현은 하지 않는 것이 좋다. "왜 훔쳤니?"라고 묻는 것은 하등의 도움이 되지 않는다.

아이는 아무 생각 없이 돈을 훔쳤을지도 모른다. 거기다 대고 이유를 대라고 윽박지르면, 결국 다른 거짓말을 할 수밖에 없다. 앞으로 돈이 필요하면 부모와 상의하길 바란다고 지적해 주는 것이 더 중요하다.

"돈이 필요한데도 내게 말하지 않았다니 정말 섭섭하구나."

"내게 와서 돈이 필요하다고 했으면, 어떻게든 방법을 생각해 냈을 텐데."

병에 넣어둔 과자를 훔쳐 먹고 코 밑에 설탕가루를 묻히고 다니는 아이에게 이렇게 물어서는 안 된다.

"누가 병 속의 과자를 먹었니?"

"혹시 누가 먹었는지 봤니?"

"네가 먹었구나! 그렇지?"

이런 질문은 아이로 하여금 거짓말을 하게 하는 결과를 초래하므로, 결국 부모들만 더 상처를 입을 뿐이다. 무슨 대답을 할지 뻔히 알면서 질문을 해서는 안 된다. 이는 철칙이다. 오히려 다음과 같이 말하는 것이 더 효과적이다.

"너 먹지 말라고 했는데, 과자를 먹었구나."

이런 표현 자체가 적절하고도 바람직한 처벌이 된다. 이런 말을 들으면 아이는 마음이 편하지 않고, 잘못된 행동에 대한 대가로 뭔가를 해야 한다는 책임감을 느끼게 된다.

9. 예의 없는 아이 : 예의 범절을 가르치는 방법

모범과 공중 도덕

예의는 인격의 특성이자 동시에 사회적인 기술을 의미하기도 한다. 아이들은 예의바른 부모와 자기를 동일시하고, 그런 부모를 본

받음으로써 예의를 배우게 된다. 무슨 일이 있어도, 예의는 예의바르게 가르쳐야 한다. 그런데 부모들은 거친 방법으로 예의를 가르칠 때가 많다. 아이가 깜박 잊어버리고 "감사합니다."라는 말을 하지 않는다고, 다른 사람이 보는 앞에서 그걸 지적한다. 그런데 이는 어른으로서 예의바른 처사가 아니다. 아무리 줄잡아 말한다고 해도 그렇다.

여섯 살 난 로버트는 방금 예쁘게 포장된 선물을 받았다. 아이는 그 속에 무엇이 들었는지 알고 싶은 나머지 선물을 꽉 눌렀다. 어머니가 흥분하고 불안한 표정으로 쳐다보았다.

어머니 : 로버트, 그럼 안 돼! 선물이 못쓰게 되었잖아. 선물을
　　　　받을 때 뭐라고 인사드리는지 알지?
로버트 : (볼멘 말투로) 감사합니다.
어머니 : 그럼, 그래야지! 참 잘했어!

어머니는 간단한 예의지만, 야단치지 않고 아주 효과적으로 가르칠 수도 있었을 것이다.

"패트리셔 아주머니, 이렇게 좋은 선물을 주시다니 감사합니다."

어머니가 먼저 이렇게 인사할 수도 있었다. 그러면 로버트도 어머니를 따라서 고맙다는 인사를 드렸을 것이다. 이는 충분히 생각할 수 있는 일이다. 아이가 인사를 드리지 않으면, 나중에 자기들끼리 있을 때, 어머니가 좀더 부드럽게 처리할 수도 있었을 것이다.

어머니는 다음과 같이 말할 수도 있었을 것이다.

"네 생각을 하고 선물을 주시다니, 패트리셔 아주머니는 생각이 깊은 분이야. 우리, 아주머니께 감사의 편지를 쓰자. 우리가 아주머니를 생각하고 있다는 것을 알면 기뻐하실 거야."

그 자리에서 당장 야단을 치는 것보다 번거롭긴 하지만, 이렇게 하는 것이 더 효과적이다. 정교한 삶의 예술을 전달하는 데는 쇠망치는 적합하지 않다.

아이들이 어른의 이야기에 참견을 할 경우, 어른들은 대개 화를 내면서 버릇없이 어른들 이야기에 참견하는 게 아니라고 말한다. 그러나 참견하는 아이에게 참견해서는 안 된다고 야단을 치는 어른들도 예의가 바르지 못하기는 마찬가지인 셈이다. 아이들에게 바른 예의 범절을 강요하면서, 부모 스스로 예의에 어긋난 말을 사용하는 일은 없어야 한다. 어쩌면 "이야기를 그만 하는 것이 좋겠어."라고 말하는 것이 더 좋을지도 모른다.

좋은 의도에서 아이들에게 예의 없다는 말을 하더라도, 그것은 도움이 되지 못한다. 기대와는 반대로, 그런 언행으로는 아이들에게 예의바른 태도를 길러주지 못한다. 아이들이 우리의 판단을 그대로 받아들여, 그것을 자기 모습에 대한 이미지의 일부로 삼게 될 위험도 있다. 일단 자기가 예의 없는 아이라고 생각하게 되면, 계속 그런 이미지에 맞춰서 살아가기가 쉽다. 예의 없는 아이가 예의 없게 행동하는 것이야 자연스러운 일일 테니까 말이다.

꼬집어서 나무라며, 앞날이 뻔하다는 식으로 비난하는 것은 아이들에게 도움이 되지 못한다. 어른들이 악의 없이 아이에게 친절하게 대해야 더 좋은 결과를 얻을 수 있다. 친구나 친척집을 방문할 때가 아이에게 예의 범절을 가르칠 수 있는 좋은 기회이다. 남의 집을 방문해서는 부모와 아이 모두 재미있게 지내야 한다. 따라서 예의 범절을 가르치려면 집 주인이 책임지고 아이의 행동을 정해 주어야 한다.

아이들은 부모들이 남의 집에서는 야단치기 싫어한다는 것을 들어서 알고 있다. 거기다 남의 집이라 익숙지 않아도 말썽피우기 좋은 장소들을 잘 찾아낸다. 이때 집 주인이 자기 집의 규칙을 알려주면서 이를 지켜야 한다고 요구하면, 아이의 계획은 보기 좋게 물거품이 된다. 아이가 소파 위에서 뛰어논다고 하자. 이때는 집 주인인 메리 이모가 소파를 뛰어놀아도 되는 곳으로 둘 것인지 말 것인지를 결정하면 된다. 어디까지 뛰어다니며 놀아도 되는지 그 한계도 정한다. 다른 사람이 하지 말라고 하면, 아이들은 더 잘 지키는 경향이 있다. 아이가 집 주인의 지시에 잘 따르는 것을 보고 안심이 될 때는, 어머니가 나선다. 놀고 싶어하는 아이의 마음과 속마음을 어머니가 대신 말로 나타내어 주면, 아이에게 위로가 될 수 있다.

"메리 이모가 소파 위에서 뛰어놀게 해주면 좋을 텐데. 네가 정말 좋아하니까. 하지만 여기는 메리 이모네 집이니까, 이모가 하라는 대로 해야 해."

만일 아이가 집에서는 소파 위에서 뛰어놀아도 괜찮았다고 고집을 부리면, 이렇게 말해 준다.

"메리 이모네 집에서는 소파 위에서 뛰면 안 된대. 우리 집하고는 다르단 말이야."

이런 방법은 손님과 주인이 각자의 책임 영역에 대해 동의할 때 사용할 수 있다. 메리 이모의 집에 도착한 다음, 루시의 부모가 이렇게 말하는 것도 괜찮다.

"여기는 네 집이야. 이 집에서는 어떻게 하는 것이 좋은지 알고 있는 것도 너뿐이고. 우리 아이들의 행동이 마음에 들지 않으면, 부담 느끼지 말고 야단쳐 줘."

자기 집의 규칙에 따르라고 요구하는 것은 주인의 권리이자 책임이다. 남의 집을 방문했을 때는, 잠시 훈육자로서의 역할을 양보하는 것이 부모로서 책임 있는 행동이다. 적절히 간섭하지 않는 태도를 취함으로써, 부모는 아이가 현실 상황을 파악하는 데 도움을 줄 수 있다.

아이들이 크는 동안에 거짓말을 하고, 물건을 훔치고, 이런저런 버릇없는 행동을 하면, 부모들은 당황해서 골머리를 앓는다. 아이를 협박하고, 매수하고, 약속하고, 빈정대고, 사납게 야단치고 해보지만, 그것으로는 해결책이 되지 못한다. 부모가 아이의 행동을 어떻게 판단하고 있는지를 분명하게 밝혀주는 것이 가장 효과가 좋은 방법이다.

이미 대답을 알고 있으면서 아이에게 질문을 하면 안 된다. 가장 중요한 것은 아이를 존중해 주어야 한다는 것이다. 그래야 우리도 아이에게 존중을 받는다. 아이가 잘못된 행동을 했을 때, 권위를 잃지 않으면서도 상냥하게 대처하는 것도 좋은 방법이다. 그것도 서로 사랑하는 부모와 아이의 관계를 돈독히 하는 데 도움이 된다.

부모와 아이 사이 ·········· 제 **4** 장

 책임감 : 먼저 가치 있는 행동을 알려준다

부모들은 어디에서나 아이들에게 책임감을 가르칠 기회를 찾고 있다. 책임감을 길러주기 위해 아이들에게 집 안일을 돕게 하는 가정이 많다. 쓰레기통을 비우거나, 식탁을 치우거나, 잔디를 깎거나, 설거지를 하는 것이 아이들에게 책임감을 길러주는 좋은 방법이라고 믿는다. 사실 집에서는 이런 자질구레한 일들이 중요하긴 하지만, 책임감을 갖게 하는 데는 긍정적인 영향을 주지 못할 때도 더러 있다.

　왜냐하면 어떤 가정에서는 부모와 아이들이 이런 일들을 놓고 매일 말다툼을 벌일 수도 있기 때문이다. 이런 성가신 일을 하라고 부모가 완강하게 요구하면, 아이들이 복종하여 부엌과 마당은 깨끗할지 모른다. 그러나 이런 방법은 아이의 인격 형성에 바람직하지 못한 영향을 미칠 수도 있다.

　간단하게 말하면, 책임감을 강제로 갖게 할 수는 없다. 책임감은 가정과 지역 사회가 중요하게 여기는 여러 가지 가치들을 흡수하고 배우는 과정을 통해서만 길러질 수 있다.

　긍정적인 가치에 뿌리를 두지 않은 책임감은 반사회적이고 파괴적일 수 있다. 폭력배들이 동료와 집단에 대해서 서로 충성을 바치고, 철저하게 책임을 다하는 경우가 더러 있다. 테러리스트들은 목숨을 걸고 진지하게 의무를 다한다. 죽음을 각오하면서까지 명령을 이행한다.

1. 책임감의 바탕

우리는 아이들이 책임감 있는 사람이 되길 원하면서도, 그 책임감이 궁극적인 가치, 다시 말하면 삶에 대한 경외심과 인간의 행복에 대한 관심에서, 귀에 익은 말로 바꾸어 말하면 동정심과 헌신, 배려에서 우러나오길 바란다. 일반적으로 볼 때, 우리는 책임이라는 문제를 큰 틀에 놓고 생각하지 않는다. 그보다 훨씬 더 구체적인 문제들을 가지고 책임감이 있다느니, 부족하다느니 하고 말한다. 방을 어지른 일, 지각한 일, 숙제를 엉망으로 한 일, 마지못해 피아노 연습을 한 일, 토라져서 말을 잘 듣지 않은 일, 버릇없이 행동한 일을 놓고 책임감을 이야기한다.

그런데 예의바르고, 방을 청소하고, 손발을 깨끗하게 씻고, 숙제를 빼놓지 않고 잘 하는 아이들도 무책임한 결정을 내릴 수가 있다. 늘 남이 시키는 대로 하기만 한 탓에, 스스로 판단을 내리고, 선택하고, 내면적인 규범을 형성할 기회를 갖지 못하는 아이들이 특히 그렇다.

다른 한편으로 스스로 결정을 내릴 기회를 가진 아이들은 심리적으로 독립된 어른으로 성장하게 되며, 성인으로서 자신이 만족할 수 있는 일과 인생의 동반자를 선택할 수 있다.

아이들이 마음으로 얼마나 승복하느냐에 따라, 우리가 가르치고 싶어하는 것을 받아들이는 정도가 결정적으로 달라진다. 가치라는 것은 그저 가르친다고 되는 것이 아니다. 가치는 사랑하고 존경하는 사람과 자신을 동일시하면서 경쟁하는 가운데 몸에 배고, 또 몸의 일부가 된다.

따라서 어린이의 책임감이라는 문제는 부모에게서 시작된다. 좀 더 정확하게 말하면, 부모와 아이 사이에 사랑의 감정을 영글게 하는 양육 행위에 표현된 가치에서 출발한다. 지금 고려해야 할 문제는 아이들에게 바람직한 책임감을 형성하게 해줄 수 있는 어떤 분명한 태도와 활동이 있느냐 하는 것이다. 지금부터는 심리적인 관점을 통해서 이 문제에 대한 답을 찾아보려고 한다.

2. 바람직한 목표와 쉬운 실천

아이들의 책임감은 부모의 태도와 기술에서 시작된다. 태도에는 아이들이 감정을 있는 그대로 드러낼 때, 부모가 이를 흔쾌히 받아들이겠다는 의지가 포함된다. 기술은 감정을 극복할 수 있는 바람직한 방법을 아이들에게 보여줄 수 있는 능력을 의미한다.

이 두 가지 요구를 충족하는 데는 엄청난 어려움이 뒤따른다. 우리를 키운 부모와 교사들은 우리에게 감정에 대처할 수 있는 준비를 적절하게 시켜주지 못했다. 그들 스스로도 격한 감정에 대처하는 방법을 알지 못했다. 자기 아이가 격한 감정을 드러내면, 외면하거나, 부인하거나, 억누르거나, 숨기려고 했다. 걸핏하면 아무 도움도 되지 않는 말을 하곤 했다.

* **외면하는 말** : 진심으로 하는 말이 아닐 거야. 넌 동생을 귀여워 하거든.
* **부인하는 말** : 네가 그럴 리가 없어. 일진이 좋지 않아서 기분이 나쁜 거야.
* **억누르는 말** : 한 번만 더 싫어한다고 말해 봐. 혼내줄 거야. 착한 아이는 그런 생각 하는 거 아냐!
* **숨기는 말** : 동생이 미울 수도 있겠지만, 진짜로 미워하지는 않을 거야. 우리 집에서는 미워하면 안 돼. 사랑하기만 해야 해.

이런 말들은, 감정이라는 것이 강물과 같아서, 방향을 바꿀 수는 있어도 멈추게 할 수는 없다는 사실을 무시하고 있다. 격한 감정은, 미시시피 강의 격랑처럼, 외면하거나 논리적으로 따져 묻거나, 이야기를 통해 사라지게 할 수 있는 성질의 것이 아니다. 그것을 무시하려고 들면, 재앙을 초래하게 된다. 그러므로 우리는 격한 감정을 받아들이고, 그 힘을 인정해야 한다. 있는 그대로 인정하여 그에 대처하면서, 유연하게 그 물꼬의 방향을 돌려야 한다. 적절하게 배출되기만 하면, 격한 감정은 삶에 자극을 주고, 생활에 빛과 즐거움을 가져다 줄 수 있다.

이는 고상한 목표이다. 그러나 아직 문제가 남아 있다. 바람직한 목표와 일상적인 실천 사이의 거리를 메우려면 어떤 조치를 취해야 하고, 어디에서 출발해야 하는가 하는 문제가 있다.

3. 책임감을 기르는 프로그램

이 문제에 대한 해답은 장단기 노력을 조화롭게 결합하는 프로그램을 수립하는 데 놓여 있다고 할 수 있다. 지금 당장이라도 분명하게 인정하지 않을 수 없는 사실이 있다. 인성 교육은 아이들과 우리의 관계에 달려 있으며, 성품은 말로 전해지는 것이 아니라, 행동을 통해 전달된다는 사실이다.

장기 프로그램의 첫 단계는 다음과 같이 다짐하는 데서 시작해야 한다. 아이들의 생각과 감정에 관심을 기울일 것이며, 겉으로 드러난 행동, 곧 고분고분하거나 반항하는 태도에 대해서 대응하지 않고, 그런 행동을 유발하는 감정에 대처하겠다는 다짐에서 출발해야 한다.

아이들의 생각과 감정을 어떻게 알 수 있을까? 아이들이 그 실마리를 제공한다. 아이들의 감정은 말과 어조, 몸짓과 몸가짐을 통해서 밖으로 드러난다. 우리에게는 그것에 귀를 기울이는 귀와, 바라보는 눈과 느끼는 가슴만 있으면 된다. 마음속에서 이렇게 다짐하기로 하자. 아이들을 이해하자. 이해하고 있다는 것을 보여주자. 비판하거나 비난하지 않는 표현으로 그 사실을 보여주자.

아이가 아무 말 없이, 발을 질질 끌며 느릿느릿 학교에서 집으로 돌아온다. 걸음걸이를 보고, 아이에게 기분 나쁜 일이 있었음을 알 수 있다. 이럴 때는 앞에서 다짐했던 대로, 비난하는 말투로 말을 걸어서는 안 된다.

"아니, 왜 그런 얼굴이니?"

"무슨 일이야, 친한 친구하고 싸우기라도 했니?"

"이번에는 무슨 일을 저질렀니?"

"오늘은 또 무슨 말썽을 피웠는데?"

아이들의 감정에 관심을 갖게 되면, 아이의 화만 돋우는 표현이
나, 집에 오기 싫은 마음을 부추기는 말투를 쓰지 않게 된다. 부모
들은 아이들에게 부모를 사랑하라고 요구한다. 그러므로 아이들 또
한 부모에게서 빈정거림이나 조롱 대신에, 진정으로 이해하는 마음
이 담긴 취급을 받을 권리가 있다.

"오늘 기분 나쁜 일이 있었나 본데."

"일진이 나빴나 보구나."

"오늘 힘들었나 보구나."

"누가 널 못살게 굴었나 봐."

위와 같이 언급하는 것이 "너, 무슨 일이야?", "무슨 문제니?",
"무슨 일이 있었니?"라고 묻는 것보다 더 바람직하다. 질문은 호기
심을 전제로 하지만, 사실에 대한 진술은 공감을 전달한다. 부모가
공감하는 표현을 했다고 해서, 아이의 시무룩한 기분이 금방 바뀌
는 것은 아니다. 그래도 아이는 자기를 이해하고 있음을 보여주는
부모의 말에 담긴 사랑의 감정을 남김없이 빨아들일 것이다.

4. 아이 감정의 상처 치유하기

다니엘이 학교 버스 운전사가 자기를 괴롭히고 창피를 주었다고
투덜거렸다. 이때 어머니가 나서서 운전사의 행동에 대해 이유를
설명하거나 그의 행동을 변명해 줄 필요는 없다. 어머니가 할 일은
공감하는 마음으로 아이의 기분에 대처하면서, 감정적으로 가장 먼
저 도움을 주는 것이다. 다음과 같이 말하는 것이 좋다.

"정말 무척 당황했겠구나."
"자존심이 상했겠구나."
"그 때문에 화가 났겠구나."
"그때는 운전사 아저씨에게 정말 화가 났을 거야."

이런 말을 들으면, 다니엘은 어머니가 자기의 분노와 마음의 상
처, 창피함을 이해해 주고 있으며, 원할 때 어머니가 자기 편을 들
어준다고 생각하게 될 것이다. 아이들이 넘어져 다치면, 부모들은
가장 먼저 달려와 육체적으로 도와준다. 그와 마찬가지로, 아이들
이 감정적으로 상처를 입어 고통을 겪고 있을 때, 부모들이 가장 먼
저 감정적인 도움을 주어야 한다.

아이들은 생활을 통해 배운다. 이는 두말할 나위 없는 진실이다.
비판을 받으며 사는 아이는 책임감을 배우지 못한다. 자신을 탓하
고, 다른 사람을 흠잡는 법을 배우게 된다. 자신의 판단을 믿지 못

하고, 능력을 얕보며, 다른 사람의 마음을 믿지 못하게 된다. 무엇보다도 늘 일이 금방이라도 잘못될 것이라는 예상을 가지고 살아간다.

아이들에게 일이 잘못되었다는 느낌을 갖게 하는 가장 쉬운 방법은 비판하는 것이다. 비판은 아이들이 자기 자신을 부정적으로 보게 만든다. 아이들에게 필요한 것은 비판이 아니라 훼손되지 않은 정보이다.

어머니는 아홉 살 된 스티븐이 큰 냄비에 가득 들어 있는 초콜릿 푸딩을 거의 전부 자기 그릇에 퍼넣는 것을 보았다. 아이를 꾸짖는 말이 금방이라도 어머니의 입 밖으로 튀어나올 것 같았다.

"저렇게 이기적이라니까! 넌 꼭 너 혼자만 생각하더라! 이 집에는 너 혼자만 있는 게 아냐!"

하지만 어머니는 (부정적인) 꼬리표를 달아주면 아이가 쓸모 없는 사람이 되며, 인격의 부정적인 측면을 꼬집는 것은 아이가 좀더 남을 배려하는 사람으로 성장하는 데 하등의 도움이 되지 않는다는 사실을 깨닫고 있었다. 그래서 낙인을 찍는 대신에, 훼손되지 않은 정보를 주었다.

"얘, 푸딩은 네 사람이 같이 먹을 거야."

"알았어요. 엄마, 미안."

스티븐이 대답했다.

"그걸 몰랐어요. 다시 덜어놓을게."

5. 아이와 좋은 관계 만들기

자잘한 집안일과 책임을 놓고 아이들과 예고했거나 예고하지 않은 전쟁을 치르고 있는 부모들이 알아두어야 할 사실이 있다. 부모는 이런 전쟁에서 이길 수 없다는 것이다. 아이들은 부모가 요구할 때 쓰는 것보다 더 많은 시간과 에너지를 가지고 우리에게 저항하기 때문이다. 설령 싸움에 이겨서 부모의 의지를 강요하는 데 성공한다고 하더라도, 아이들은 내키지 않는 표정으로 시무룩하게 지내거나 꾸물대고 반항하여 복수를 할 수도 있다.

그렇다면 우리의 과제는 아이들과 좋은 관계를 쌓는 것이다. 이 어려운 과제를 수행하려면 어떻게 해야 할까? 아이들을 우리 편으로 만들면 된다. 얼핏 보면 이것이 불가능해 보일지도 모른다. 어려운 것도 사실이다. 하지만 아이들의 생각을 이해하고, 버릇없는 행동을 유발하는 감정에 귀를 기울이기 시작하면, 우리에게도 그렇게 할 수 있는 능력이 충분히 있다.

부모가 예민하게 귀를 기울이면, 아이에게 호의적인 변화를 일으킬 수 있다.

부모가 자기들의 감정과 생각에 관심이 없어 보이면 아이들은 실망하며 화를 낸다.

예를 들어보자. 샤나는 축구에 관심이 없었기 때문에, 동생의 경기를 보러 가족과 함께 가야 한다는 아버지의 요구를 거절했다. 그러자 아버지는 화가 나서 용돈을 깎겠다고 했다. 샤나는 화를 내며 집을 뛰쳐나갔다. 마음에 상처를 입었고, 아버지가 자기를 사랑하지 않는다고 생각했기 때문이었다. 화가 가라앉자, 아버지는 샤나가 거절한 이유를 딸의 관점에서 볼 수 있었다. 동시에 자기는 가족이 행복하게 외출하는 분위기를 연출하려고 했는데, 딸의 감정을 존중하지 않았다는 사실도 깨닫게 되었다. 딸이 돌아왔을 때, 아버지는 사과하면서, 좋아하지 않는 일에 가족과 함께 따라나서는 것이 딸에게는 아무 의미가 없다는 점을 인정했다. 동시에 딸이 강제로 따라갔으면, 틀림없이 다른 사람들도 축구 경기를 즐기지 못했을 것이라는 점도 깨달았다.

가족 모임이나 축하 행사에 대해 이상적인 광경을 상상하는 부모들이 많다. 애써 마련한 행복한 행사를 겉으로 드러나지 않은 부정적인 감정이 종종 망치기도 한다는 사실을 무시하기 때문이다. 아이들에게 어떤 가족 행사에 참석하라고 강요해야 좋을지 부모들은 조심스럽게 따져보아야 한다. 꾸어다 놓은 보릿자루 같다는 느낌에 아이들을 화나게 만들고, 부루퉁해서 화를 내며, 재미 없다는 표정을 짓고 있는 아이를 보며 부모의 마음이 불편하다면, 이는 부모의 본래 의도와는 거리가 멀어도 한참 멀다. 왜 이런 일이 벌어지는가? 아이들에게는 자기가 싫어도 부모의 뜻에 따라 움직이는 방법이 많기 때문이다.

다음 이야기를 놓고 생각해 보자. 꽤 거들먹거리는 어떤 사람이 앞으로 요리사를 대하는 태도를 고치기로 마음먹고 그를 불렀다.

"지금부터 자네를 점잖게 대하기로 했네."

"점심 식사가 좀 늦더라도 소리지르지 않을 건가요?"

"소리지르지 않을게."

"커피가 좀 덜 뜨겁더라도 내 얼굴에 커피잔을 던지지 않을 건가요?"

"던지지 않을게."

"스테이크가 너무 많이 구워지더라도 내 월급에서 깎지 않을 건가요?"

"절대로 그런 일 없을 거야."

"좋아요. 그렇다면 나도 앞으로는 수프에 침을 뱉지 않겠어요."

아이들이 우리가 먹는 수프에 침을 뱉고, 삶을 비참하게 만들 수 있는 방법은 많다.

부모가 감정과 생각을 고려해 주지 않는 아이들은 자기들의 생각이 어리석거나 주목받을 가치가 없으며, 자기들은 사랑을 할 수도 사랑을 받을 수도 없는 존재라고 결론짓는다.

부모가 말을 귀담아들어 주고, 격한 감정을 무시하지 않고 인정해 주면, 아이들은 자기들의 견해와 감정이 평가를 받고, 자신들이 존중받는다는 느낌을 받는다. 그렇게 존중받는다는 느낌은 아이들에게 자존심을 세워준다. 자신의 가치를 느끼게 되면, 아이들은 사건과 사람들로 가득한 세상에 좀더 효과적으로 대처할 수 있게 된다.

6. 아이의 솔직한 감정 비춰주기

당신의 모습을 과장되게 일그러뜨려서 비춰주는, 놀이 공원에 있는 요술 거울을 본 적이 있는가? 그때 어떤 기분이었는가? 아마 마음이 편치 못했을 것이다. 그러면서도 웃었을 것이다. 그것이 당신의 모습을 찌그러뜨려서 보여주고 있고, 당신의 본래 모습이 그렇지 않다는 것을 알고 있었기 때문이다.

그런데 그것이 당신의 모습을 찍어둔 유일한 사진이었다고 상상해 보자. 그러면 그 흉측한 사람이 당신의 본래 모습이었다고 믿을 수도 있을 것이다. 자신에 대해서 그 이외의 다른 모습을 알고 있지 않다면, 당신은 그 거울을 불신하지도 않을 것이다.

사정이 그렇다면, 아이들이라고 해서 부모들이 비춰준 모습에 대해서 의심을 품을 하등의 이유가 없다. 심지어는 아이들은 부모들이 내려준 부정적인 평가마저도 받아들인다. 멍청하고, 게으르고, 어설프고, 생각이 없고, 이기적이고, 무디고, 무책임하고, 달갑지 않다는 꼬리표를 그대로 받아들인다.

"정말 못생겼구나."

"뭐 하나 제대로 할 줄 모르는 녀석."

"저렇게 어설퍼서야 원."

이런 말은 아이들이 자신을 괜찮게 생기고, 능력 있고, 품위 있는 존재로 생각하게 하는 데 아무런 도움을 주지 못한다. 많은 부모들이 자기 아이들을 멍청하고, 게으르고, 거짓말쟁이라고 부른다. 그렇게 부르면 아이들이 분발하여 영리하고 부지런하고 정직한 아이가 될 것이라고 기대하면서 말이다.

부모의 눈에 비친 자기 모습이 부정적이면, 아이 눈에 비친 자기 자신의 모습도 뒤틀리게 된다. 어린이 문제를 다루는 텔레비전 프로그램에서 열두 살 된 테드가 내게 물었다.

"우리 아빠는 날 보고 게으르고, 거칠고, 멍청하다고 해요. 아빠 말이 옳은가요? 난 그렇게 생각하지 않는데."

"아빠가 너보고 백만장자라고 하면, 넌 믿겠니? 어디 말해 봐."

내가 물었다.

"아니요. 은행 저축이 17달러밖에 없는걸요. 그걸 가지고 백만장자라고 할 수는 없잖아요. 아, 알겠다. 내가 정말 그런 아이이기 때문에 아빠가 그렇게 섭섭한 말을 한 것이 아니라는 말이군요."

테드가 대답했다.

"돈을 얼마 갖고 있는지 알고 있기 때문에, 넌 누가 뭐라고 해도, 심지어 아빠가 무슨 말을 해도, 네가 어떤 아이인지를 알아. 너를 그렇게 부른 사람이 바로 너를 사랑하고 존중하는 네 아버지이기 때문에, 사실은 네가 그런 사람이 아니라는 확신을 갖기가 더 어려운 거야."

나는 되풀이해서 말해 주었다. 태도를 고쳐주고 싶어서 아이에게 부정적인 표현을 썼을지 모르겠지만, 그 말을 듣는 아이는 평생 동안 그 짐을 벗지 못한다.

위대한 첼리스트이자 휴머니스트인 파블로 카잘스는 몇 년 전에 아이들에 대해서 이야기하면서, 아이들에게는 자기가 특별한 존재라는 감정을 갖게 해주는 것이 매우 중요하다고 말했다. 그는 이렇게 말했다.

"아이들은 2 더하기 2가 4라는 사실을 아는 것만으로 충분하지 않다. 부모는 아이에게 '넌 놀라운 아이야! 넌 기적 같은 아이야! 지금까지 너 같은 아이는 없었어. 앞으로도 결코 없을 거야!'라고 말해 주어야 한다."

어떤 어린이들은 운이 좋다. 그 부모들이 파블로 카잘스의 말을 수긍하고, 아이들이 자기를 특별한 존재로 느낄 수 있도록 도와주는 방법을 알고 있기 때문이다.

열 살 된 에디스와 어머니는 백화점에서 장을 보는 중이었다. 갑자기 어린아이가 우는 소리가 들렸다. 길을 잃은 모양이었다. 잠시 후, 아이를 발견한 안내원이 어머니를 찾아주겠다고 나섰다.

그날 저녁 에디스는 매우 슬픈 얼굴로 어머니에게 말을 걸었다.

"엄마가 보이지 않는다는 것을 알고 나서, 그 어린아이가 얼마나 놀라고 무서웠을까. 지금까지 그 생각을 하고 있었어요."

그 말을 듣고 어머니에게 먼저 떠오르는 생각은 딸을 안심시켜 주어야겠다는 것이었다.

"아, 그 일 말이니? 걱정하지 마. 아마 바로 엄마를 찾았을 거야."

그렇게 말하는 대신 어머니는 이 사건을, 딸에게 남을 보호하고 배려하는 능력이 있다는 것을 알려주는 기회로 삼기로 마음먹었다.

어머니 : 에디스, 너 그 길 잃은 아이가 정말 걱정이 되나 보구나.

에디스 : 계속 그 아이의 서럽게 우는 표정을 생각나요.

어머니 : 그 아이의 마음을 진심으로 이해하고 동정하기 때문이
        야. 그 아이의 두려움을 네 자신이 같이 느끼고 있는 것
        같아.

에디스 : 엄마, 난 내가 그렇게 특별한 아이라고 생각해 본 적 없
        는데요.

7. 미움과 분노 피하기

부모들은 아이들에게 미움과 분노를 사는 말과 표현을 의식적으
로 하지 말아야 한다.

모　욕 : 넌 학교에서는 망신이고, 집에서는 불신이야.

예　언 : 너 하는 꼴 보니, 철창 신세 면하기 어렵겠다.

위　협 : 너 조용히 있지 않으면, 용돈 없을 줄 알아. 텔레비전도
        못 보게 할 거야.

비　난 : 넌 말썽피우는 데는 늘 첫째더라.

명　령 : 앉아서 입 다물고, 저녁이나 먹어.

8. 비난이 아닌 감정과 생각을 전달하기

문제가 터졌을 때, 아이의 인격과 품성을 비난하지 않고 감정과 생각을 전달할 수 있으면 부모는 훨씬 더 좋은 효과를 얻을 수 있다. 먼저 내 감정을 진술하여 화난 감정을 표현하고, 아이의 행동을 받아들일 수 없다는 뜻을 전달할 수 있다. 아이에게 창피를 주거나 체면을 깎지 않아도 된다. 예를 들어보자.

"카세트 스테레오의 소리를 줄여달라고 거듭해서 부탁했는데, 아들이 말을 안 들어주니까, 화가 나고 마음도 안 좋아."

부모들이 관심 있게 말을 귀담아들어 주고, 아이의 생각을 이해하려고 노력하고, 신랄한 표현을 자제하고, 창피 주지 않고 아이의 감정이나 요구를 반영해 주면, 아이 스스로 변화하기 시작한다. 아이에게 공감하는 분위기를 조성할수록 아이는 부모에게 더 가까이 다가온다. 부모가 공정하고, 사려 깊고, 교양 있는 태도를 보여주면, 아이들은 이를 지켜보며 흉내내려고 한다. 이러한 변화는 하루아침에 일어나지 않는다. 하지만 노력하면 언젠가는 그 보상이 있을 것이다.

이와 같은 태도를 생활 속에서 실천할 때, 부모는 교육의 큰 부분을 차지하는 이른바 책임감 있는 아이로 키운다는 사명을 완수할 수 있다. 본보기를 보여주는 것만으로는 부족하다. 책임감은 아이 자신의 노력과 경험을 통해서 형성된다.

부모가 본보기가 되는 것이 아이가 책임감을 배우는 데 유리한 태도와 분위기를 형성한다면, 개별적인 책임감 수행 경험은 그 배움이 아이의 인격의 일부가 될 수 있도록 통합해 주는 역할을 한다. 그러므로 아이들에게 성장 정도에 따라 개별적으로 책임을 부여하는 것이 중요하다.

대부분의 가정을 보면, 아이들이 문제를 내놓으면, 부모들이 해결책을 찾아준다. 아이들이 성숙하려면, 문제를 자기 힘으로 해결하는 기회를 가져야 한다. 여기 한 예가 있다.

열여섯 살 된 필은 반 아이들과의 주말 스키 여행을 가게 되었다. 그러나 담임 선생님은 필이 반 아이들과 함께 버스에 타도록 허락해 주지 않았다. 필이 부모 동의서를 잃어버리고 가져오지 않았기 때문이었다. 필은 미칠 듯이 화를 내고 집에 돌아가서 어머니에게 말했다.

"엄마, 날 버몬트까지 태워다 줘. 그렇지 않으면 이미 낸 스키 강습비를 손해 보게 될 거야."

어머니가 대답했다.

"필, 네가 스키장에 가고 싶어 얼마나 기대가 컸는지 알고 있어. 나도 널 도와주고 싶어. 하지만 데려다 줄 수 없다는 것을 알잖아."

"그럼 난 어떡해?"

필이 투덜댔다.

"버스를 타고 가는 것을 생각해 봤니?"

어머니가 제안했다.

"싫어. 여러 번 갈아타야 해."

필이 대답했다.

"버스 타는 것은 싫은가 보구나."

어머니가 차분하게 대꾸했다.

필은 2, 3분 정도 푸념을 늘어놓으며 씁쓸한 기분을 털어놓더니, 방을 나갔다. 다시 돌아온 필이 스키장까지 곧장 가는 버스를 찾아냈다고 말했다.

어머니 차로 버스 정거장에 가는 길에 필이 이야기했다. 선생님이 자기에게, "네가 부모 동의서를 잃어버린 것은 우리 잘못이 아니야."라고 했을 때는 정말 견딜 수 없을 정도로 화가 났다고 했다. 이어서 이렇게 말했다.

"나도 이제 어른이야. 내가 선생님께 뭐라고 했는지 알아? '누구 탓인지 따지고 싶지 않아요. 난 해결책을 찾고 싶어요.'라고 했어."

"잘 했다. 너도 알겠지만, 문제가 발생했을 때, 비난은 도움이 되지 않아."

어머니가 아들을 지켜보며 말했다.

어머니의 대화 방법이 아들에게 문제 지향적인 행동을 취하는 데 도움이 되었다. 그 결과, 아들은 남을 탓하고 모욕감을 느끼면서 시간을 낭비하지 않았다. 마음속으로는 어머니가 어려운 일을 해결해주기를 더 바랐을지도 모르지만, 마음을 가다듬고 가고 싶은 곳으로 가는 방법을 찾아냈다. 어머니는 필이 스스로 문제에 대한 해답을 찾아내게 했다. 이는 필이 자신을 능력 있고 책임감 있는 존재로 여기는 데 도움을 주었다.

9. 아이의 판단과 선택

책임감은 날 때부터 가지고 태어나는 것이 아니다. 또 미리 정해진 나이에 자동으로 얻어지는 것도 아니다. 피아노 실력처럼 오랜 시간에 걸쳐 서서히 형성되는 것이다. 그러기 위해서는 아이들은 매일 자기 나이와 이해력에 해당하는 문제들에 대해서 판단하고 선택하는 연습을 해야 한다.

책임감에 대한 교육은 아이의 생활을 통해서 매우 일찍부터 시작할 수 있다. 아이들에게 영향을 끼치는 문제들에 대해서 판단과 선택을 내릴 수 있게 해주면, 책임감이 고취된다. 여기서 판단과 선택 사이에는 중요한 차이가 있다. 전적으로 아이의 책임에 해당하는 문제들이 있다. 그런 문제들에 대해서는 아이가 선택을 해야 한다. 아이의 행복에 영향을 끼치기 때문에, 전적으로 부모가 책임져야 하는 문제들도 있다. 그런 문제들에 대해서 아이들은 판단을 내릴 수는 있어도, 선택을 할 수는 없다. 선택은 부모가 하되, 아이가 그것을 받아들이도록 도와주어야 한다. 책임감에 관해서는 그 두 영역을 명확하게 구분해 둘 필요가 있다. 다음에서 몇 가지 분야로 나누어 살펴보기로 하자. 여기서 볼 수 있는 갈등은 어느 가정에서나 부모와 아이들 사이에 흔히 볼 수 있는 현상이다.

1) 음식

두 살짜리 아이에게는 우유를 한 잔 마실 것인지 반 잔만 마실 것인지 물어볼 수 있다.(아이가 늘 반 잔만 마셔서 걱정이 되는 부모는 좀 큰 잔으로 시작해도 좋다.) 네 살 난 아이에게는 사과 반 개와 한 개를 놓고 선택하게 해도 된다. 또 여섯 살 난 아이는 계란을 반숙으로 먹을 것인지 완전히 삶아서 먹을 것인지 스스로 결정하게 할 수 있다.

아이가 선택해야 하는 상황을 제시할 때는 신중해야 한다. 상황을 제시하는 것은 부모지만, 선택을 하는 것은 아이들이기 때문이다.

어린아이에게 "아침에 무슨 반찬 해줄까?" 하고 질문하는 것은 바람직하지 않다. 차라리 "계란을 찜으로 해줄까, 반숙으로 해줄까?", "빵 구워서 줄까, 그냥 줄까?", "시리얼을 뜨겁게 먹을래, 차게 먹을래?", "오렌지 주스 마실래, 우유 마실래?"라고 물어보는 것이 좋다.

이렇게 하면 아이는 자기 문제에 대해서 자신에게도 어느 정도 책임이 있다는 것을 알게 된다. 명령을 받기만 하는 존재가 아니라, 생활에 관한 결정에 참여하는 존재가 되는 것이다. 부모의 태도에서 아이는 분명한 뜻을, 곧 선택할 기회는 많이 줄 테니, 선택은 네가 책임지고 하라는 뜻을 읽어낼 것이다.

아이들의 미각에 지나칠 정도로 관심을 보이는 부모들 때문에 가끔 아이들에게 식성의 문제가 발생한다. 정해 놓은 야채만 먹으라고 잔소리를 해대고, (아무런 과학적 근거도 없이) 어떤 채소가 건강에 제일 좋다는 이야기를 한다. 부모가 음식에 대해서 주장을 강하게 내세우지 않는 것이 아이들에게는 더 좋다. 질 좋고 맛 좋은 음식을 차려주고, 식욕에 따라 많이 먹든 적게 먹든 아이에게 맡겨두라는 것이다. 설령 그것이 의사의 충고와 어긋나더라도 일단은 아이에게 맡겨두는 것이 좋다. 분명히 말하지만, 음식을 먹는 문제는 아이의 책임에 해당된다.

판단을 내리지 못하게 하고, 기회가 있을 때마다 선택을 하지 못하게 하면, 아이들에게 자기가 중요한 존재라는 생각을 불어넣는데 어려움이 있다. 다음 이야기가 좋은 예가 된다. 네 살 된 아서와 어머니가 음식점에 앉아 있다.

종업원 : 뭘 먹을 거니?
아　서 : 핫도그요.
어머니 : 애한테 불고기 햄버거 주세요.
종업원 : 핫도그에 뭘 뿌려줄까? 케첩 아니면 겨자 소스?
아　서 : (어머니를 바라보며) 엄마, 이 누나가 내 말을 정말로 알
　　　　아들었나 봐.

2) 옷

어린아이들 옷을 살 때, 필요한 옷을 고르고 가격은 어느 정도로할 것인지 결정하는 책임은 부모에게 있다. 가게에서 가격과 모양과 색이 마음에 드는 옷을 몇 가지 골라놓고, 아이에게 그 가운데입고 싶은 옷을 고르라고 해야 한다. 일곱 살 정도 된 아이는 이렇게 자기 양말이나 셔츠, 겉옷, 속옷을 살 때, 부모가 골라주는 범위

내에서 선택할 수 있다. 아이들이 스스로 옷을 사며 경험을 얻고 기술을 쌓을 기회를 갖지 못하는 가정이 많다. 사실 고를 때, 누가 옆에서 조언을 해주지 않으면 자기 손으로 옷 한 벌 사지 못하는 어른들도 있다.

특히 비교적 나이가 든 아이들에게는 부모나 친구들의 기준으로 볼 때는 찬성할 수 없는 옷도 선택할 수 있게 해줘야 한다. 부모야 마음이 편치 않겠지만, 아이는 그런 방법으로라도 자신의 개인적인 취향을 나타내고 싶어할 수도 있기 때문이다. 나이가 든 아이가 자기 돈으로 사겠다고 하면, 좋아하는 옷을 살 수 있게 허락해야 한다. 또래 아이들이 놀리거나, 자기 취향을 '이상한' 것으로 여기면, 그것을 기회로 그들과 비슷한 취향으로 바꾸려고 할 것이다. 부모 대신 같은 반 아이들이 아이의 취향을 바꾸게 해주는 셈이다. 부모들은 굳이 아이를 비난하고, 반대하고, 말다툼 벌이고, 기분 나쁘게 할 필요가 없다. 다른 한편으로 아이가 정말로 창의적이라서, 자기가 좋아하고, 심지어는 디자인한 옷을 입고 다녀도 마음 편하게 생각하는 부모들도 있다. 아이의 또래들이 입는 옷과 취향이 많이 달라도 상관하지 않는다.

십대 아이가 자극적인 옷을 입을 때가 있다. 그러면 부모는 아이를 불러서 그런 차림의 옷이 남에게 어떤 느낌을 주는지를 생각해 보도록 하는 것이 좋다.

"너 무척 튀고 싶은가 보구나?"

"너 모든 사람에게 섹시하게 보이고 싶은가 보구나?"

3) 숙제

부모는 아이가 학교에 입학하면, 숙제는 엄격히 말해서 아이와 교사의 책임이라는 태도를 보여주어야 한다. 숙제에 대해 잔소리하지 말아야 한다. 아이들이 부탁하기 전에는 숙제를 검사하거나 조사하지 말아야 한다.(이런 태도를 교사들은 반기지 않을지도 모른다.) 부모가 숙제에 대한 책임을 떠맡으면, 아이들은 기꺼이 맡긴다. 그러면 다시는 이 짐을 벗어던질 수가 없다. 숙제가 아이들 손에서 부모를 비난하고, 협박하고, 이용하는 무기가 될 수도 있다. 부모는 숙제의 세세한 내용에 대해 관심을 줄이는 대신, 아이에게 "숙제는 네 책임이야."라고 명확하게 말해 두어야 한다. 그러면 많은 재앙이 사라지고, 그만큼의 즐거움이 가정에 더해진다. 일이 부모의 책임이듯이, 숙제는 아이의 책임인 것이다.

어린아이들에게 숙제를 내주지 않는 좋은 학교들이 많다. 그런 아이들도 예닐곱 살 나이에 숙제를 가지고 씨름하는 아이들에 못지 않게 많은 지혜를 얻는 것같이 보인다. 숙제의 핵심 가치는 아이에게 스스로 공부하는 경험을 갖게 해준다는 것이다. 그러나 이러한 가치를 갖기 위해서 숙제는 아이의 능력에 맞아야 한다. 그래야 아이가 다른 사람의 도움을 거의 받지 않고 독자적으로 공부를 할 수 있다. 숙제를 직접 도와주는 것이 아이에게는 부모가 간여하지 않으면 아무것도 할 수 없다는 사실만을 느끼게 해줄 수도 있다. 하지만 간접적으로 도와주는 것은 유익할 수도 있다. 예를 들면 아이가 방해받지 않게 해주고, 책상과 참고서를 마련해 주고, 컴퓨터를 이용할 수 있게 해주면 좋다. 계절에 따라 숙제를 하기에 적절한 시간을 마련해 줄 수도 있다. 봄, 가을에 날씨가 따뜻한 오후에는, 아이의 생각이 먼저 노는 쪽으로 갔다가, 그 다음에 숙제로 돌아오는 경향이 있다. 겨울에 날씨가 추울 때에는, 밤에 텔레비전을 보려면 숙제를 미리 해놓아야 한다.

어떤 아이들은 숙제할 때 부모가 옆에 있으면 좋아한다. 이런 아이들에게는, 책에 있는 문제를 풀거나 문단을 이해하려고 끙끙댈 때, 옆에서 말을 들어주는 사람이 필요하다. 어쩌면 부엌이나 거실의 식탁을 사용하게 해주는 것도 생각해 볼 수 있다. 그러나 앉은 자세, 옷차림, 가구를 사용하는 태도 같은 것에 대해서는 아무 말도 하지 않는 것이 좋다.

연필을 질근질근 씹거나, 머리를 긁적거리거나, 의자를 앞뒤로 흔들거나, 음악을 들으면, 공부가 더 잘 되는 아이들도 있다. 부모가 거기에 대해서 이야기하거나 제지하면, 아이들은 욕구 불만을 느끼고, 공부도 방해를 받는다. 요구를 할 경우에도 그런 자세를 인정하면서, 안전에 문제가 없도록 하라고 이야기하면, 아이들의 저항은 줄어든다.

기다렸다가 나중에 해도 되는 질문을 하거나 심부름을 시켜서, 아이의 숙제를 방해해서는 안 된다. 부모가 숙제를 가르쳐주고 도와주기보다는, 뒤에 서서 위로해 주고 격려해 주는 것이 좋다. 때에 따라서 아이가 부탁을 해오면, 요점을 분명하게 지적해 주거나, 문장을 설명해 주는 것은 괜찮다. 그러나 다음과 같은 언급은 삼가는 것이 좋다.

"그렇게 정신 없이 굴지만 않았어도, 숙제를 할 수 있었을 거야."

"선생님 말씀을 잘 듣기만 했어도, 숙제를 모를 리 없었을 거야."

도와줄 때는 말을 아껴야 하지만, 동시에 아이와 공감하는 마음을 가져야 한다. 가르치기보다는 말을 들어주어야 한다. 부모는 길만 제시해 주고, 여행자가 자기 힘으로 목적지에 도달할 수 있도록 기다려야 한다.

다음 일화에 나오는 어머니의 대화 기술을 보자. 어머니는 숙제 때문에 생긴 문제가 폭발하지 않도록 잘 예방했다. 열한 살 된 헬렌은 책상에서 일어나더니, 어머니에게 대들 듯이 말했다.

"나 숙제하기 싫어. 너무 피곤해."

보통은 다음과 같이 반응한다.

"무슨 소리야? 숙제하기 싫다고? 놀 때는 절대로 피곤한 줄을 모르더니, 숙제만 하면 피곤하대. 숙제 점수만 나빠 봐, 가만 안 둘 거야!"

그 대신 헬렌의 어머니는 딸의 기분을 인정하면서 이렇게 대꾸했다.

"피곤한가 보구나. 열심히 공부했으니까. 준비가 되거든 다시 해."

부모가 학교와 교사에게 어떤 태도를 보이느냐에 따라 숙제에 대한 아이의 태도가 달라진다. 부모가 걸핏하면 학교를 비난하고 교사를 무시하면, 아이도 십중팔구 그런 태도를 따라 한다. 부모는 교사의 지위를 옹호해 주고, 교사가 아이에게 책임지고 숙제를 하라고 요구할 때, 이를 지지해 주어야 한다. 교사가 엄격하면, 부모에게는 아이에게 공감을 표현할 수 있는 더할 나위 없이 좋은 기회가 된다.

"올해는 힘든 한 해가 될 거야. 그렇게 공부를 많이 해야 하잖니!"

"올해는 정말 힘들겠구나."

"선생님이 정말 엄하다고 하더라."

"선생님이 공부를 많이 시킨다고 들었어."

"선생님이 숙제에 대해서는 정말 엄하다고 하더라. 올해는 공부를 많이 해야 할 것 같아."

숙제 때문에 매일같이 화를 내는 일이 없도록 해야 한다. 다음과 같이 말하면 곤란하다.

"얘, 앰버! 너 지금부터는 매일 오후마다 받아쓰기 공부를 해야 돼. 토요일과 일요일도 예외가 없어. 이젠 놀 시간도 없어. 텔레비전도 볼 수 없고."

"로저, 이젠 숙제하라고 말하기도 신물난다. 앞으로는 숙제를 제대로 하고 있는지 아빠가 검사할 거야. 안 해놓으면 곤란해."

보통은 위협하거나 잔소리를 하게 마련이다. 그렇게 해야 문제 해결에 도움이 된다고 생각하기 때문이다. 사실 그와 같은 훈계는 하지 않느니만 못하다. 결과적으로 부모는 안달하고, 아이는 화를 내게 만들어, 분위기만 악화시킬 따름이다.

학교에서 달갑지 않은 가정 통신문이 왔다. 열네 살 된 이반이 성적이 좋지 않다는 내용이었다. 아버지는 처음에는 아들을 불러서 빈정대더니, 그 다음에는 벌을 주었다.

"내 말 잘 들어. 지금부터 넌 매일 숙제를 해야 해. 주말이나 휴일도 없어. 영화도, 텔레비전도, 비디오 게임도 금지야. 친구 집에 가서도 안 돼. 이제부터는 내가 직접 나서서 공부하도록 해줄 거야."

이런 식의 대화는 전에도 여러 번 있었다. 그때마다 아버지는 벌컥 화를 내고, 아이는 이에 대드는 결과로 끝나고 말았다. 압력이 심해질수록, 아이의 저항만 거세졌다. 아이는 얼버무리고 숨기는 데 전문가가 다 되었다.

이반의 아버지는 이번에는 위협하고 벌을 주는 방법을 쓰지 않았다. 그 대신 아이의 자존심에 호소하기로 했다. 아버지는 교사가 보낸 편지를 이반에게 보여주며 말했다.

"얘, 우리는 네 성적이 향상되고, 네가 지식도 더 많아지고, 교양도 더 많이 갖춘 학생이 되기를 기대했어. 이 세상에는 유능한 사람이 필요하거든. 해결해야 할 문제들도 아직 많고. 네가 도움이 될 수 있을 텐데."

아버지의 말과 목소리에 끌린 이반은 이렇게 말했다.

"앞으로는 좀더 열심히 공부하겠어요. 약속해요."

재능 있는 많은 아이들이 숙제를 빼먹다가, 급기야 학교에서 기대보다 낮은 성적을 받는다. 이는 부모의 높은 기대에 아이가 자기도 모르는 사이에 반항했기 때문이다. 성장하고 성숙하기 위해서 아이에게는 자기가 자기 나름의 인격을 가지고 있으며, 부모와는 구별된 존재라는 의식이 있어야 한다. 부모가 학교 성적에 너무나 열띤 관심을 가지고 개입하면, 아이의 자율성이 침해된다. 숙제를 잘해서 받는 좋은 성적이 부모의 왕관에 박히는 다이아몬드가 되는 걸 보면서, 아이는 은연중에 잡초로 된 왕관을 집에 가져가고 싶어 할지도 모른다. 적어도 그것은 자기 자신의 왕관이 될 테니까 말이다. 부모의 목표를 좌절시킴으로써, 어린 저항가는 자립심을 획득한다. 자기만의 인격과 성품을 갖추려면 실패도 경험해 보아야 한다. 부모가 압력을 가하고 벌을 주더라도 그렇다. 어떤 아이는 이렇게 말한 바 있다.

"부모님이 텔레비전이나 용돈은 몰수할 수 있어요. 하지만 내려가는 성적은 어떻게 할 수 없을 거예요."

아이가 고의적으로 공부를 하지 않는다면, 이는 분명 야단을 치거나, 너그럽게 대해서 해결될 수 있는 간단한 문제가 아니다. 압력을 세게 넣을수록 아이의 반항은 더 거세지만, 반면에 그렇다고 그냥 내버려두면 미숙하고 무책임하게 행동해도 다 용납하는 것으로 받아들일 수가 있다. 이는 단시일 내에 쉽게 해결될 문제가 아니다. 부모에게 반항하는 문제를 해결하고, 기대에 못 미치는 성적에 만족하지 않고, 기대를 충족하는 성적에 만족할 수 있도록 하기 위해 심리 치료를 받아야 할 아이들도 있다.

또 학교 상담 교사나 감수성이 예민한 교사와 같이 심리적인 접근법을 알고 있는 사람에게 개인적으로 지도를 받을 필요가 있는 아이들도 있다. 절대로 부모가 아이를 개인적으로 지도해서는 안 된다. 부모의 목표는 아이들에게 그들이 부모와는 다른 개인이며, 그렇기 때문에 성공과 실패에 대해서 스스로 책임을 져야 한다는 사실을 깨닫게 하는 데 있다. 자기 자신을 자발적인 욕구와 목표를 지닌 한 개인으로 경험할 수 있는 기회를 가진 아이는 자신의 삶과 그 삶의 요구에 대해서 책임감을 느끼기 시작한다.

4) 용돈 : 돈의 의미를 배우기

용돈을 착한 행동에 대한 보상이나, 집안일을 도와준 대가로 사용해서는 안 된다. 용돈은 별개의 목적을 가진 교육적 장치이다. 돈을 쓰면서 어떤 선택을 해보고 그에 대해서 책임을 지는 경험을 해보게 하는 것이 용돈을 주는 목적이다. 그렇기 때문에 용돈을 검사하면 그 목적이 훼손된다. 그보다는 친구에게 한턱 쓰거나, 점심을 사 먹거나, 준비물을 사는 등 용돈을 어디에 어떻게 쓰면 좋을지를 규정하는 일반적인 원칙이 있어야 한다. 아이가 클수록 용돈도 많아진다. 회비라든가, 오락 비용, 액세서리 구입 등 지출하고 부담해야 할 금액이 커지기 때문이다.

용돈을 함부로 쓰는 경우도 예상할 수 있다. 용돈 관리를 잘못해서, 순식간에 많은 돈을 다 써버리는 아이들도 있다. 용돈을 함부로 쓸 경우에는 능률적인 자세로 서로 이야기를 나누어, 서로가 동의하는 해결책을 찾아야 한다. 아이가 용돈을 주자마자 다 써버리는 일이 되풀이되면, 나누어 줄 필요가 있다. 일주일에 두 번 또는 그 이상에 걸쳐 용돈을 나누어서 주는 것이다.

용돈을 성취와 순종을 요구하는 압력 수단으로 사용해서는 안 된다. 기분이 나쁘다고 용돈을 깎고 기분이 좋다고 더 많이 주어서도 안 된다. 그런 식으로 용돈을 주면 아이들도 불편해한다. 다음의 일화가 그런 예를 보여준다.

> 어머니 : 지금껏 착하게 굴었으니 용돈을 줘야지. 자, 가서 영화
> 보렴.
> 아　들 : 엄마, 돈 더 줄 필요 없어. 돈 안 줘도 착하게 굴 거야.

어떻게 용돈을 주어야 공정하다고 할 수 있을까? 이 질문에 대한 보편적인 해답은 없다. 우선 용돈은 가정의 생활비에 비교해서 적절해야 한다. 이웃집에서는 얼마를 주든지, 자기 집에서 줄 수 있는 정도를 지나치는 용돈을 줘서는 안 된다. 만일 아이들이 항의하면 진지하게 그 기분을 이해해 주면서 이렇게 말해 줄 수 있다.

"용돈을 더 많이 주고 싶지만, 너도 알다시피, 우리 집 수입에는 한계가 있잖니?"

사실은 이런 말이, 무슨 용돈이 더 필요하냐고 야단치는 것보다 더 효과적이다.

돈이라는 것도 권력과 같아서, 경험이 없는 사람들 손에 들어가면 쉽사리 악용될 수가 있다. 용돈을 아이가 관리할 수 있는 능력보다 더 많이 주어서는 안 된다. 처음에는 조금씩 주다가 때때로 조정해 주는 것도 좋다. 그것이 처음부터 지나치게 많이 주는 것보다는 좋다. 용돈은 아이가 초등 학교에 입학할 때부터 주는 것이 좋다. 그때는 돈을 계산하고, 교환을 할 줄도 알기 때문이다. 용돈을 줄 때, 반드시 지켜야 할 조건이 하나 있다. 필요한 지출을 다 한 뒤,

용돈이 조금이라도 남으면, 저축을 하든 마음대로 쓰든 아이에게 맡겨야 한다는 것이다.

5) 애완 동물 돌보기

아이가 애완 동물을 잘 보살펴주겠다고 약속했다고 하자. 이는 단지 좋은 의도를 표현한 것에 지나지 않는다. 실제로 그런 능력을 입증한 것이 아니다. 아이는 애완 동물을 필요로 하고, 원하고 사랑할지도 모른다. 하지만 애완 동물을 잘 보살필 수 있는 능력은 거의 없다고 봐야 한다. 애완 동물의 생명에 대한 책임은 아이 혼자서 떠맡을 수가 없다. 쓸데없이 신경질을 부리고 아이를 비난하지 않으려면, 아이가 애완 동물을 기를 때, 아예 부모가 뒤치다꺼리를 해야 한다고 생각하는 것이 가장 좋다. 함께 놀며 사랑해 줄 애완 동물을 가진 아이는 거기서 크게 뭔가를 얻을 수도 있다. 애완 동물을 함께 보살피는 것이 아이에게 보탬이 될 수도 있다. 하지만 애완 동물을 보호하고 그 생명을 책임져야 할 사람은 어른일 수밖에 없다. 아이가 책임지고 먹이를 주겠다고 해도, 그 사실을 친절하게 기억시켜 주어야 할 책임은 부모에게 있다.

6) 충돌 영역과 책임 영역

부모가 아이를 존중해 주면서, 스스로 알아서 안전을 조심하라고 하면, 아이들의 저항도 누그러진다.

어떤 어머니가 아이들에게 식탁을 치우라고 했다. 그런데 늑장을 부리자, 어머니는 화가 났다. 옛날 같았으면 소리를 지르며 위협했을 것이다. 하지만 이번에는 위협하는 대신 사실을 있는 그대로 이야기했다.

"식탁을 치우면, 후식이 나올 거야."

아이들이 허둥지둥 식탁을 치우는 것을 보면, 어머니의 의도가 적중했다는 것을 알 수 있다.

아이들은 명령처럼 들리지 않는 간단한 말에 쉽게 반응을 보인다. 춥고 바람 부는 날이었다. 아홉 살 된 토드가 말했다.

"오늘은 카우보이 점퍼를 입을래요."

어머니가 대꾸했다.

"온도계를 봐. 0도가 넘으면 카우보이 점퍼를 입고, 0도 아래면 겨울 점퍼를 입어."

토드는 온도계를 보더니 말했다.

"와, 0도 아래네."

아이는 겨울 점퍼를 입었다.

일곱 살 된 아멜리아와 아홉 살 된 래리가 거실에서 공놀이를 하고 있었다. 그전 같았으면 아버지는 이렇게 소리를 질렀을 것이다.

"거실은 공놀이하는 곳이 아니라고 몇 번이나 말해야 알겠니? 여기엔 깨뜨리면 안 될 값비싼 물건들이 있잖아. 저렇게 아무 생각이 없어서야 원!"

하지만 이번에는 아이들에게 선택할 수 있는 기회를 주어서, 늘 반복되는 상황을 해결하기로 마음먹었다.

"얘들아. 너희들이 선택해. 밖에 나가서 놀든지, 아니면 그만 놀든지. 너희들이 결정해."

조지의 어머니는 아들의 긴 머리를 더 이상 보고 있을 수가 없었지만, 아들의 자율성과 품위를 지켜주는 전략을 구사하기로 했다. 아들 조지에게 선택할 기회를 주었다.

"네 머리가 어깨 아래까지 내려오는구나. 아무래도 깎아야 할 것 같아. 방법은 네가 정해. 이발소에 가든지, 네 손으로 깎든지. 내게 깎아달라고 하지 마."

조지가 대답했다.

"내가 알아서 깎을게요."

이튿날 조지는 특수 면도날 빗을 집에 가져왔다. 어머니에게 머리 뒷부분을 대충 깎아달라고 부탁했다. 그런 다음 한 시간 정도 걸려서 자기 머리를 스스로 깎았다. 욕실에서 의기양양하게 모습을 드러내며 흐뭇한 표정으로 물었다.

"멋있죠?"

조지의 어머니는 이렇게 말했다.

"내가 채근하고, 소리지르고, 억지로 시키지 않았는데도 머리를 깎아서 기분이 좋았어요. 아들에게 선택할 기회를 주었어요. 그렇게 하면 체면을 살려줄 수 있을까 해서요."

쪽지를 남겼더니 말로 해서 안 되던 일이 이루어질 때가 종종 있다.

아이에게 잔소리하는 데 신물이 난 어떤 부모는 집안일을 도울 사람을 모집하는 방법의 하나로, 재미있는 광고를 냈다.

사람 구함 : 열 살에서 열두 살 사이의 어린아이. 근육이 있고, 영리하며, 용기가 있어야 함. 야생 동물을 쫓고, 집과 쓰레기통 사이에 있는 듬뿍 자란 덤불을 깎을 수 있어야 함. 지원자는 접시 닦는 그릇과 부엌 싱크대 모퉁이에 집합하기 바람.

사람 구함 : 왕족을 위한 연회를 베푸는 식탁을 차리는 데 도와줄 왕자나 공주를 구함.

이런 광고를 보고 아이들은 웃음을 터뜨린다. 부모를 가장 기쁘게 하는 것은 아이들의 태도이다. 화를 내지 않고 기꺼이 책임을 떠맡기 때문이다.

7) 음악 공부

아이가 악기를 연주하는데, 얼마 지나지 않아 부모의 귀에 낯익은 곡조가 들려온다. 더 이상 연습하기 싫다고 시위하는 소리다. 이런 음악 소리가 들릴 때, 객관적인 태도를 유지하기란 쉬운 일이 아니다. 아이들이 자발적으로 악기 연습을 할 수 있게 하는 방법이 있느냐고 묻는 부모들을 자주 만날 수 있다.

여기 음악을 이해하는 질문을 던져서 아이가 자발적으로 연주 연습을 하게 만든 어머니의 이야기가 있다.

어머니 : 이 곡, 전에도 연주했니?

앤　　: 아뇨.

어머니 : 그럼 지금 처음 연주하는 곡이란 말이야?

앤　　 : 예. 내가 전에 연주했던 곡이라고 생각해요?

어머니 : 응.

앤　　 : 내 악보 보는 실력이 좋아진 게 분명한가 봐요. 선생님
　　　　 도 그런 얘길 하셨어.

어머니 : 틀림없이 좋아진 것 같아.

앤은 신이 나서 연주를 계속했다. 어머니는 사려 깊은 질문을 던져, 딸이 자신의 음악 실력이 향상되었다는 사실을 깨닫게 했다.

그와 반대로, 비판은 악기 연습을 하고 싶은 마음이 싹 달아나게 만든다.

열 살 된 마이클은 1년 넘게 바이올린을 배우는 중이다. 부모님은 아이에게 비판적이고 빈정대는 성격이었다. 매번 레슨이 끝날 때마다 아이의 실력이 얼마나 좋아졌는지를 평가했다. 마이클이 새 곡을 느릿느릿 여러 가지 실수를 저지르며 연주할 때마다, 아버지는 소리를 질렀다.

"실수 좀 덜 하면서 연주할 수 없어? 아예, 작곡을 하는 것 같아. 악보를 제대로 보고 연주하란 말이야!"

그 다음 결과는 보나마나 뻔했다. 마이클은 바이올린 연습을 중단했다.

악기를 훌륭하게 연주할 수 있는 실력을 쌓으려면, 아이에게는 실수를 비난할 것이 아니라, 노력을 평가해 주어야 한다. 실수는 고

치면 되는 것이다. 실수를 아이의 능력을 비난하는 빌미로 삼으면
안 된다.

아이가 악기 연습을 하러 가지 않겠다고 하면, 부모들은 대개 설교
하며 협박을 하려고 든다. 여기 그보다 좀더 효과적인 대안이 있다.

> 마르샤 : 더 이상 바이올린 레슨 받지 않을 거야. 선생님은 모든
> 곳을 완벽하게 연주하길 바라는데, 난 그렇게 못한단
> 말이야.
> 어머니 : 바이올린은 배우기 힘든 악기야. 연주하기가 쉽지 않
> 아. 아무나 연주하는 악기가 아니야. 바이올린을 마스
> 터하려면 커다란 결심이 필요할 거야.
> 마르샤 : 내가 연습할 때, 엄마가 옆에 있을 거야?
> 어머니 : 네가 원한다면 그렇게.

어머니는 신중하게도 아이의 말에 반박하거나 위협하지 않았다.
딸에게 "연습을 더 많이 했으면, 지금보다 더 잘 연주할 수 있을 텐
데."라고 말하지 않았다. 바이올린 연주가 어렵다는 사실을 인정하
면서, 딸을 조금 도와주었다. 이런 방법이 마르샤에게 악기 연습을
계속할 수 있게 하는 좋은 자극이 되었다고 할 수 있다.

열 살 된 래리는 음악 교사에 대해서 계속 불만을 늘어놓았다. 어
머니는 아이의 마음을 돌리려고 하지 않았다. 분노를 인정하고 선
택의 기회를 주었다.

래　리 : 피아노 선생님은 내게 너무 많은 것을 기대해. 말도 너무
　　　　 많고. 무슨 질문을 하면, 얼마나 길게 대답하는지 몰라.

어머니 : 내가 다른 선생님을 찾아보는 동안에, 피아노 레슨을
　　　　 잠시 쉬는 건 어때?

래　리 : (충격을 받은 듯) 피아노 레슨을 그만두라고? 음악이 내
　　　　 게 얼마나 중요한데. 난 절대 포기하지 않을 거야.

어머니 : 그래. 그럼 네가 피아노 레슨을 그만큼 소중하게 생각
　　　　 하는 것으로 알겠어.

래　리 : 이 선생님이 그렇게 안 좋은 분은 아냐. 정말 많은 것을
　　　　 배웠거든. 선생님에게 다시 한 번 더 기회를 주는 것이
　　　　 좋을 것 같아.

　래리의 어머니는 아이의 마음을 돌려놓을 수 있었다. 아이가 불
평하는 소리를 가지고 말싸움을 하지 않았기 때문이다. 아이의 감
정과 의견을 존중해야만, 아이들로 하여금 부모의 소망을 마음에
넣고 생각하게 할 수 있다.

소　녀 : 더 이상 피아노 연습 안 할래요. 해봐야 시간과 돈만 낭
　　　　 비할 따름이야. 그 대신 테니스 연습을 하고 싶어요.

아버지 : 양자 택일을 해야 하는 거니?

소　녀 : 피아노를 계속하면, 연습하라고 잔소리할 거잖아요. 말
　　　　 다툼하고 싶지 않아.

아버지 : 잔소리하지 않을게. 네 연습 스케줄을 믿어줄게.

더 이상 말이 오가지 않아도 되었다. 소냐는 피아노 레슨도 받으면서, 테니스 연습을 시작했다.

어떤 부모들은 자기들이 억지로 악기 연습을 했던 기억 때문에, 아이들에게 그런 고통을 안겨주지 않으려고 한다. 악기 연습은 부모의 문제가 아니라, 아이들이 결정할 문제라고 결론짓는다. 아이들이 연습을 할 것인지 말 것인지를 결정한다. 마음이 내키는 데 따라, 하고 싶을 때 악기를 연주한다. 여전히 부모의 특권이라 할 수 있는 교습비를 빼고, 악기 연습은 아이의 책임에 맡긴다.

또 어떤 부모들은 어려서 악기를 제대로 배우지 않았던 것이 후회가 되어 무슨 일이 있어도 자기 아이에게는 악기 하나쯤은 가르쳐야 하겠다고 작정한다. 심지어는 태어나기도 전에, 아이에게 안겨줄 악기를 고르기까지 한다. 바이올린을 들고, 피리를 불고, 피아노 건반을 두드릴 수 있는 나이가 되는 순간, 아이는 운명적으로 예정된 악기 연습을 시작하게 된다. 아이의 눈물과 불쾌한 마음은 무시되고, 반항은 억눌린다. 부모는 크고 분명한 소리로 선언한다.

"넌 돈 걱정은 하지 말고 연습만 하면 돼."

이런 상황에 놓인 아이는 훌륭한 연주 실력을 갖출 수도 있고, 그렇지 못할 수도 있다. 그러나 전체적으로 볼 때, 그 비용이 너무나 크게 먹힌다. 좋은 실력을 갖추었다고 해도, 부모와 아이의 관계가 여전히 좋지 않다면 비용이 지나치게 높다고 할 수밖에 없다.

아이에게 음악 교육을 시키는 가장 중요한 목적은 감정을 효과적으로 배출할 수 있는 출구를 마련해 주는 것이다. 아이의 생활은 너무나 많은 제한과 규제, 좌절로 가득 차 있기 때문에, 감정을 방출하는 출구가 반드시 있어야 한다. 음악은 감정이 흐를 수 있는 가장 훌륭한 수단 가운데 하나이다. 음악은 분노에 소리를 넣어주고, 즐거움에 형체를 부여하며, 긴장에는 이완을 제공한다.

보통 부모와 교사들은 음악 교육을 이와 같은 관점에서 바라보지 않는다. 대부분은 선율을 악보대로 연주하는 법을 배워 올 것으로 기대한다. 이런 식으로 접근하다 보면, 아이의 연주 실력과 인격에 대해 평가하고 비판하는 사태를 비켜 갈 수가 없다. 이와 비슷한 유형의, 안타깝기 그지없는 결과들이 지나치게 많이 발생하고 있다. 연습을 포기하고 싶은 마음에, 아이들은 교사를 피하고, 지금까지 쌓은 음악 '경력'을 끝내려고 한다. 쓰다 버린 바이올린, 쓰지 않는 피아노, 소리내지 않는 플루트가 좌절로 끝난 노력과 이루지 못한 희망을 고통스럽게 상기시켜 주고 있는 가정들이 많다.

그렇다면 부모들이 할 수 있는 일은 무엇일까? 아이를 이해할 수 있는 친절하고 사려 깊은 교사, 음악뿐만 아니라 아이들에 대해서도 잘 아는 음악 교사를 구해 주는 일이다. 아이가 음악에 계속 흥미를 갖게 할 수 있는 열쇠를 쥐고 있는 사람은 교사이다. 음악에 대한 기회의 문을 열고 닫을 수 있는 사람도 교사이다. 교사의 가장 중요한 과제는 아이에게 존경받고, 믿음을 얻는 일이다. 존경과 믿음을 얻을 수 없으면, 음악 교육은 성공할 수가 없다. 아이는 싫어하는 교사에게 배우는 음악을 좋아하지 않게 된다. 감성을 자극하는 교사의 음성이 아이에게는 악기보다 더 강한 호소력을 갖는다.

불필요한 갈등을 피하기 위해서, 교사와 부모 그리고 아이가 서로 의논하여 몇 가지 규칙을 마련하는 것이 좋다. 다음에 그 예가 있다.

첫째, 악기 연습을 취소하려면, 적어도 약속된 교습 시간 하루 전에 연락한다.

둘째, 만일 어쩔 수 없는 일로 연습을 취소해야 할 경우에, 부모가 아니라 아이가 직접 교사에게 연락한다.

셋째, 실제로 연습 시간과 진도를 정할 때에는 여유 있게 정한다.

이런 원칙이 있으면, 아이는 마지막 순간의 '일시적인 기분'을 억누르고, 자립심과 책임감에 따라 행동하게 된다. 또 이런 원칙들은, 부모가 음악을 중요하게 생각하면서도, 아이의 감정과 아이디어를 훨씬 더 크게 중요시한다는 점을 아이에게 보여준다.

연습 때문에 아이에게 잔소리를 하면 안 된다. 악기가 너무 비싸다거나, 레슨비 때문에 아버지가 너무 힘들게 일해야 한다는 생각을 아이에게 주입해서도 안 된다. 이런 이야기는 아이에게 죄책감과 분노를 일으킨다. 음악적 감수성이나 흥미를 자극하지 못한다.

부모는 아이에게 '위대한' 음악적 재능이 있다고 예견하는 말을 하면 안 된다. 다음과 같은 표현은 아이의 기를 죽인다.

"네겐 놀랄 정도로 대단한 음악적 재능이 있어. 그걸 발휘하기만 하면 돼."

아이는 부모의 환상을 깨뜨리지 않으려면, 자신의 재능을 시험하지 않는 것이 가장 좋겠다고 결론지을 수도 있다.

"노력하지 않으면, 부모님이 실망할 일도 없을 거야."

이것이 아이의 좌우명이 된다.

아이들은 어려움을 이해해 주고 평가해 줄 때 가장 많은 격려를 받는다. 세 번째 피아노 레슨을 받는 날, 여섯 살 된 로슬린은 새로운 기술을 연습하게 되었다. 두 손으로 한 옥타브를 짚는 연습이었다. 교사는 능숙한 솜씨로 시범을 보여주며 말했다.

"봐, 쉽지. 너도 해봐."

로슬린은 마지못해 어설프게 손을 움직였다. 교사가 시범을 보여준 대로 하려고 노력했지만, 마음먹은 대로 되지 않았다. 로슬린은 레슨을 마치고 풀이 죽어 집으로 돌아왔다.

집에서 혼자 연습할 때, 어머니는 교사처럼 말하지 않았다.

"한 손으로 한 옥타브를 치는 것도 쉽지 않은데, 두 손으로 치려면 훨씬 더 어려울 거야."

어머니의 말이 로슬린의 마음에 꼭 와닿았다. 피아노에 앉아 천천히 오른손 손가락에 해당하는 음을 연주하고 있는데, 또 어머니가 말했다.

"음을 제대로 짚었어. 손가락도 맞고."

흡족한 표정이 역력한 얼굴로 딸이 대답했다.

"와, 정말 어렵다."

그날 로슬린은 정해 놓은 시간이 지날 때까지 연습을 계속했다. 그 주에 로슬린은 누가 시키지도 않았는데 더 어려운 목표를 정했다. 눈을 감고 한 옥타브를 칠 수 있을 때까지 연습을 쉬지 않았다. 충고하거나, 상을 주거나, 흔하디흔한 일시적인 해결책을 제시하는 것보다, 어려움을 마음으로 알아주며 이해해 줄 때 아이는 더욱더 용기를 얻는다.

10. 교사와 학부모 면담 : 아이를 돕는 데 초점을 맞춘다

교사와 면담을 하면서 부모들은 풀이 죽을 수도 있다. 교사에게서 자기 아이들을 비난하는 달갑지 않은 소리를 들어야 하는 경우가 종종 있기 때문이다. 면담 시간을 생산적인 경험이 되게 하는 방법은 없을까?

돈의 아버지는 교사와 면담할 때, 미리 메모지와 펜을 들고 갔다. 그리고 교사의 이야기를 기록하면서 아이에 대해 부정적인 소리가 나오면 이를 긍정적인 행동으로 바꿔 표현했다.

아버지 : 돈이 올해는 어떻게 지내고 있나요?

교　사 : 네. 솔직히 말하면, 아드님이 제 시간에 등교하지를 않아요. 숙제도 하지 않고, 공책 정리가 엉망이에요.

아버지 : (이를 받아 적으며) 그러니까 돈이 등교 시간을 잘 지키고, 숙제도 꼬박꼬박 하고, 공책 정리도 깔끔하게 하면 좋겠다는 말씀이시군요.

아버지가 교사와 면담을 마치고 돌아오자, 열 살 된 아들 돈이 물었다.

"선생님이 나에 대해 뭐래요?"

아버지가 대답했다.

"선생님 말씀을 여기 적어 왔어. 원하면 읽어봐."

말썽피운 일, 숙제를 빼먹은 것 등 익히 들어왔던 말이 적혀 있을 것이라고 예상했던 돈은 아버지가 적어놓은 것을 보더니 놀랐다. 아버지가 받아 적은 내용은 아들과 아버지 모두에게 도움이 되었다.

지난 잘못을 탓하기보다는 앞으로 고쳐야 할 점에 대해서 초점을 맞출 수 있게 해주었다. 비난 대신, 앞으로 나아가야 할 방향과 희망을 주었다.

부모들은 누구나 교사와 면담하면서 이처럼 생산적인 메모를 작성할 수 있다. 다음 예를 보자

"해리엇이 자신을 존경받을 만한 가치가 있고, 스스로 자기 일을 할 수 있는 책임감 있는 사람으로 생각했으면 좋겠어요."

"프랭크가 자신을 학급 아이들의 토론에 한몫을 할 수 있는 사람으로 바라보았으면 좋겠어요."

"화가 날 때, 실리아가 남에게 면박을 주지 않고, 다툼이 있을 때는 이를 평화적으로 해결했으면 좋겠어요."

"빌이 혼자서 공부하며 숙제를 끝낼 수 있었으면 좋겠어요."

아이가 전학을 갔는데, 이전 학교에서 끝낸 학년을 다시 다니라는 요청을 받는 경우가 종종 있다. 이런 상황이 닥치면 많은 부모들이 어려워하며 곤혹스러워한다.

아홉 살 된 밥이 전학을 갔는데, 4학년을 다시 다니게 되었다. 밥이 그 사실을 친구들에게 이야기하는 것을 본 어머니는 화를 터뜨리며 소리를 질렀다.

"4학년을 다시 다녀야 한다고 하면, 친구들이 널 존경이라도 해줄 거라고 생각하니? 왜 그 아이들이 너하고 안 놀아주는지 이제 알겠어?"

아들이 한 학년을 다시 다녀야 한다는 것 때문에 어머니는 곤혹스러움을 느꼈을 것이다. 하지만 그 낭패감을 아들 밥에게 이야기해 주었더라면 상황은 좀더 생산적이 되었을지도 모른다.

"새로 전학 간 학교에서 너더러 한 학년을 다시 다니라고 하는데, 아무렇지도 않게 받아들이려고 해도 잘 안 돼. 네 친구들이 널 공부 못하는 아이로 생각할까 봐 걱정이야. 너도 네 친구들과 똑같이 생각하지 않았으면 해. 아무튼 4학년을 다시 다니기는 해야 하는데, 이것은 순전히 네가 전보다 더 실력 있는 학교로 전학을 갔기 때문이야."

열두 살 된 올리비아는 학교를 두 번이나 옮겼다. 처음에는 공립 학교에서 사립 학교로 옮겼는데, 이전 학교에서 이미 마친 6학년을 다시 다니게 되었다. 하지만 그 다음에 전학을 간 학교에서는 8학년에서 10학년으로 월반을 했다. 그렇다면 부모가 볼 때, 올리비아가 6학년을 또 다닌 것은 머리가 나빠서이고, 10학년으로 월반한 것은 머리가 좋아서였을까?

올리비아의 부모는 처음에는 딸을 부끄러워하다가, 2년 뒤에는 자랑스럽게 생각했어야 했을까? 둘 다 딸에게 도움이 되지 않았을 것이다. 올리비아에게 필요했던 것은 머리가 좋고 나쁘다는 평가가 아니었다. 전학 간 학교에서도 충분히 공부를 따라갈 수 있다고 믿어주는 부모의 믿음이었다.

11. 아이의 친구

우리는 이론적으로는 아이들이 스스로 친구를 선택하기를 바란다. 우리는 자유를 믿으며, 강제에 반대한다. 또 자유로운 친구 교제가 민주주의의 기본 권리라는 사실도 안다. 그런데 부모가 보기에 아이가 어울리지 않는 친구를 집에 데리고 올 때가 종종 있다. 부모로서 누구든 걸핏하면 싸우거나 못되게 구는 아이들을 좋아하지 않거나, 버르장머리 없는 아이들에게 너그럽지 못하게 대할 수도 있다. 그런데 아이의 친구들이 우리를 못살게 굴려고 행동하는 것이 아니라면, 아이가 친구를 사귀는 데 간섭하기 전에, 어떤 친구를 좋아하고, 어떤 친구에게 이끌리는지 가만히 지켜보는 것이 가장 좋다.

그렇다면 아이들이 선택한 친구를 평가하는 데 어떤 기준을 적용하는 것이 좋을까?

친구라면 서로에게 유익하고 도움이 되는 영향을 주어야 한다. 아이에게는 자기 자신의 성격과는 다르고, 또 자신의 성격을 보완해 주는 성격을 가진 친구들과 사귈 기회가 필요하다. 그러므로 내성적인 아이에게는 좀더 외향적인 친구가 필요하며, 부모에게 과잉보호를 받는 아이에게는 좀더 자율적인 놀이 상대가 필요하다. 또 겁이 많은 아이는 용감한 친구들과 놀고 사귀게 해주어야 한다. 나이에 비해 철이 덜 든 아이는 자기보다 나이가 많은 아이와 노는 것이 도움이 될 수 있다. 지나치게 공상에 사로잡혀 있는 아이에게는 아주 평범한 아이들이 필요하다. 공격적인 아이는, 강한 성격을 지니긴 했지만 공격적이지 않은 친구들을 만남으로써 달라질 수 있다. 우리의 목적은 아이들이 자기들과 성격이 다른 친구들과 사귀면서 사람들과 올바른 관계를 형성해 나갈 수 있게 해주는 것이다.

어떤 아이들과는 만나지 못하게 해야 할 경우도 있다. 나이에 비해 철이 덜 든 아이들끼리 놀면 서로의 미숙함만 키우게 되고, 공격적인 아이들끼리 어울리면 서로 공격성만 더 커진다. 지나치게 내성적인 아이들은 서로 공평하게 주고받는 사회적 활동에 끼지 못한다. 비행을 저지르는 아이들끼리 만나면 서로 반사회적 경향만을 자극하게 된다. 친구들에게 으스대고 싶어 범죄 행위를 하고도 이를 자랑하는 아이들에게는 특별한 주의를 기울여야 한다. 그런 아이들은 그와 같은 남다른 '경험' 때문에, 학교나 이웃에서 영웅 대접을 받을 수도 있으며, 바람직한 일은 아니지만, 다른 아이들이 닮고 싶은 모델 노릇을 할 수도 있다.

아이가 친구를 사귀는 데 영향을 끼치려면, 부모가 그 친구들과 접촉을 유지해야 한다. 아이의 친구들을 집으로 부를 수도 있다. 아이 친구의 부모와 사귀는 방법도 있다. 아이들이 만나는 다양한 친구들이 아이들에게 어떤 영향을 끼치는지 관찰해도 좋다.

아이에게 자기가 알아서 친구를 선택하게 할 경우에, 부모는 세심하게 이를 확인하여 균형을 잡아주어야 한다. 부모에게는 그 선택이 유익하다는 사실을 보증해 줄 책임이 있다.

12. 자립심 길러주기

훌륭한 부모라면, 훌륭한 교사처럼, 아이들에게 점차 필요치 않은 존재가 되어야 한다. 부모들은 아이가 스스로 선택을 내리고, 자기 힘을 발휘하도록 이끌어주는 안내자가 되어야 하며, 거기서 만족을 느껴야 한다. 아이들과 대화를 나눌 때는, 아이들에게 자기 힘으로 현명한 결정을 내릴 수 있는 능력이 있다는 것을 믿어 의심치 않는다는 부모의 마음을 보여주는 표현을 의식적으로 사용할 수 있다. 아이가 어떤 요구를 했을 때, 부모의 마음속 반응이 긍정적이면, 이것을 아이의 자립심을 고취할 수 있게 하는 표현에 담아 전한다. 여기에 승낙을 나타내는 몇 가지 표현이 있다.

"네가 원한다면."
"네가 바라는 것이 진정 그것이라면."
"결정은 네가 내려."
"사실 그건 네게 달려 있어."
"그것은 전적으로 네 선택에 달려 있어."
"네가 어떻게 결정하든, 난 다 괜찮아."

부모의 승낙이 아이를 기쁘게 할 수도 있다. 하지만 스스로 결정을 내리고, 거기에 대해서 부모가 신뢰를 보냄으로써 아이가 또다른 만족감을 느낄 수 있게 하는 다른 표현들도 있다.

우리는 모두 아이들이 책임감 있는 어른으로 성장하기를 바란다. 책임감이라는 교훈은 존중하는 마음에 담아 전하지 않으면, 물거품이 되어버리고 만다. 사사로운 집안일, 음식, 숙제, 용돈, 애완 동물 기르기, 우정의 문제에서 중요한 것은 부모의 길잡이 역할이다. 그 길잡이가 효과를 거두기 위해서, 부모는 섬세해야 하며, 아이가 자립을 위해 분투한다는 사실을 이해해야 한다.

규율 : 처벌을 대신할 효과적인 대안

내과 의사들에게는 "Primum non nocere."라는 좌우명이 있다. 풀이하면, "절대 상처를 입히지 말라."는 뜻이다. 부모들에게도 그와 유사한 원칙이 필요하다. 그래야 아이들에게 규율을 가르치면서도 감정적인 행복에 손상을 입히지 않아야 한다는 원칙을 지킬 수가 있다.

규율의 핵심은 처벌을 대신할 효과적인 대안을 찾는 것이다.

윌리엄스 선생은 말썽부리는 남자아이들에게 훈계를 할 참이었다. 학교에 부임한 이래 처음이었다. 무척 떨리기도 했다. 그런데 자기 책상으로 씩씩하게 걸어가다가 그만 비틀거리며 넘어지고 말았다. 그것을 본 아이들은 재미있어 죽겠다는 듯 웃고 난리가 났다. 윌리엄스 선생은 천천히 일어나, 자세를 바르게 한 다음 말했다.

"이것이 내가 너희들에게 주는 첫 번째 교훈이야. 사람은 이렇게 납작하게 엎어졌다가도 언제나 다시 일어설 수가 있다는 거야."

아이들이 조용해졌다. 무슨 뜻인지 알아들었기 때문이다.

윌리엄스 선생은 진정한 의미의 교사였다. 아이들의 버릇을 고쳐놓겠다고 을러대며 벌을 주기보다, 지혜의 힘에 기대면 부모들도 모두 다 윌리엄스 선생처럼 될 수 있다.

부모에게 벌을 받으면, 아이들은 몹시 화를 낸다. 분노로 휩싸이고, 불만에 사로잡힌 아이는 부모의 말에 귀를 기울이거나 집중할 수가 없다. 그렇기 때문에 벌을 줄 때는 아이를 화나게 하는 일은 피해야 한다. 아이에게 자신감을, 또 자신과 다른 사람을 존중하는 마음을 길러주는 방법을 찾아야 한다.

부모에게 벌을 받고 화가 나면, 아이들에게 무슨 일이 벌어지는가? 자기 자신과 부모들을 미워하기 시작한다. 앙갚음하고 싶어한다. 복수하겠다는 상상에 사로잡히게 된다. 일곱 살 된 로저는 아버지에게 벌을 받고 자존심이 상한 나머지, 상상의 세계로 물러났다. 그곳에서 아이는 아버지의 장례식을 치르느라 여념이 없었다.

왜 부모들은 아이들을 화나게 하는가? 아이들에게 다정하지 않고, 기술이 없기 때문이 아니다. 자기 말 가운데 어떤 말이 아이에게 파괴적인 영향을 미치는지 모르기 때문이다. 부모들이 아이들에게 벌을 주는 데는 다 까닭이 있다. 부모 자신이 아이의 감정을 상하게 하지 않고 어려운 상황을 해결하는 방법을 배우지 못했기 때문이다.

다음은 어떤 어머니가 이야기해 준 사건이다. 어느 날, 학교에서 돌아오던 아들 프레드가 문을 열면서 소리를 질렀다.

"우리 선생님이 싫어. 다른 애들이 보는 앞에서 날 야단쳤단 말이야. 시끄럽게 떠들어 수업을 방해했다면서 내게 벌을 줬어. 그래서 수업 시간 내내 복도에 서 있었어. 절대로 학교에 가지 않을 거야."

아들이 화를 내는 바람에 마음이 흔들린 어머니는 마음속에 떠오르는 말을 불쑥 내뱉고 말았다.

"규정을 지켜야 한다는 거 너도 잘 알잖아. 마음 내키는 대로 떠들면 안 되는 거야. 말을 제대로 듣지 않으니까 벌을 받았겠지. 그걸 교훈 삼아 앞으로는 잘 해."

잔뜩 화가 나 있는데, 어머니마저 그렇게 대꾸하자, 프레드는 어머니에게도 화를 냈다.

프레드의 어머니가 다음과 같이 말했으면 어땠을까?

"복도에 서 있으려니 얼마나 난감했을까! 친구들이 보는 앞에서 야단을 맞았으니 무척 창피했겠구나. 화가 나기도 하겠지. 그렇게 야단을 맞고도 좋아하는 사람은 없을 거야."

이렇게 프레드의 상한 마음을 대신 표현해 주면서 이해하는 자세를 보여주었더라면, 아이는 화를 가라앉히며 어머니가 자기 마음을 알아주고 사랑해 준다는 기분을 느꼈을 것이다.

아이가 마음 상했을 때, 부모가 이를 그대로 받아주면서 우선 위로해 줄 수도 있겠지만, 아이가 이것을 잘못을 저질러도 괜찮다는 뜻으로 받아들이면 어떡하나 하고 걱정하는 부모들이 있다. 프레드의 어머니의 경우를 보면, 아들이 잘못을 저지른 곳은 학교이고, 이에 대한 처벌은 교사가 이미 했다. 그 일로 마음이 상한 아들은 어머니한테 야단이 아니라, 자기 기분을 알아주고 이해해 주는 말을 듣고 싶었다. 아들에게는 격한 기분을 다독이는 데 어머니의 도움이 필요했던 것이다. 감정 이입, 곧 감정을 이해해 주는 능력이야말로 아이를 키우는 부모에게 없어서는 안 될 중요하고 값진 요소이다.

최근에 한 전자 제품점 주인이 내게 이렇게 말했다.

"당신이 규율에 대해서 이야기하는 것을 들었어요. 그런데 난 찬성할 수가 없어요."

그는 자기 손을 펼치며 자랑스럽게 말했다.

"이것이 나의 심리적인 작전이에요."

나는 그 사람에게 컴퓨터나 스테레오, 텔레비전을 수리할 때도 똑같이 '손바닥으로 때리는 방법'을 적용하느냐고 물었다. 그 사람 대답은 이랬다.

"아, 아니에요. 그것들을 수리하려면 기술과 지식이 있어야 해요. 복잡한 기계들이거든요."

어린이들에게도 기술이 있고 지식이 있는 부모들이 필요하다. 다시 말하면 손바닥으로 때리는 방법은 컴퓨터뿐만 아니라 아이들에게도 쓸모가 없다는 것을 이해하는 부모가 필요하다. 그런 방법으로는 의도했던 목적을 이룰 수가 없다. 벌을 받고 나서 이렇게 말하는 아이들은 없다.

"앞으로 잘 해야지. 더욱더 책임감을 발휘하고, 말도 더 잘 들어야지. 그래야 날 벌주는 어른들이 좋아할 테니까."

처벌은 외과 수술처럼 정확함을 요구한다. 다시 말하면, 마음 내키는 대로 몸에 칼을 대서는 안 되듯이, 조심성 없이 아이를 야단쳐서도 안 된다는 것이다.

다음에 한 어머니가 이야기한 내용은 우리가 흔히 저지르기 쉬운 모순이다. 부모들의 처신을 강조해 주는 대목이 아닐 수 없다.

"난 개인적으로 자가 당착을 깨닫게 되었어요. 어린 시절에 지긋지긋하게 싫어했던 방법을 지금 내가 자주 사용하고 있는 거예요. 시끄럽게 하지 말라고 소리를 지르고, 싸움을 말리려고 폭력을 행사하며, 예의 없는 아이를 거칠게 대해요. 말버릇이 없다며, 아이를 꾸짖고요."

버릇없이 구는 아이에게 벌을 주었다고, 그 버릇이 없어지는 것은 아니다. 오히려 그 반대이다. 처벌은 버릇없는 행동을 조장한다. 처벌은 비행을 막지 못한다. 처벌을 받을수록, 발각되지 않기 위해 기술을 개발할 따름이다. 벌을 받고 나면, 아이들은 말을 더 잘 들어야겠다거나 더 책임감 있게 행동하겠다고 다짐하지 않는다. 그보다는 더 조심해야겠다고 마음먹는다.

1. 부모들의 불안 : 더 좋은 방법이 필요하다

옛날 세대들과 우리들이 아이들에게 규율을 가르치는 데 어떤 차이가 있는가? 우리의 부모와 조부모들은 권위로 규율을 가르쳤지만, 우리는 그것을 망설인다. 옛날 어른들은 틀렸을망정 확신을 가지고 행동했다. 그러나 우리는 옳으면서도 행동을 주저한다. 아이들과의 관계에서 우리가 망설이는 까닭은 어디에 있는가? 아동 심리학은 불행한 어린 시절을 보낸 아이가 치러야 하는 값비싼 대가에 대해서 경고한다. 우리는 평생 동안 아이들에게 피해를 주지나 않을까 깊이 염려한다.

1) 아이들에게는 필요한 사랑

대부분의 부모들은 아이들을 사랑한다. 그런데 정작 중요한 것은 부모들에게는 하루의 매 순간마다 아이들에게 사랑을 받아야 할 절박한 필요가 없다는 사실이다. 결혼을 정당화하기 위해서나, 삶의 의미를 찾기 위해서 아이들을 필요로 하는 사람들은 처지가 불리하다. 아이들에게 사랑을 받지 못할까 봐 걱정하는 부모들은, 아이들의 요구를 거절할 수 없다. 집에서 아이들의 행동을 통제할 때도 마찬가지이다. 부모가 자기들에게 사랑을 받고 싶어한다는 것을 눈치채면, 아이들은 이를 가차 없이 악용한다. 불안에 떠는 하인을 다스리는 독재자가 되는 것이다.

많은 아이들은 부모를 사랑하지 않겠다고 협박하는 방법을 이미 알고 있다. 그들은 아주 통명스럽게 부모를 협박한다.

"만일 이렇게 해주지 않으면, 사랑하지 않을 거야."

비극은 아이가 그렇게 위협하는 것이 아니라, 부모가 위협을 느낀다는 것이다. 어떤 부모들은 실제로 아이의 말에 영향을 받는다. 그래서 울면서 아이에게 사정한다. 계속해서 사랑해 달라고 말이다. 그리고 지나치게 너그럽게 대해 주면서 아이를 달래려고 애쓴다. 이런 태도는 부모나 아이 모두에게 파괴적인 영향을 미친다.

어느 날 밤, 열네 살 된 질이 부탁했다. 과제를 해야 하는데, 친구 집에 가면 안 되겠냐고 말이다. 아버지는 집안의 규칙을 되풀이해서 말해 주었다. 학교 가는 날 밤에는 외출하지 않는다는 규칙이었다. 질은 놀러 가는 것이 아니라, 숙제 때문에 가는 것이라고 반박했다. 아버지는 외출을 허락했고, 질은 10시 30분까지 돌아오겠다는 약속을 남기고 친구 집으로 갔다.

10시 30분이 되어도 돌아오지 않자, 아버지는 질에게 전화를 했다. 질은 아버지에게 밤을 새기로 했다고 통보했다. 아버지는 몹시 화가 났다. 두 사람은 서로에게 화를 냈고, 마침내 아버지는 딸에게 당장 집으로 오라고 명령했다. 질의 아버지는 자기 자신이 규칙을 어겼고, 이를 통해 딸에게 규칙을 어기면 약속도 어길 수 있다는 메시지를 전했다는 사실을 깨닫지 못하고 있었다. 심지어 그 이튿날 질은 아버지에게 자랑을 늘어놓기까지 했다.

"난 내가 바라는 것을 언제나 아빠에게 해달라고 할 수 있어. 뭐든 아빠가 다 들어주게 할 수 있어."

다른 많은 부모들이 자주 겪는 이런 사건 때문에 질의 아버지는 당황했다. 쉽사리 규칙을 만들어놓고도 그걸 지키게 하는 일이 왜 그렇게 어려운지 자기도 알 수가 없었다. 뭐든 아빠가 다 들어주게 할 수 있다는 딸의 말을 인정하지 않을 수 없었다. 딸 질이 자기를 싫어한다고 느낄 때, 자기 마음이 얼마나 큰 상처를 받는지, 자기가 딸에게 얼마나 많은 사랑을 받고 싶은지를 깨달았을 때, 비로소 그는 "안 돼."라고 말할 수 있었고, 또 그렇게 하리라고 다짐할 수 있었다.

2) 너그러움과 자유 방임

너그러움은 무엇이고, 또 지나친 너그러움, 곧 자유 방임은 무엇인가? 너그러움은 아이들이 아이답게 굴 때, 이를 받아들이는 태도를 일컫는다. 다시 말하면 아이들은 아이들이다라는 사실, 곧 보통 아이에게 깨끗한 셔츠를 입혀 놓으면 오래 가지 않으며, 아이들은 이동할 때 걷기보다는 대부분 달리기를 하고, 나무를 보면 올라가며, 거울을 보면 그 앞에 서서 얼굴을 찡그리는 행동을 인정한다는 뜻이다.

너그러움의 본질은 아이들을 일체의 감정과 소망을 누릴 수 있는 헌법적 권리를 가진 인간으로 인정하는 것이다. 원하는 것을 할 수 있는 자유는 절대적이며, 거기에는 제한이 없다. 일체의 감정과 상상, 사고, 희망, 꿈과 욕망은 그 내용에 관계 없이, 적절한 수단을 통하기만 하면, 인정받고, 존중받고, 표현을 허락받을 수 있다. 물고기는 헤엄치고, 새는 비상하며, 인간은 느낀다. 어린이들이 어떤 느낌을 갖는 것은 누구도 막을 수 없다. 중요한 것은 이런 감정을 표현하는 방법에 대해서는 책임을 져야 한다는 사실이다. 다시 말하면 어린이들에게는 감정이 아니라, 오로지 행동에 대해서만 책임을 물을 수 있다는 것이다. 파괴적인 행동은 용납되지 않는다. 그런 행동이 발생하면, 부모들이 관여하여, 그것을 말과 그밖의 다른 상징적 출구로 배출할 수 있도록 방향을 잡아주어야 한다.

부모가 허락할 수 있는 상징적인 출구에는 다음과 같은 것들이 있다. '보기 흉한' 그림을 그리고, 블록 주위를 뛰어다니고, 나쁜 소원을 테이프에 녹음하고, 신랄한 내용의 시를 짓게 하고, 미스터리 살인 사건을 쓰게 한다. 간단히 말하면 너그러움은 가상의 상징적인 행동을 인정하는 것이다. 자유 방임은 바람직하지 못한 행동들을 허락하는 것이다. 너그러움을 보여주고, 모든 감정을 받아들여 주면, 아이들은 자신감을 갖고 감정과 생각을 표현하는 능력을 기르게 된다. 자유 방임은 아이에게 불안감을 주어서, 받아들일 수 없는 특권을 계속해서 요구하게 만든다.

3) 감정은 허용하되, 행동은 제한한다

이 문제에서 지켜야 할 원칙은 소망과 감정 그리고 행동을 별개의 것으로 취급해야 한다는 것이다. 행동에는 한계를 정하되, 소망이나 감정에는 제한을 두지 말아야 한다.

규율 문제에는 대부분 두 가지 측면이 있다. 화난 감정과 화난 행동이 그것이다. 이 둘은 각기 다르게 다루어야 한다. 감정은 이를 확인하여 정리해 주어야 한다. 행동은 한계를 정해 두고 제지해야 한다. 때때로 보면, 아이의 감정을 확인해 주는 것 자체만으로 충분히 마음을 풀어줄 수가 있다.

어머니 : 너, 오늘 화가 잔뜩 난 모양이구나.

로 넨 : 예.

어머니 : 마음이 편치 않은가 보구나.

로 넨 : 예.

어머니 : 누구 때문에 화가 났는데?

로 넨 : 엄마 때문이에요.

어머니 : 그래? 왜 그런지 말해 보렴.

로 넨 : 소년 야구 시합에 스티브 형만 데려가고, 난 안 데리고 갔잖아.

어머니 : 그래서 화가 났구나. 엄마가 너보다 형을 더 사랑한다
　　　　고 생각했나 보구나.
로　넨 : 예.
어머니 : 가끔 그런 생각이 들 거야.
로　넨 : 그래요, 맞아요.
어머니 : 그럴 때는 엄마에게 와서 말해!

평소에는 행동의 한계를 정해 두어야 한다.

네 살 난 마거릿은 고양이 꼬리 속에 무엇이 있는지 궁금하다면서, 그 꼬리를 자르고 싶다고 했다. 아버지로서는 아이의 과학적인 호기심은 인정하면서도, 꼬리를 자르겠다는 행동은 명확한 표현을 써서 제지해야만 했다.

"네가 고양이 꼬리 속을 보고 싶어한다는 걸 알아. 하지만 그 꼬리는 그대로 두는 게 좋겠어. 그 대신 고양이 꼬리 속이 어떻게 생겼는지 보여주는 그림을 구해서 보면 되잖아."

다섯 살 된 테드가 안방 벽에 낙서하는 것을 본 어머니는 혼내주고 싶은 마음이 굴뚝같았다. 그러나 테드가 너무나 겁에 질려 있어 차마 때리지는 못하고 이렇게 말했다.

"테드, 벽에 낙서를 하면 안 돼. 종이에다 해. 여기 종이가 얼마든지 있잖아?"

어머니는 벽의 낙서를 깨끗이 지우기 시작했다. 테드는 엄마가 어찌나 고마웠는지 그만 이렇게 말했다.

"엄마! 난 엄마가 좋아."

이와 반대되는 경우를 예로 들어 보자.

"너 뭐 하고 있니? 아니 이게 무슨 짓이냐? 벽을 더럽혀서는 안 된다는 걸 알잖아! 도대체 널 어떡해야 좋을지 모르겠구나."

4) 유익한 방법과 유익하지 못한 방법

아이를 유익한 방법으로 나무라는 것과 유익하지 못한 방법으로 나무라는 것에는 엄청난 차이가 있다. 아이들을 야단칠 때, 부모들은 바람직하지 못한 행동을 못 하게 하면서, 아이들에게 그런 행동을 하도록 자극하는 충동에 대해서는 무시하는 경우가 자주 있다. 화가 나서 한참 말싸움을 하고 있는데, 거기에 끼어들어 이래서는 안 된다, 저래서는 안 된다고 하며, 가끔은 앞뒤가 맞지 않거나 일관성이 없고 모욕적인 표현을 하기도 한다. 더 나아가서는, 아이가 귀담아들을 수 있는 상황이 전혀 아닌데도 야단을 치거나, 반발할 것이 틀림없는 표현을 써서 훈계를 하기도 한다. 잘못한 행동을 야단치는 것이 아니라, 아이를 나쁜 인간이라고 표현하여, 앞날에 악담을 퍼붓는 경우도 자주 있다.

어떻게 나무라는 것이 유익한지 보자. 아이들을 야단칠 때, 행동과 감정 둘 다에 도움이 될 수 있도록 신경을 써야 한다. 아이들이 감정을 모두 다 표현하도록 허락한다. 그러나 바람직하지 않은 행동을 하면 제지하며 이를 고쳐준다. 아이의 행동을 제지할 때는, 아이뿐만 아니라 부모의 자존심도 지킬 수 있는 방법으로 해야 한다.

행동을 제한할 때는, 기분에 따라 변덕스럽게 하지 말고, 교육적으로 인격의 성장에 보탬이 되는 방법으로 해야 한다. 행동에 제재를 받으면, 아이가 화를 낼 것이라고 예상하고, 이를 이해해야 한다. 제지를 받았다고 화를 내는 아이들에게 추가로 벌을 주는 일은 없어야 한다.

이런 방법으로 규율을 가르치면, 아이는 이를 자발적으로 받아들인다. 곧 어떤 행동을 하지 말아야 하고, 고쳐야 한다는 점을 인정하게 된다. 이런 의미에서 볼 때, 부모의 훈계는 궁극적으로 아이의 자율을 길러주게 된다. 부모와 부모가 실천하는 가치를 하나의 것으로 보면서, 아이들은 자율에 필요한 내면적인 기준을 확립하게 된다.

2. 규율의 세 영역 : 격려, 허락, 금지

아이들에게는 받아들일 수 있는 행동과 받아들일 수 없는 행동을 분명하게 구분해 주어야 한다. 부모가 허락해 준 행동의 한계를 알면, 아이들은 좀더 안전감을 느낀다. 우리는 아이들의 행동이 서로 다른 세 가지 영역으로 구분될 수 있다고 생각한다.

첫 번째 영역은 바람직하고 허락받은 행동으로 구성된다. 여기서 우리는 아이에게 거리낌 없이 상냥하게 모든 행동을 인정한다.

두 번째 영역에는 인정하지는 않지만 특별한 이유로 너그럽게 받아들이는 행동이 포함된다. 특별한 이유에는 다음과 같은 것들이 있다.

먼저, 배우는 사람에게는 너그러움이 필요하다. 운전 연습을 하는 운전자가 우회전 신호 때 좌회전을 했을 때는 범칙금을 부과하지 않는다. 앞으로는 더 잘할 것이라고 기대하기 때문에 그와 같은 실수는 묵인해 준다.

또 힘겨운 상황에 처해 있을 때는 그것을 감안해 주어야 한다. 특별하게 어려움을 겪고 있는 상황, 이를테면 재난을 당했거나, 아프다거나, 이사를 했다거나, 친구와 헤어졌다거나, 가족이 죽었거나, 막 이혼한 사람들에게는 좀더 너그러움을 베풀어야 한다. 그들을 너그럽게 대하는 까닭은, 어려운 상황에 놓여 있고, 새로운 환경에 적응해야 한다는 것을 인정하기 때문이다. 이런 행동을 좋아하지 않는다는 점도 분명하게 밝혀둘 필요가 있다. 사실 이미 우리의 태도가 예외적인 상황 때문에 이와 같은 행동을 허락한다는 것을 말해 주고 있기도 하다.

세 번째 영역에는 관용을 베풀 수가 없고, 무조건 중단시켜야 하는 모든 행동이 포함된다. 가족의 건강과 행복, 또는 육체적이고 경제적인 행복을 위태롭게 하는 행동이 여기 해당된다. 법률이나 윤리적인 이유로 금지된 행동이나, 사회적으로 용인할 수가 없어 금지된 행동도 이에 해당된다. 첫 번째 영역의 행동을 너그럽게 대하는 것만큼이나, 세 번째 영역의 행동을 제지하는 것도 중요하다.

어떤 아이는 자기 아버지에게는 올바른 기준이 없다고 생각했다.

자기가 밤늦게 바깥을 쏘다녀도 내버려두었기 때문이다. 어떤 소년에게는 부모를 존경하는 마음이 사라졌다. 자기 친구들이 몹시 수선을 피우고 노는 바람에 놀이방이 다 엉망이 되었는데도 부모가 말리지 않았기 때문이다.

사회적으로 받아들일 수 없는 충동을 억누르는 데 어린아이들은 정말로 어려움을 겪는다. 아이들이 그런 충동들을 억제하려고 발버둥칠 때, 부모가 옆에서 동지가 되어 주어야 한다. 제지하는 것이 바로 아이를 돕는 일이다. 제지는 위험한 행동을 멈추게 하기도 하지만, 다음과 같은 무언의 메시지를 전하기도 한다.

'네 마음속의 충동들을 두려워하지 마. 너무 지나치지 않도록 내가 지켜봐 줄게. 그래야 안전하거든.'

1) 제지하는 방법

모든 교육이 그렇듯이, 아이의 행동을 제지할 때는 과정에 따라 결과가 달라진다. 한계를 정해 줄 때는, 어떤 행동은 허락할 수 없지만, 그 대신 어떤 행동은 받아들일 수 있다는 점을 분명하게 말해 주어야 한다. 접시를 던지면 안 되지만, 베개는 던져도 된다는 식으로 말이다. 문법적으로는 좀 어울리지 않지만, 효과는 더 좋은 표현을 써서, 접시는 던지라고 있는 물건이 아니지만, 베개는 던지라고 있는 것이라고 말할 수 있다. 동생은 밀라고 있는 것이 아니지만, 스쿠터는 밀라고 있는 물건이라고 할 수도 있다. 제지를 할 때는 부분적으로 하기보다는 전체적으로 하는 것이 더 바람직하다. 예를 들면, 물을 튀기라는 말과, 누이동생에게 물을 튀기지 말라는 말에는 명백한 차이가 있다.

"흠뻑 젖게만 하지 않는다면, 네 누이동생에게 물을 좀 튀겨도 좋아."

이렇게 제지하면, 아이는 큰 혼란을 겪는다. 그와 같이 모호한 표현은 아이에게 결정을 내릴 수 있는 명확한 기준을 마련해 주지 못한다. 제지할 때는 확고한 표현을 사용해서, 아이에게 하나의 메시지만을 전달해야 한다.

"이번엔 절대로 안 돼. 농담이 아니야."

어떻게 해야 좋을지 확신이 서지 않을 때는, 곰곰이 생각해 보면서, 자기 태도를 분명하게 해두는 것이 최선이다. 제한을 할 때, 말을 얼버무리게 되면, 끝없는 말싸움에 휘말리게 된다. 더듬거리며 어설프게 한계를 정해 놓으면, 아이들에게 반발할 명분을 주게 되고, 서로 고집을 앞세워 싸우다 아무도 이기지 못하는 결과를 낳는다.

제지할 때는 아이의 분노를 최소화하고, 자존심이 상하게 하지 않도록 신중하게 생각해서 표현해야 한다. "안 돼."라고 말하면서 제지하는 바로 그 과정을 통해서 권위를 보여주어야지, 모욕을 전해 주어서는 안 된다. 그 상황에 해당하는 특정한 사건만을 가지고 이야기해야지, 그 전에 있었던 모든 일을 다 끄집어내어서는 안 된다. 다음은 바람직하지 못한 방법으로 행동을 제지하는 예이다.

여덟 살 난 애니는 어머니와 함께 백화점에 갔다. 어머니가 물건을 사는 동안, 애니는 장난감 파는 곳을 돌아다니며 장난감 세 개를 골랐다. 어머니가 돌아오자 애니는 잔뜩 기대에 차서 물었다.

"엄마, 어떤 것을 사는 게 좋겠어요?"

사야 좋을지 확신도 서지 않은 옷을 사는 데 돈을 너무 많이 써버린 어머니 입에서는 무심결에 이런 말이 튀어나왔다.

"아유, 장난감을 또 사? 너 집에 장난감 있잖아. 도대체 어떻게 된 아이가 보는 것마다 모두 가지려고 하니? 갖고 싶어도 좀 참아야지."

잠시 후, 딸이 갑자기 화를 내는 이유를 깨닫게 된 어머니는 아이스크림을 사주면서 딸을 달래고 얼렀다. 하지만 애니의 얼굴에서는 토라진 표정이 사라지지 않았다.

아이가 무슨 부탁을 하는데, 거절해야 할 경우가 있다. 그럴 때에도 최소한 그것을 갖고 싶다는 소망에서 얻는 만족은 아이에게 인정해 줄 수 있다. 현실에서는 만족시켜 줄 수 없어도, 상상 속에서는 허락하는 것이 좋다. 그래야 "안 돼."라고 하더라도 아이의 마음에 상처를 적게 주게 된다. 그렇게 볼 때, 애니의 어머니는 이렇게 말을 했어야 했다.

"너 장난감을 사고 싶은가 보구나."

애　니 : 사도 돼요?

어머니 : 넌 어떻게 생각하니?

애　니 : 안 사줄 거라고 생각해요. 그런데 왜 안 돼요? 난 정말
　　　　사고 싶은데.

어머니 : 하지만 풍선이나 아이스크림을 가질 수도 있잖아. 둘 중에서 더 갖고 싶은 것이 뭔지 선택해.

아마 애니는 선택을 할 것이다. 아니면 울음을 터뜨릴지도 모른다. 어느 경우든, 어머니는 자신의 결정에 집착하며, 딸에게 선택을 고집한 셈이다. 다시 어머니는 장난감을 사고 싶어하는 욕심을 대신 말해 주며 딸에게 이해하는 마음을 보여줄 수도 있다. 그래도 장난감을 사주지 않겠다는 마음에는 변함이 없을 것이다.

"적어도 장난감 하나는 갖고 싶을 거야. 정말 갖고 싶겠지. 우는 것만 봐도 네가 저 장난감을 얼마나 갖고 싶어하는지 알겠어. 나도 네게 사주고 싶은 마음이 간절하지만, 돈이 없어."

딸이 학교에 다니고 싶지 않다고 할 때, 이렇게 주장하는 부모도 있다.

"학교 가야 돼. 누구나 다 학교에 다녀야 하는 거야. 그건 법이야. 아이를 학교에 보내지 않는다고 조사하러 누가 우리 집에 오는 거 싫어."

하지만 이보다 좀더 아이의 마음을 헤아리며 말하는 방법이 있다. 최소한 상상 속에서라도 그런 마음을 허락해 주는 것이다.

"오늘 학교에 가지 않는다면 얼마나 좋겠니. 오늘이 월요일이 아니라 토요일이라서, 친구들과 밖에 나가 놀고 싶을 거야. 잠도 좀더 자고 싶을 테고. 나도 알아. 그런데 아침밥은 뭘 먹었으면 좋겠니?"

상상으로라도 소망을 허락해 주는 것이 무작정 거절하는 것보다 마음에 상처를 적게 주는 이유는 무엇일까? 부모가 섬세한 반응을 보이는 것을 보고, 아이는 부모가 자기의 기분을 이해해 준다고 생각한다. 자기 마음을 이해해 주면, 우리는 사랑받는다는 느낌을 받는다. 근사한 옷 가게의 진열장에 걸린 값비싼 아름다운 옷을 보고 감탄하고 있는 당신을 보면서 남편이 다음과 같이 말했다면 어떤 기분이 들까?

"무슨 일이야? 뭘 보고 있는 거야? 당신도 알다시피, 우린 경제적으로 어렵잖아. 무슨 수를 써도 저렇게 값비싼 물건을 살 능력이 없어."

이런 말을 듣고도 사랑스런 감정이 우러나지는 않을 것이다. 괜히 부아가 치밀며 기분만 언짢아질 것이다.

하지만 남편이 당신의 소원을 인정해 주면서 이렇게 말했다면 어떤 기분이 들었을까?

"여보, 저렇게 근사한 옷을 살 수 있다면 정말 좋겠다. 당신이 저걸 입고, 어울리는 보석을 달고, 어깨에 벨벳 망토를 걸치고 있다고 생각해 봐. 정말 멋있을 거야. 아무리 화려한 파티에 가더라도 당신과 함께 갈 수 있다면 전혀 기죽지 않을 거야."

불행한 일이지만, 이런 반응이 온다고 해서 옷을 살 수 있는 것은 아니다. 그러나 적어도 두 번째 남편의 태도는 마음에 상처를 주거나, 부아를 치밀게 하지는 않는다. 오히려 사랑하는 마음이 더 커질 것이다.

몇 년 전에 알래스카의 이누이트족이 사는 마을에 있는 한 초등 학교를 방문하여, 하모니카를 불며 아이들과 함께 논 적이 있었다. 내가 하모니카를 다 불었을 때, 한 아이가 다가오더니 말했다.

"그 하모니카를 갖고 싶어요."

난 이렇게 대답할 수도 있었을 것이다.

"안 돼, 이 하모니카를 줄 수 없단다. 내겐 하모니카가 이것밖에 없거든. 내겐 하모니카가 필요해. 게다가 이것은 우리 어머니가 준 거야."

그랬더라면 그 아이는 부탁을 거절당했다고 느끼고, 기분 좋은 축제 기분이 엉망이 되고 말았을 것이다. 하지만 나는 그렇게 말하지 않았다. 실제로는 줄 수가 없었지만, 상상으로는 그것을 허락했다.

"네게 줄 하모니카가 하나 있었으면 정말 좋겠구나."

그러자 다른 아이가 와서 똑같은 부탁을 했다. 나는 이렇게 대답했다.

"너희들에게 줄 하모니카가 두 개 있었으면 좋았을걸."

결국 스물여섯 명의 아이들이 모두 내게 다가왔고, 그때마다 나는 숫자를 더해 갔고, 마침내는 이렇게 말을 끝냈다.

"내게 하모니카가 스물여섯 개가 있어서, 너희들 각자에게 하나씩 줄 수 있었으면 정말 좋겠구나."

그 자체가 이미 한 가지 놀이가 되었고, 아이들도 그걸 즐기는 것 같았다.

내가 기고하는 신문 칼럼에 이 이야기를 썼더니, 한 잡지의 편집자가 이런 편지를 보냈다.

"지금은 기사를 거절할 때, '당신 기사를 실어줄 수 있었으면 정말 좋았을 텐데요.'라고 하면서 운을 뗍니다."

2) 특별한 제한을 표현하는 여러 가지 방법

아이를 제지할 때, 반발을 불러일으키는 방법이 있고, 아이의 협조를 얻는 방법이 있다. 다음 예를 보자.

(1) 부모는 아이가 원하는 바를 인정하고, 간단하게 반복하여 말해 준다.
   "너 오늘 밤에 영화 구경 가고 싶어하는구나."

(2) 특별한 행동에 대한 한계를 명확하게 표현한다.
   "그러나 우리 집 규칙이 학교에 가는 날 밤에는 영화 구경을 못 가게 되어 있잖니."

(3) 부모는 소원이 최소한 일부분이라도 성취될 수 있는 방법을 가르쳐준다.
   "금요일과 토요일에는 영화 구경을 가도 돼."

(4) 제지를 받는 아이는 화를 낼 수 있다. 부모는 그런 분노를 어느 정도 표현하도록 도와주어야 한다. 그런 다음에 공감을 표현해야 한다.
   "너 분명히 그런 규칙이 싫을 거야."
   "너 그런 규칙이 없으면 좋겠다고 생각할 거야."
   "매일 밤 영화를 구경해야 한다는 규칙이라면 좋겠지."

"네가 어른이 되어, 가정을 꾸리게 되면 규칙을 바꿀 수 있
을 거야."

늘 이런 식으로 아이를 제지할 필요도 없으며, 늘 그런 방법으로
해야 그럴 듯한 것도 아니다. 경우에 따라서는 먼저 제지하고 나서,
나중에 아이의 감정을 대신 표현해 주는 방법도 필요하다. 아이가
막 동생에게 돌을 던지려고 할 때, 어머니는 "동생에게 던지지 말
고, 나무에 던져."라고 말하는 것이 좋다. 나무가 있는 방향을 가르
쳐주면 아이의 행동을 더 효과적으로 유도할 수 있을 것이다. 그런
다음에 아이의 감정을 생각해 보고, 그것을 해롭지 않게 표현하는
방법을 몇 가지 알려줄 수도 있다.

"동생 때문에 몹시 화가 난 모양이구나."
"무척 화가 났구나. 마음으로는 동생이 밉더라도, 상처를 입히
면 안 돼."
"돌을 던지고 싶거든, 나무에 던져."
"하고 싶으면, 얼마나 화가 나는지 내게 말해. 보여주어도 되
고."

이렇게 제지할 때도 아이의 자존심에 상처를 주지 않는 말로 해
야 한다. 간명하고 인격을 건드리지 않는 표현을 써서 제지하면 아
이들이 더 잘 받아들인다. "학교 가는 날 밤에는 영화 보러 갈 수 없

다는 걸 너도 알잖아."라는 말이, "학교 가는 날 밤에는 영화 보러 가면 안 돼."라는 말보다 분노를 덜 자극한다. "너처럼 어린아이들은 이렇게 늦게까지 안 자고 있으면 안 돼. 가서 자."라고 말하는 것보다는, "이젠 잘 시간이야."라고 하면, 아이들이 더 잘 따른다. "오늘은 텔레비전 볼 만큼 봤어. 이젠 꺼."라고 하는 것보다, "오늘 텔레비전 볼 시간 지났어."라고 말하는 것이 더 듣기 좋다. "서로 소리치지 마."라고 말하는 것보다, "너 그 애에게 소리치지 않는 것이 좋아."라고 말해 주면 더 기꺼이 부모의 말에 따른다.

제지할 때, 대상의 용도를 지적해 주면 아이들은 이를 좀더 기꺼이 받아들인다. "의자는 앉으라고 있는 것이지, 그 위에 서라고 있는 물건이 아니야."라고 말하는 것이 "의자 위로 올라서지 마."라고 말하는 것보다 더 좋다. "블록은 가지고 놀라고 있는 것이지, 던지라고 있는 것이 아니야."라고 말하는 것이 "블록을 던지지 마."라거나, "안됐지만, 더 이상 블록을 던지게 놔둘 수가 없어. 너무 위험해."라고 말하는 것보다 더 현명하다.

3) 아이들에게는 에너지를 쏟을 건강한 배출구가 필요하다

어린아이들의 육체적인 활동을 제지하는 것 때문에, 많은 규율 문제가 발생한다.

"뛰지 마. 다른 아이들처럼 걷지 못하겠니?"
"사방으로 뛰어다니지 좀 마."

"똑바로 앉아 있어."

"두 발이 있는데 왜 꼭 한 발로 서려고 하니?"

"넘어져서 다리가 뚝 부러져야 알겠니?"

어린이들이 몸을 움직이는 것을 지나치게 억제해서는 안 된다. 정신적 육체적 건강을 위해서, 어린이들에겐 달리고, 뛰어오르고, 기어오르고, 깡충깡충 뛰어다니는 활동이 필요하다. 가구를 보호하고 싶어하는 마음은 이해할 수 있다.

그렇다고 해서 가구를 보호하려는 마음이, 아이들의 건강을 염려하는 마음을 앞질러서는 안 된다. 아이들이 몸을 움직이지 못하게 자꾸 막으면, 결과적으로 감정적인 긴장을 유발한다. 이것이 공격적인 성향으로 표출될 수도 있다.

근육 활동을 통해서 에너지를 직접 배출할 수 있는 적절한 환경을 마련해 주는 것이 아이들에게 훌륭한 규율을 가르치고, 부모의 생활을 수월하게 하는 데 가장 중요한 조건이다. 하지만 이 점이 무시되는 경우가 자주 있다. 어린이들에겐 활동적인 놀이가 필요하다. 공놀이, 줄넘기, 달리기, 수영, 스케이트 타기, 야구, 체조, 롤러 블레이드 타기, 자전거 타기 등의 운동이 필요하다. 학교는 어린이들에게 육체 활동이 필요하다는 사실을 더 잘 알고 있다. 그래서 방과 중이나 방과 후에 계획적으로 운동을 즐기게 하고, 중요한 체육 프로그램을 제공하기도 한다.

4) 규율은 확고하게 집행한다

아이들을 제지하려는 부모의 의도가 확고하고, 또 그것을 마음을 상하게 하지 않는 말로 표현하면, 일반적으로 아이들은 거기에 따른다. 그런데 때로는 아이가 일부러 규칙을 어기려고 하는 경우도 있다. 말로 제지를 했는데도 아이가 그걸 어겼을 때는 어떻게 해야 하는가 하는 것이 문제이다. 교육적인 과정을 생각하면, 부모는 다정하면서도 뜻이 확고한 어른의 모습을 잃지 말아야 한다. 아이가 말을 듣지 않는다고, 일일이 따지고 들거나 말을 많이 해서는 안 된다. 부모의 제지가 공정한지 불공정한지를 놓고 아이들과 토론을 벌일 필요도 없다. 엄마나 아빠가 나서서 장황하게 그것을 설명해서도 안 된다. 동생을 때려서는 안 되는 이유를 아이에게 설명할 필요는 없다. "사람을 때리는 거 아니야."라고 말해 주는 것으로 충분하다. 유리창을 깨면 안 되는 이유를 설명할 필요가 없다. "유리창은 깨라고 있는 것이 아니야."라고 말해 주면 된다.

부모의 제지를 어기면, 아이의 불안감이 점점 커진다. 보복이나 처벌을 받게 될 것이라고 예상하기 때문이다. 이때 부모는 아이의 불안감을 키워줄 필요가 없다. 강한 의지를 보여주어야 할 시점에서, 부모가 너무 말이 많으면, 약함을 보여준 것이 된다. 이처럼 때로는 어린이에게는 체면을 구기지 않고 충동을 억제할 수 있도록 도와줄 어른 응원군이 필요하다. 다음은 유익하지 못한 방법으로 제지를 가하는 예이다.

어머니 : "꼭 큰소리치는 소리를 들어야 직성이 풀리지. 좋아, (크고 날카로운 소리로) 그만해. 그렇지 않으면 혼날 줄 알아. 한 번만 더 던져봐. 정말 가만두지 않을 테니까."

위협하고 다짐을 하지 않고도, 이 어머니는 자신의 분노를 매우 실제적이고 좀더 효과적으로 표현할 수 있었을 것이다.

"그걸 보니 정말 참을 수가 없구나!"
"정말 화가 나서 못살겠구나."
"나 무지무지 화났어!"
"그것들은 던지라고 있는 물건이 아니야. 공을 던지고 놀면 좋 잖아!"

제지를 가하면서, 그걸 지키라고 요구할 때, 부모가 주의를 기울여야 할 일이 있다. 그 일로 누가 더 고집불통인가를 겨루는 싸움이 벌어져서는 안 된다는 것이다. 다음 예를 보자. 다섯 살 된 마거릿은 어느 날 오후에 아버지와 함께 공원에서 놀고 있었다.

마거릿 : (운동장에서) 난 여기가 좋아. 지금 집에 가지 않을래. 여기서 한 시간 더 있다 갈 거야.
아버지 : 넌 그렇게 하고 싶겠지만 아빠는 그럴 수가 없어.

이와 같은 대화는 두 가지 중 어느 하나의 결과로 귀결될 것이지만, 두 사람 모두 탐탁하게 여기지는 않을 것이다. 아이가 지든, 아버지가 양보하든 해야 하기 때문이다. 좀더 바람직한 해결책은, 권위를 인정하지 않으려고 하는 딸의 위협보다는, 운동장에 더 있고 싶어하는 딸의 소망에 초점을 맞추는 것이다. 예를 들면 아버지가 다음과 같이 말할 수도 있었을 것이다.

"네가 여기 있고 싶어한다는 걸 아빠도 알아. 더 오래, 어쩌면 열 시간이라도 여기 있고 싶을 거야. 하지만 지금은 집에 갈 시간이야."

만일 잠시 후에도 딸이 좀더 있겠다고 고집을 부리면, 아버지는 아이의 손을 잡거나, 안아서 운동장 밖으로 나오면 된다. 어린아이들에게는 때로는 행동이 말보다 더 효과적이다.

5) 부모를 때리면 안 된다

아이가 부모를 때릴 때, 절대로 이를 용납해서는 안 된다. 그런 육체적인 공격은 아이나 부모 모두에게 해를 끼친다. 부모를 때린 아이는 불안감을 느끼며, 보복을 당할까 봐 두려워한다. 부모는 아이에게 분노와 미움을 느낀다. 부모를 때리지 못하게 해야 하는 까닭은, 그래야 아이들에게 죄책감과 불안감을 덜어주고, 부모들에게는 감정적으로 아이들을 계속 따뜻하게 대할 수 있게 해줄 수 있기 때문이다.

때때로 보기 흉한 장면이 목격되기도 한다. 이를테면 부모가 엉덩이를 맞는 대신, 손바닥을 때리라고 아이에게 말하는 장면 말이다. 서른 살 된 어머니가 네 살 된 아이를 향해 팔을 뻗으며 이렇게 부탁한다.

"살살 때려. 하지만 아프게 하지 말고."

그걸 보면, "아주머니, 이러지 마세요. 부모를 때리게 놔두는 것은 아이에게 해로운 일이에요."라고 말리고 싶은 유혹을 느낀다. 어머니로서는 즉시 아이의 행동을 말렸어야 옳았다. "때리는 건 안돼. 그건 절대 용납할 수 없어."라고 해야 한다. 아니면 "화가 나거든 말로 해."라고 할 수도 있었을 것이다.

부모를 때리면 안 된다는 원칙은 어떤 상황에서도 완화되면 안된다. 부모가 어른의 역할을 포기하지 않는 가운데, 부모와 아이가 서로 존중하는 마음을 가질 때, 비로소 아이를 제대로 키울 수가 있다. 어머니는 아무렇지도 않게, "때려. 하지만 아프게 때리지는 마."라고 부탁할 수 있다. 하지만 그 둘을 구별하기란 어린아이에게 매우 힘든 일이다. 이는 아이에게 사실 여부를 시험해 보고, 장난삼아 때리는 것과 매우 아프게 때리는 것이 어떤 차이가 있는지 알아보라고 부추기는 것이나 다름없다. 아이에게는 거절하기 힘든 유혹이다.

6) 아이들을 때리지 않는다

좋은 일이 아니라고 널리 알려졌는데도, 여전히 어떤 부모들은 아이들의 엉덩이를 때린다. 아이를 으르고 설득하는 전통적인 무기들이 효과를 거두지 못하게 된 뒤로는, 흔히 엉덩이를 때리는 방법이 육아의 마지막 수단으로 이용되었다. 본래는 그럴 생각이 아니었지만, 부모가 참을 때까지 참다가, 화가 폭발하게 되면 엉덩이를 때리는 경우가 자주 있다. 엉덩이를 때리면 일시적으로는 효과가 있는 것도 같다. 부모의 울화통을 식혀주고, 적어도 잠시 동안은 아이가 부모의 말을 듣게 해주기 때문이다. 그래서 어떤 부모들은 이렇게 말한다.

"엉덩이를 때리면 분위기가 싹 달라져."

엉덩이를 때리는 것이 그토록 효과적인 방법이라면, 왜 우리는 그것을 불쾌하게 생각하는가? 아무튼 우리는 체벌의 장기적인 효과에 대한 의혹을 잠재울 수가 없다. 폭력을 사용하면서도 우리는 좀 당혹스러워한다. 그래서 더 좋은 해결책이 있어야 한다고 계속 말한다.

참을성을 잃고 아이를 때리면 어떻게 될까? 대부분의 부모들은 가끔 아이를 때린다. 어떤 어머니는 이렇게 말했다.

"아들 때문에 심하게 화를 낼 때가 있어요. 살인이라도 저지를 것 같아요. 살인과 매질 가운데 선택하라고 하면, 매를 택하겠지요. 마음이 가라앉으면, 아들에게 이렇게 말해요.

'나도 사람이야. 많이 참았지만 더 이상은 참을 수 없었어. 그래서 널 때린 거야. 하지만 내 본래 생각은 그게 아니야. 참다 참다 더이상 참을 수가 없으면, 나도 원하지 않는 행동을 하게 돼. 그러니날 그렇게 만들지 마.'"

자동차 사고를 용납하지 않듯이, 아이를 때리는 것도 용납해서는 안 된다. 하지만 자동차 사고는 발생한다. 운전 면허증이 있다고 해서 자동차 사고를 일으켜도 좋다는 사전 허가를 받은 것은 아니다. 운전 면허증이 "당신은 틀림없이 자동차 사고를 일으킬 테니, 내키는 대로 운전하세요."라고 말해 주는 것은 아니다. 오히려 정반대로 운전 면허증은 우리에게 조심해서 운전하라고 주의를 준다. 마찬가지이다. 체벌이 아이에게 규율을 가르칠 때 사용하는 미리 정해진 방법으로 사용되면 안 된다. 물론 어쩌다 어쩔 수 없이 아이를 때리게 되는 소동은 늘 벌어지게 마련이지만 말이다.

아이를 키우다 보면, 어쩔 수 없이 때리는 일도 생기게 된다. 하지만 고의적으로 때려서는 안 된다. 체벌을 아이가 부모를 화나게 했거나, 부모 스스로 아이에게 화가 난 데 대한 반응에서 나온 행동으로 간주해서는 안 된다. 왜 그래서는 안 되는가? 체벌이 보여주는 교훈 때문이다. 맞아본 아이들은 분노를 바람직하지 못한 방법으로 다스리는 법을 배우게 된다. 체벌은 아이들에게 극적으로 말해 준다.

"화가 나거나 불만스러울 때는 해결책을 찾으려고 하지 마. 때려. 부모들도 그렇게 하잖아."

거친 감정을 배출할 수 있는 세련된 출구를 찾아내는 독창성을 보여주지는 못할망정, 우리는 아이들에게 정글의 방식을 가르치고, 때려도 된다는 허가를 내주고 있는 셈이다.

손위 아이들이 동생들에게 손찌검을 하는 것을 보면 대부분의 부모들이 화를 낸다. 하지만 부모들이 어린아이들의 엉덩이를 때릴 때, 손위 아이들이 그걸 보고 그와 똑같은 행동을 배운다는 사실을 깨닫지는 못한다.

여덟 살 된 아들이 네 살 된 여동생을 때리는 광경을 아버지가 보게 되었다. 화가 난 아버지는 훈계하면서 아들의 엉덩이를 때리기 시작했다.

"너보다 작은 사람을 때려서는 안 된다는 것을 가르쳐주기 위해 때리는 거야."

어느 날 밤에 일곱 살 된 질은 아버지와 텔레비전을 보고 있었다. 질이 손가락을 빠는 소리가 아버지의 귀에 거슬렸다. 아버지가 화를 내며 말했다.

"제발 그만 해라. 그 손가락 빠는 소리 때문에 신경 쓰이잖아."

그래도 질은 계속 손가락을 빨았고, 아버지는 그만 하라고 했다. 그래도 질은 멈추지 않았다. 네 번이나 말을 했는데도 그치지 않자, 아버지는 화를 참지 못하고 질을 때렸다. 아이는 울음을 터뜨리면서 아버지를 때렸다. 그러자 아버지는 더욱더 화를 냈다.

"감히 아버지를 때리다니! 당장 네 방으로 가."

아버지가 소리쳤다. 질이 말을 듣지 않자, 아버지는 딸을 위층으로 데리고 갔다. 질은 계속 울고 있었다. 그 동안 텔레비전에서는 요란한 소리가 흘러나오고 있었지만, 보는 사람은 아무도 없었다.

질은 큰 남자가 작은 소녀를 때리는 것은 괜찮은데, 왜 자기가 자기보다 더 큰 사람을 때려서는 안 되는지 그 이유를 이해할 수가 없었다. 이 사건은 자기보다 작은 사람이면 때려도 괜찮다는 사실을 질의 뇌리에 선명하게 새겨주었다.

질의 아버지는 때리지 않고도 좀더 효과적인 방법으로 딸이 자기 말에 따르게 할 수 있었을 것이다. 더 이상 화를 참을 수 없을 정도가 되도록 기다리지 말고, 질에게 이렇게 말할 수도 있었을 것이다.

"질, 네가 선택해. 손가락을 빨지 않고 여기 있든가, 여기서 나가서 계속 손가락을 빨든가. 네가 알아서 해."

체벌의 가장 나쁜 영향 중 하나는, 그것이 아이의 양심의 발달을 방해한다는 것이다. 체벌은 죄책감에서 너무나 쉽게 벗어나게 만든다. 잘못에 대한 대가를 이미 지불했다고 생각하기 때문에, 아이는 그런 행동을 되풀이해도 괜찮다고 느낀다. 아이들은 잘못된 행동에 대해서 이른바 '부기(簿記)'와 같은 태도를 키워간다. 잘못을 저지르면, 회계 장부 한 면에 부채로 기록해 놓고 매주 또는 매달 엉덩이를 맞아서 그 빚을 갚아 나가면 된다고 생각한다는 것이다. 그래서 아이들은 주기적으로 엉덩이를 때리도록 부모를 부추기고 자극한다. 벌을 달라고 부모에게 부탁하거나, 스스로에게 벌을 주는 경우도 종종 있다.

네 살 된 마시가 상담을 받으러 왔다. 자면서 머리카락을 뽑는다고 했다. 어머니의 말을 들어보니 다음과 같은 사실이 밝혀졌다. 어머니는 딸에게 화가 나면 이렇게 말하곤 했다는 것이다.

"너 때문에 미치겠어. 네 머리카락을 뽑아버리고 싶을 정도야."

딸 마시는 자기가 워낙 잘못했기 때문에 그렇게 심한 벌을 받는 것이 당연하다고 생각했던 것이 틀림없었다. 그래서 꿈 속에서 어머니 말에 따랐던 것이다.

아이가 벌을 달라고 부탁할 때는, 부탁을 들어주지 말고, 그 대신 죄책감과 분노를 처리할 수 있도록 도와주어야 한다. 이것은 쉬운 일이 아니다. 어떤 상황에서는, 터놓고 잘못된 행동에 대해 이야기를 하여 죄책감과 분노를 누그러뜨려 줄 수도 있다. 아이들이 좀더 나은 방법으로 죄책감과 분노를 표현할 줄 알고, 부모들이 좀더 현명한 방법으로 행동에 한계를 정해 두고 이를 지키라고 요구하면, 체벌할 일이 점점 줄어들 것이다.

아이들이 여러 가지 감정을 드러낼 때, 부모가 이에 공감하면서 이해해 주면, 아이들은 정서적으로 풍부한 감성을 가지게 될 것이다. 용납할 수 없는 행동을 했을 때, 아이를 존중하면서 제지하고 그에 따를 것을 요구하면, 사회의 규범을 존중하는 아이로 자랄 것이다.

적극적으로 아이 키우기 : 아이의 하루

문명은 부모들을 어린아이들이 가장 재미있어하는 놀이를 방해하는 사람으로 만들었다. 아이들이 손가락을 빨거나, 성기를 만지거나, 콧구멍을 후비거나, 먼지 구덩이 속에서 놀거나, 큰 소리로 떠들면, 부모들은 이를 말린다. 아이들에게 문화는 차갑고 잔인하다. 문화는 아이들에게 어머니의 포근한 젖가슴 대신 딱딱한 우윳병을, 따뜻한 천 기저귀 대신에 차가운 변기를 내놓는다. 전에는 부르기만 해도 달려와 다독거려 주었지만, 이제는 아이 스스로 참고 있어야 한다.

아이가 성장하여 사회의 일원이 된다 해도, 몇 가지 제한은 받아들일 수밖에 없을 것이다. 그러나 부모들이 지나칠 정도로 문명을 위한 경찰관 역할을 하려고 하면 안 된다. 그렇지 않으면 아이들의 분노와 반발, 반항을 불러일으키게 될 것이다.

1. 좋은 출발을 위한 시작

부모가 매일 아침 학교에 갈 아이들을 깨우는 사람이 되면 안 된다. 아이들은 단잠을 깨우고, 꿈을 방해한 부모들에게 역정을 낸다. 부모가 방에 들어와 이불을 들추고, 기분 좋은 목소리로 "일어나! 해떴어."라고 말하면 아이들은 싫어한다. 매일 아침 '자명종 어머니'나 '자명종 아버지'가 잠을 깨워주기보다는, 자명종 소리를 듣고 잠을 깨는 것이 더 좋다.

여덟 살 난 에밀리는 아침마다 잠자리에서 일어나려고 하지 않았다. 매일 아침마다 다만 몇 분이라도 더 자려고 실랑이를 벌였다. 어머니는 그런 에밀리에게 부드럽게 대하기도 하다가, 신경질적으로 대하기도 했다. 그래도 에밀리는 한결 같았다. 꾸물거리고 일어나, 찌푸린 표정으로 아침을 먹고, 학교에는 지각하기 일쑤였다. 매일 아침 아이와 실랑이를 벌이고 나면 어머니는 피곤하기도 하고, 화도 났다.

어머니가 딸에게 기대하지 못했던 선물, 곧 자명종 시계를 선물로 주고 난 뒤, 상황은 극적으로 달라졌다. 선물 상자에서 에밀리는 쪽지를 발견했다.

"아침에 다른 사람이 너무 일찍 깨우는 걸 싫어하는 에밀리에게. 이제는 네가 네 주인이 되렴. 사랑해, 엄마가."

에밀리는 깜짝 놀라면서도, 기분이 좋았다. 에밀리는 물었다.

"누가 아침마다 날 깨우는 걸 싫어하는 줄 어떻게 알았어, 엄마?"

어머니는 웃으면서 말했다.

"생각해 보니, 그럴 것 같았어."

다음 날 아침, 자명종 시계가 울릴 때, 어머니가 말했다.

"에밀리, 너무 일찍 일어났어. 조금만 더 누워 있지 그러니?"

에밀리가 침대 밖으로 펄쩍 뛰어나오면서 말했다.

"아니야. 학교에 늦으면 안 돼."

쉽게 일어나지 못한다고 아이를 게으름뱅이라고 놀리는 것은 좋지 않다. 곧장 일어나서 세수하지 않고 꾸물거린다고, 심통부린다고 놀려도 안 된다. 아침에 잠에서 깨자마자 몸을 활발하게 움직이는 데 어려움을 겪는 아이를 조롱할 필요는 없다. 아침마다 아이들과 실랑이를 벌이기보다는, 10분 더 달콤한 잠을 즐기게 하거나, 멍한 상태로 있게 하는 것이 가장 좋은 방법이다. 이런 습관은 자명종 시간을 조금만 더 일찍 울리게 맞춰놓으면 고칠 수 있다. 부모는 아이와 같은 마음이 되어서 그것을 이해해 주어야 한다.

"오늘 아침에는 일어나기가 힘이 드나 보구나."
"침대에 누워 꿈꾸는 것처럼 기분 좋은 일이 없지."
"5분만 더 자."

이런 대화는 아침의 기분을 즐겁게 해준다. 다정하고 친밀한 분위기를 조성해 준다. 그와 반대로 다음과 같이 화를 내고 조롱을 퍼부으면 분위기가 냉랭하고 험악해진다.

"얼른 일어나, 이 게으름뱅이 같으니라고!"
"당장 침대에서 쫓겨날 줄 알아."
"맙소사, 여기 잠꾸러기가 또 하나 있네."

건강을 염려하여 이렇게 말하는 부모도 있다.

"아니, 너 아직 누워 있었구나? 병났니? 어디가 아파? 배탈 났니? 머리가 아프니? 혀 좀 내밀어 봐."

이런 일을 겪고 나면, 아이는 다정한 보살핌을 받으려면 병이라
도 나야겠다고 생각하게 된다. 부모가 저렇게 인자하게 이것저것
물어보며 어디 아프냐고 하는데, 아프지 않다고 하면 실망할 것이
라고 생각할 수도 있다. 그러면 꾀병이라도 부리는 것이 좋겠다는
마음이 생길 수도 있다.

2. 시간표의 압박 : 등교 시간

서두르라고 하면, 아이들은 더 꾸물거린다. "서둘러!"라고 독촉
하는 어른들에게 반항할 때 아이들이 가장 많이 쓰는 방법이 꾸물
대는 것이다. 자기들이 만들지도 않은 시간표의 압박에 저항하려는
아이들에게는, 비능률적으로 보이는 행동이 실제로는 가장 능률적
인 무기가 된다.

가급적이면, 아이에게 서두르라는 말을 하지 말아야 한다. 그 대
신 실제로 시간이 어느 정도 남아 있다고 말해 주는 것이 좋다. 그
런 다음 시간에 맞추는 일은 아이에게 맡겨둔다.

"10분 후면 학교 버스가 올 텐데."
"영화는 오후 1시에 시작인데, 지금 벌써 12시 반이야."

"저녁 식사 시간이 7시인데, 지금 6시 반이네."

"네 친구가 올 시간이 15분 남았구나."

이렇게 간단하게 말하는 의도는, 부모는 아이가 시간을 맞출 거라고 기대하고 있으며, 또 그것이 당연하다는 점을 아이에게 전해주기 위해서이다. 때로는 아이에게 긍정적인 기대를 안겨주는 것이 도움이 될 수도 있다. 이를테면 다음과 같이 제안하는 것이다.

"학교 갈 준비가 다 되었으면, 출발하기 전까지 만화 영화를 봐도 돼."

3. 아침 식사 : 우선 식사하기

아침 밥 먹는 시간은 아이들에게 보편 철학이나 도의적 원칙, 예의 범절을 가르치기에 적절한 때가 아니다. 오히려 아침 식사 시간은 부모가 아이들이 등교 시간에 맞춰 집을 나서는 것을 도와주면서, 맛있는 밥을 차려주기에 좋은 시간이다.

일반적으로 아침 식사 시간은 하루 가운데 힘든 시간이다. 부모나 아이들이나 졸리고 기분이 언짢을 때가 자주 있다. 말다툼이라도 벌어지면, 말꼬리를 물고늘어지며 서로를 비난하기가 십상이다. 다음 예를 보도록 하자.

데　비 : (냉장고를 뒤적거리며 먹을 것을 하나씩 내놓는다.) 아침
에 뭘 먹어? 우리 집에는 먹을 만한 반찬이 없어. 내가
좋아하는 것은 절대 사지 않으니까.
어머니 : (화가 나서 자신을 변호하며) 네가 좋아하는 것을 사지
않는다니, 그게 무슨 말이야. 네가 좋아하는 것은 무엇
이든 다 사는데. 뭘 먹어야 좋을지 마음을 정하지 못한
것은 너야. 제발 이제 식탁에 앉아서 네 앞에 놓여 있는
것을 먹고, 학교나 가!

데비의 행동 때문에 어머니는 화가 났다. 어머니가 보복을 하자,
딸은 훨씬 더 화가 났다. 두 사람 모두 언짢은 기분으로 직장과 학
교로 떠났다.

아이 때문에 부모의 반응이나 기분이 좌지우지되지 않도록 하는
것이 중요하다. 어머니로서는 가시 돋친 말을 주고받지 말고, 딸의
불평을 받아주었으면, 기분 좋은 아침을 맞이할 수 있었을 것이다.

어머니 : 오늘 아침에는 좋아하는 반찬이 없나 보구나.
데　비 : 없어. 좋아하는 반찬이 없어. 배가 많이 고프지는 않으
니까, 바나나를 먹을래.

어떤 어머니는 이렇게 말했다.
"전에는 사사로운 일 때문에 나와 아이들이 기분이 많이 상했어

요. 누구나 겪는 사소한 일이 하루에도 여러 번 커다란 사건으로 번지곤 했어요. 하지만 이제는 아이들이 왜 그러는지 이해하기 때문에, 그 뜻을 받아주면서 일을 해결해요. 며칠 전에 다섯 살짜리 딸 라모나가 아침을 먹지 않겠다고 하면서 불평을 하는 거예요."

라모나 : 내 이빨이 힘들어해. 이빨 밑이 무척 졸리나 봐.

어머니는 딸을 놀리지 않고, 불평을 받아주었다.

어머니 : 응, 키 작은 이빨이 아직 잠에서 깨어나지 않았구나.
라모나 : 응. 이 이빨 하나가 나쁜 꿈을 꾸고 있나 봐.
어머니 : 어디 보자. 저런, 흔들흔들하는데.
라모나 : 시리얼에 빠지지 않을까?

어머니가 이빨이 그 정도로 흔들거리지는 않는다고 안심을 시켜주자, 라모나는 정신을 차리고 숟가락을 들어 시리얼을 먹기 시작했다.

스탠의 아버지는 이런 이야기를 했다.

"사소한 일에도 과민 반응을 보이니까, 그것 때문에 분위기가 이상해지고 싸움이 벌어져요. 그러면 그때 가서야 흥분을 참느라 안간힘을 다해요. 사실은 내가 일으킨 흥분이죠. 영리한 사람은 구덩이에서 나오는 방법을 알고 있지만, 현명한 사람은 아예 구덩이에 빠지지를 않는다고 하잖아요. 얼마 전부터는 나도 영리한 사람보다는 현명한 사람처럼 굴기로 작정했어요. 그래서 아이들이 말썽을 일으켜도 나무라지 않고, 도움을 주기로 했어요. 열 살 된 폴은 손수 아침을 차리는 걸 좋아해요. 어느 날 아침 부엌에서 폴이 훌쩍거리는 소리가 들리더군요. 계란 두 개를 반숙으로 삶았는데 하나를 바닥에 떨어뜨렸던 거예요. 다른 때 같았으면 소리를 질렀을 거예요. '이게 무슨 짓이야. 난장판이잖아. 좀 조심할 수 없니?'라고 말이에요. 하지만 이번에는 이렇게 말했죠.

'소리도 없이 일어나, 손수 계란을 이렇게 맛있게 만들었구나. 그러다 하나를 떨어뜨린 모양이지.'"

폴 　 : (풀이 죽어서) 예.
아버지 : 배가 고픈가 보구나.
폴 　 : (더 밝은 표정으로) 하지만 계란 하나는 접시에 있어요.
아버지 : 그걸 먹고 있어. 그 동안 내가 반숙을 하나 더 만들어줄게.

4. 불평 : 실망한 아이 달래기

부모들은 끊임없이 아이들의 불평에 시달린다. 그리고 보통은 화를 낸다. 아이의 불평에 대꾸하거나 변명하다 더 화를 내고 급기야는 말싸움으로 번지기까지 한다. 이를 예방하려면 아이의 불평에 대응하는 방법을 알아둘 필요가 있다. 바로 불평은 받아주는 것이다. 예를 들어보자.

셀 마 : 엄마는 절대로 나에게 뭘 사주질 않더라.
어머니 : 내가 사주기를 바라는 것이 있구나.

어머니는 다음과 같이 말하지 않았다.
"무슨 소리야. 바로 저번 주에 저렇게 예쁜 옷들을 사주었는데도 그런 말이 나오니? 뭘 해줘도 고마워할 줄 모른다니까. 넌 그게 문제야."

줄리안 : 아빠는 날 어디 데리고 간 적이 없어.
아버지 : 어디를 가고 싶은데?

아버지는 다음과 같이 말하지 않았다.
"가기만 하면 늘 끝에 가서 말썽을 피우는데 어떻게 데리고 다니겠니."

자하리 : 엄마는 늘 늦더라.
어머니 : 엄마를 기다리는 것이 싫구나.

어머니는 다음과 같이 말하지 않았다.

"너는 안 늦니? 내가 널 기다렸던 시간은 기억하고 싶지가 않겠지."

> 제시카 : 아빠는 내게 무슨 일이 있는지 신경도 안 써.
> 아버지 : 네가 넘어졌을 때, 아빠가 거기 있었으면 좋았겠지. 네
>   게 아빠가 필요한 순간에 말이야.

아버지는 다음과 같이 말하지 않았다.

"널 행복하게 해주려고 모든 것을 다 희생했는데, 어떻게 그런 말을 할 수가 있니?"

'절대로'나 '늘'은 아이들이 즐겨 쓰는 말이다. 아이들은 극단의 세계에서 살고 있다. 하지만 검은색이나 흰색보다는 회색이 더 일반적이라는 것을 경험한 부모라면, 아이들이 그와 같은 표현을 쓰지 않도록 가르칠 수가 있다.

5. 옷입기 : 운동화 끈매기 전쟁

어떤 집을 보면, 운동화 끈 매는 것 때문에 부모와 아이들이 매일같이 전쟁을 치른다. 어떤 아버지는 이렇게 말한다.

"끈이 풀어진 신발을 신고 있는 것을 보면, 속이 부글부글 끓어요. 억지로라도 신발 끈을 묶게 해야 하는지, 그냥 끈을 축 늘어뜨린 채 돌아다니게 해야 하는지 모르겠어요. 아이는 자기가 좋아서

그런다고 해도, 부모로서는 아이에게 책임감을 가르쳐야 하지 않을까요?"

책임감을 가르치는 일과 신발 끈 매는 일을 연결하지 않는 것이 가장 좋다. 간편하게 신고 벗을 수 있는 운동화를 사주거나, 아무 말 없이 어린아이의 운동화 끈을 매주면, 말씨름할 일이 없어서 더 좋다. 분명히 말할 수 있는 것은, 또래 아이들이 다른 식으로 운동화를 신지 않는 한, 아이는 조만간 운동화 끈을 매고 다니는 법을 알게 될 거라는 사실이다.

아이들에게 아주 비싼 옷을 입혀서 학교에 보내는 것은 좋지 않다. 옷을 깨끗하게 입으려면 그만큼 신경을 써야 하기 때문이다. 마음껏 달리고 뛰고 공놀이를 하는 것이 말끔한 옷차림보다 더 중요하다. 아이가 학교에서 돌아왔는데, 셔츠가 더러워져 있으면, 이렇게 말하는 것이 좋다.

"오늘 하루 부지런히 놀았나 보구나. 옷을 갈아입고 싶으면, 옷장에 다른 셔츠가 있으니 갈아입어."

아이에게 칠칠맞지 못하다느니, 지저분해 보인다느니, 빨래하고 다림질하느라 힘들어 병나게 생겼다느니 해봐야 아무런 도움도 되지 않는다. 현실적으로 생각하는 사람은 아이가 재미있게 노는 것보다 옷을 깨끗하게 입는 데 더 신경을 쓸 것이라고 생각하지 않는다. 아이들이 새 옷을 금방 더럽혀 와도 그게 당연하다고 받아들인다. 다리미질 하지 않고 입을 수 있는 값싼 셔츠를 열두 벌 장만해 놓는 것이, 깨끗하게 입으라고 열두 번 설교하는 것보다 낫다.

6. 학교 가는 길 : 잔소리보다는 도움을

아침에 시간에 쫓기다 보면 아이들은 책이나 안경, 점심 도시락이나 점심값 등을 잊고 챙기지 못할 수 있다. 이럴 때는 건망증이 심하다거나 야무지지 못하다고 야단치지 말고, 아이가 두고 간 물건을 건네주는 것이 가장 현명하다.

"살아서 네가 안경을 챙겨 쓰고 나가는 걸 보는 게 내 소원이야."라고 말하는 것보다는 "자, 여기 네 안경이야."라고 말하는 것이 아이에게는 더 도움이 된다. "무슨 돈으로 점심을 사 먹으려고 했니?" 하며 비꼬듯 질문을 던지기보다는 "여기 네 점심값이야."라고 하면 아이는 더 고맙게 생각한다.

아이가 학교 가기 전에 길게 잔소리하며 훈계를 늘어놓지 말아야한다. "아이들하고 싸우면 안 돼."라는 말보다 "즐겁게 지내."라는 말이 학교 가는 아이에게는 더 듣기가 좋다. "2시에 보자."라고 말하는 것이 "학교 끝나고 길거리에서 돌아다니지 마."라고 말하는 것보다 더 유익하다.

7. 학교에서 돌아올 때 : 따뜻하게 맞아준다

아이들이 학교에서 돌아오면, 부모나 다른 보호자가 집에서 맞아주는 것이 바람직하다. 다음과 같이 뻔한 대답이 돌아올 질문들은 하지 않는 것이 좋다.

"오늘 어땠니?"

"좋았어."

이런 대화도 마찬가지이다.

"오늘 뭘 했니?"

"아무것도 안 했어."

그 대신 아이가 학교에서 겪은 어렵고 힘들었을 일들에 대해 이해하는 마음을 전해 주는 것이 좋다.

"오늘은 학교에서 힘들었나 보구나."

"학교가 끝날 때까지 기다리느라고 힘들었을 거야."

"집에 오고 싶었겠지."

대부분의 경우는 질문을 던지는 것보다는 아이의 마음을 비춰주는 표현을 해주는 것이 바람직하다.

홀부모 가족과 일하는 어머니의 숫자가 엄청나게 늘어났기 때문에, 집에 가도 부모가 없는 아이들이 많다. 이런 경우에 사랑을 담은 편지나 전자 우편을 남겨두면 부모가 없더라도 아이에게 어느 정도 마음의 위안을 줄 수 있다. 학교에 다니는 아이들을 둔 어떤 부모들은 편지나 쪽지를 이용해서 아이들과의 관계를 더 돈독하게 만든다. 아이들에게 고맙다든지 사랑한다든지 하는 표현을 글로는 쉽게 할 수 있다. 어떤 부모들은 카세트 테이프나 비디오 테이프에 메시지를 남겨놓기도 한다. 아이는 부모의 목소리를 되풀이해서 들을 수 있다. 그런 메시지는 부모와 아이가 의미 있는 의사 소통을 할 수 있도록 힘을 준다. 그리고 학교에서 돌아와 텅 빈 집에 들어설 때 아이가 느끼는 외로움을 덜어준다.

8. 저녁 시간 : 하루의 마감

일하는 부모들이 저녁에 직장에서 퇴근하면, 직장 생활의 요구에서 가족의 요구로 관심이 넘어오는 데 조용한 준비 시간이 필요하다. 대문에서부터 어머니와 아버지에게 불평과 질문을 퍼붓거나, 요구와 비난을 쏟아내면 안 된다. 아무것도 묻지 않고 조용하게 있게 해주는 것이 가족의 삶의 질을 높여줄 청량한 오아시스를 건설하는 데 도움이 된다.

어린아이 때부터 아이들은, 직장에서 일에 시달리다 돌아온 부모에게 잠시 차분하고 편안한 마음으로 보낼 시간이 필요하다는 것을 배워두어야 한다. 그 대신 저녁밥을 먹는 시간은 대화의 시간이 되어야 한다.

음식에 대화의 중심을 두기보다는, 생각해야 할 일들에 더 중심을 두어야 한다. 아이들이 식사하는 태도가 어떤지, 어떤 음식을 먹는지에 대해서는 거의 말을 하지 않는 것이 좋다. 될 수 있으면, 아이들을 훈계하는 태도로 저녁 식사를 하지 않는 것이 좋다는 것이다. 구식 대화 방법 가운데 그런 예들이 많다.

어떤 부모들은 아이들을 교대로 한 명씩 데리고 나가, 아이가 선택한 음식점에 가서 1대1로 보내는 시간을 갖는다. 어머니나 아버지의 관심을 한몸에 받으며 피자나 햄버거를 먹는 동안, 아이는 부모와 함께 자기 관심사에 대해서 이야기를 나눌 수 있다.

9. 잠자리에 들 시간 : 전쟁과 평화

많은 가정에서 아이들이 잠자리에 들 시간이 되면 커다란 소동이 벌어진다. 아이들과 부모가 서로 정반대 편이 되어 씨름을 벌인다. 아이들은 될 수 있는 대로 늦게까지 놀려고 하고, 어머니와 아버지는 가능한 한 빨리 재우려고 한다. 저녁 시간은 부모에게는 아이들에게 잔소리를 가장 많이 하는 시간이고, 아이들에게는 핑계를 가장 많이 대는 시간이다.

유치원에 다니는 아이들에게는 침대에 뉘어줄 어머니나 아버지가 있어야 한다. 잠자리에 드는 시간을 아이와 친밀한 대화를 나누는 기회로 활용할 수 있다. 그러면 아이들은 잠자리에 들 시간을 기다리기 시작한다.

아이들은 아버지나 어머니와 단 둘이 함께 있는 시간을 좋아한다. 부모들이 귀를 기울여 들어주기만 하면, 아이들은 두려움, 희망, 소원 따위를 모두 말할 수 있다. 이런 다정한 접촉은 아이들의 불안을 덜어주고 단잠을 잘 수 있게 해준다.

그보다 더 나이가 든 아이들도 부모가 잠자리를 봐주는 것을 좋아한다. 부모는 그런 소원을 존중하고 충족시켜 주어야 한다. 부모 눈에는 아이가 '어린아이 같은 행동'을 하고 싶어하는 것으로 보이겠지만, 이를 놀리거나 비난해서는 안 된다. 나이가 좀 든 아이들에게는 잠자리에 드는 시간을 융통성 있게 적용해야 한다.

"8시에서 9시 사이나, 9시나 10시 사이에 잠자러 가. 잠자러 가고 싶은 시간을 네가 정해."

시간 범위는 부모가 정해 준다. 그 범위 안에서 일정한 시간을 아이가 정하게 한다.

아이가 화장실에 가는 것을 잊어먹었다거나 물을 마시고 싶다고 요구할 때, 싸우지 않는 것이 최선이다. 하지만 아이가 계속해서 부모를 자기 방으로 부르면, 이렇게 말해 주면 된다.

"엄마가 너하고 더 있어주기를 바라는 거 알아. 하지만 이제는 엄마와 아빠가 함께 지낼 시간이야."

"엄마가 너랑 더 오래 있어주면 좋을 텐데. 하지만 이제는 엄마도 잠잘 준비를 해야 할 시간이야."

10. 부모의 특권 : 부모에게도 사생활이 있다

어떤 가정에서는 아이들이 부모의 외출에 대해서 거부권을 행사한다. 부모가 저녁에 외출하려면 아이들의 허락을 받아야 한다. 어떤 부모들은 아이들과 전쟁을 치를 것이 뻔하다며 영화나 연극 관람을 포기하기도 한다.

부모가 부모들의 생활에 대해서 아이들의 허락을 받을 필요는 없다. 부모가 저녁에 외출한다고 아이가 울 때, 아이의 두려움을 나무랄 필요는 없다. 그러나 아이가 외출하지 않기를 바란다고 해서 거기에 따를 필요도 없다. 돌봐주는 사람과 함께 있고 싶어하지 않는 아이의 마음을 이해하고 거기에 공감할 수는 있지만, 아이에게 오락을 즐겨도 된다는 허가증을 얻을 필요까지는 없다. 우는 아이에게는 그 마음에 공감하면서 이렇게 말해 주는 것이 좋다.

"엄마 아빠가 저녁에 외출하지 않길 바라는 마음 잘 알아. 우리가 없으면, 더러 무섭기도 할 거야. 넌 우리가 너와 함께 있어주기를 바라겠지만, 오늘 밤에는 엄마와 아빠는 함께 영화구경을 하기로 했어.(또는 "친구를 만나거나, 저녁 식사를 하러 가거나, 댄스 파티에 가기로 했어.")

아이의 반대와 항의와 위협은 무시해도 좋다. 하지만 아이에게는 확고하고 다정하게 말해 주어야 한다.

"엄마가 함께 있으면 좋겠지. 하지만 지금은 나갈 시간이야."

11. 텔레비전 : 폭력과 선정성

아이들의 하루 생활을 이야기할 때는 텔레비전이 아이들의 행동
이나 가치관에 미치는 영향을 빼놓을 수가 없다. 아이들은 텔레비
전을 즐겨 보고, 컴퓨터 게임을 좋아한다. 많은 아이들은 책을 읽
고, 음악을 듣거나, 대화를 나누는 것보다 텔레비전이나 컴퓨터 게
임을 더 좋아한다. 광고업자들에게는 아이들이야말로 완벽한 시청
자이다. 외부의 영향에 민감한 아이들은 상업 광고를 사실로 받아
들인다. 유치한 상업 광고의 노래들을 놀라울 정도로 금방 배운다.
텔레비전에서 쏟아지는 어리석기 짝이 없는 소리들을 들으며 어찌
나 즐거워하는지, 부모에게 달라붙어 들볶던 짓도 하지 않는다. 아
이들은 프로그램에 대해서 거의 아무런 요구도 제기하지 않는다.
독창성도 요구하지 않으며, 예술성도 필요로 하지 않는다. 그들의
관심을 사로잡는 것은 험악하게 생기거나, 인공으로 만든 주인공들
이다. 그렇게 머리카락을 곤두세운 채, 아이들은 상업 광고의 노래
와 광고가 뒤범벅된 폭력과 살인 장면을 날마다 몇 시간씩 즐기고
있다.

아이들의 텔레비전 시청에 대해 부모들은 두 가지 생각을 드러낸
다. 텔레비전이 아이들을 붙잡아놓고 있어 말썽을 피우지 않는 사
실에 대해서는 고마워한다. 하지만 텔레비전이 아이들에게 해를 끼
칠 수도 있다는 가능성에 대해서는 염려한다.

텔레비전은 폭력을 부추기고, 인간 관계를 축소시키며, 고정 관

념을 조장하고, 사회 친화적인 행동을 가로막는다. 더 나아가 텔레비전은 어린이의 하루 가운데 상당한 시간을 빼앗아 간다. 어린이들은 부모보다 텔레비전과 더 많은 시간을 보낸다. 섹스와 폭력으로 가득 찬 화려한 화면이 그저 단순한 흥밋거리에 지나지 않는다고 하지만, 그것들이 아이들의 창의적인 활동을 방해하고 있는 것은 사실이다. 한 저명한 심리학자의 말에 따르면, 사람들이 텔레비전을 시청하는 동안에 몰입이라고 하는 시각적인 경험을 하고 있는 것이 절대 아니라고 한다. 어느 정도 해결 가능성이 있는 문제를 해결하기 위해 한 사람이 가진 능력(skill)을 모두 다 쏟아부을 때가 발전에 가장 좋은 조건이 된다고 한다. 시를 쓰거나, 짧은 이야기를 짓거나, 진흙으로 조각을 빚거나, 블록으로 성을 쌓는 것이 어린이들에게는 바로 그런 조건을 의미한다. 형제들과 연극을 꾸미거나, 친구들과 모험을 하는 것도 이에 해당될 수 있다. 발전과 만족은 멍하니 텔레비전을 바라보는 것보다 노력을 집중했을 때 얻을 수 있는 가능성이 더 크다.

어떤 가정에서는 아이들에게 하루에 한 시간만 텔레비전 시청을 허락한다. 또 어떤 가정에서는 특정한 시간에, 부모의 허락을 받아 선택한 프로그램을 시청하도록 허락한다. 이런 가정의 부모들은 텔레비전은, 약처럼 정해진 시간에 적절한 분량만큼만 섭취해야 한다고 믿는다.

이름 높은 소아과 의사는 이렇게 추천한다.

"세 살 때까지는 하루에 30분 이상 텔레비전을 시청하면 안 된다.

세 살 이후에는 부모와 함께 30분 더 텔레비전을 보거나 컴퓨터를 해도 좋다."

프로그램 선택을 전적으로 아이들에게 맡겨놓을 수는 없다고 생각하는 부모들이 점점 많아지고 있다. 수상쩍은 인물들이 자기 집에 있는 아이들에게 영향을 끼치는 것을 내버려두지 않겠다는 것이다. 날마다 제공되는 지저분한 섹스와 생생한 폭력에 아이들이 노출되지 않도록 보호하고 싶어하는 부모들은 텔레비전과 컴퓨터에 '부모의 모니터링 시스템'을 설치하면 된다. 아이들을 모든 비극으로부터 보호할 필요는 없다. 하지만 인간의 폭력이 비극이 아니라 상투적인 수법이 되어버린 오락으로부터는 아이들을 보호해야 한다.

부모들이 아이들이 소비하는 대중 매체의 양과 그 성격을 감시하는 것만으로는 부족하다. 건강한 인간 관계, 재미있는 놀이, 만족스런 취미 생활을 통해서 배우고, 사람들과 관계를 맺고, 사회에 기여할 수 있는 문을 아이들에게 열어주어야 한다.

질투 : 아이의 비극

　　　　　형제간의 질투는 옛날부터 비극적인 전통을 지니고 있었다. 『구약 성서』에 기록되어 있는 최초의 살인은 카인이 동생 아벨을 죽인 사건이었다. 살해 동기는 형제간의 경쟁심이었다. 야곱은 형 에소의 손에 죽임을 당할까 두려워 집을 떠나 다른 나라로 가서 숨었다. 야곱의 아들들은 동생 요셉을 너무나 시기한 나머지, 그를 구덩이 속으로 내던졌다. 그 다음에는 죽이는 대신 평생 노예 생활을 하도록 사막의 대상들에게 팔았다.

　　『성서』는 질투의 근원과 본성에 대하여 우리에게 무엇을 말해 주고 있는가? 어느 경우를 막론하고, 부모 가운데 한 사람이라도 한 아이만을 편애했기 때문에 질투에 불이 붙은 것이다.

　　카인은 하나님이 아벨의 재능만 아끼고, 자기 재능을 아껴주지 않자 동생을 죽였다. 에소는 어머니가 동생 야곱에게 특혜를 주어, 아버지의 축복을 받을 수 있도록 도와주었기 때문에 질투심을 품게 되었다. 요셉은 아버지의 총애를 독차지했기 때문에 형제들에게 질투의 대상이 되었다. 아버지는 요셉에게 화려한 외투를 입혀 주었고, 그가 의기양양해서 이를 자랑하고 다녀도 야단을 치지 않았다.

　　이렇게 질투하고 복수하는 줄거리가 들어 있는 『성서』 이야기는, 질투가 오랜 옛날부터 부모와 어린이들에게 중요한 문제였다는 것을 보여준다. 하지만 우리는 아이들의 마음속에 들어 있는 질투심을 최소화하는 방법을 배울 수가 있다.

1. 그다지 반갑지 않은 일 : 침범당했다는 느낌

부모들과 달리 아이들은 가족에게 질투심이 있다는 사실을 의심하지 않는다. 그들은 오래 전부터 질투의 의미와 그 효과를 알고 있었다. 부모가 사전에 아무리 철저하게 준비를 시켰어도, 새 아기가 태어나면 질투심부터 일고, 마음에 상처를 받게 되어 있다. 아무리 다정하게 설명을 해주어도, 떠오르는 샛별과 세인의 주목을 나누어 가지겠다고 마음의 준비를 하는 프리마돈나는 없는 법이다. 질투, 시기, 경쟁심이 생기게 마련이다. 그것들을 예상하지 못했거나, 그런 일이 벌어졌을 때 충격을 받았다면, 그것을 몰랐다는 얘기인데, 모른다고 약이 되지는 않는다.

둘째 아이의 탄생이 맏아이에게는 인생 최대의 위기가 된다. 생활 궤도가 급격하게 변하기 때문에, 제대로 방향을 잡고 항해하기 위해서 아이에게는 도움이 필요하다. 그저 감상에 빠지지 않고 아이에게 도움이 되기 위해서는, 아이의 진정한 마음을 알아야 한다.

맏이에게 동생이 태어난 것이 축하해야 할 사건이라고 말할 때는, 긴 설명이나 섣부른 기대는 하지 않는 것이 최선이다.

"엄마 아빠는 널 무척 사랑해. 우리가 너처럼 생긴 아기를 낳아서 무척 신기할 거야. 너도 새 아기를 사랑하게 될 거야. 늘 함께 놀 동생이 생겼잖아."

이런 식의 설명은 할 필요가 없다. 이런 설명은 정직하게 들리지도 않을 뿐더러, 아이에게는 설득력도 없다. 아이가 다음과 같이 내리는 결론이 훨씬 더 논리적이다.

"엄마 아빠가 날 정말 사랑한다면, 또 아기를 가지려고 하지 않았을 거야. 내가 착하게 굴지 않으니까, 나를 새 아기와 바꾸려고 하는 거야."

어느 날 남편이 와서 아내에게 이렇게 선언했다고 생각해 보자.

"여보, 난 당신을 정말 사랑해. 내가 우리하고 함께 살 여인을 데리고 오기로 결정해서 놀랐을 거야. 그녀가 당신이 집안일 하는 것을 도와줄 거야. 이제는 내가 일하는 동안 당신 혼자 쓸쓸하게 지내지 않아도 돼. 무엇보다도 내겐 두 여자에 대한 사랑이 넘칠 정도로 충분해."

그의 아내는 어떤 기분이었을까? 나는 그녀가 그런 소리를 듣고 황홀한 기분이었을 거라고 생각하지 않는다. 그녀는 왜 자기만으로 충분하지 않은지, 왜 남편이 자기가 다른 여자와 함께 남편을 공유하기를 바란다고 생각하는지 의아해할 것이다. 그녀는 당연히 질투심을 느낄 것이고, 남편이 자기를 사랑하지 않는다고 생각할 것이다.

부모나 연인의 사랑을 나누어 받으면 마음에 상처를 받는다. 아이의 경험으로 볼 때, 나눈다는 것은, 사과나 껌을 나눌 때처럼, 적게 받는다는 것을 의미한다. 부모를 나누어야 한다고 생각하면, 걱정이 될 수밖에 없다. 아이가 새 아기가 태어난 것을 기뻐해야 한다고 기대하는 것은 논리 밖의 문제이다. 임신 상태가 진행되면서, 의심이 좀더 확실해진다. 아직 태어나지도 않았는데, 아기가 이미 부모를 차지했다는 사실을 아이는 목격한다. 어머니에게 다가갈 수 있는 시간이 점점 줄어든다. 어머니는 몸이 불편하거나, 힘이 들어 침대에 누워 휴식을 취한다. 아이는 불안을 느끼지만 어머니의 무릎에 앉을 수조차 없다. 보이지는 않지만, 분명히 있기는 있는 침입자에게 무릎을 빼앗겼기 때문이다. 아버지는 점점 더 어머니에게 신경을 써야 하기 때문에, 아이와 함께 놀거나 다른 일을 할 시간이 없다.

2. 갓난아기 : 새로운 침입자

야단법석을 떨지 않고도 아이에게 새 아기의 탄생을 알릴 수 있다. 다음과 같이 말하는 것으로 충분하다.

"우리 가족에게 새 아기가 생길 거야."

아이들이 즉각 반응하지 않아도, 부모는 그들 마음속에 말하지 못할 의문이 있고, 표현하지 못하는 걱정거리가 많다는 걸 알 것이다. 다행스러운 것은, 우리가 부모로서 아이들이 이와 같은 위기의 순간을 극복할 수 있도록 도와줄 수 있는 좋은 위치에 있다는 사실이다. 그 어떤 것도 아이에게는 새로 태어난 아기가 마음의 안정에 위협이 된다는 사실을 바꿔놓을 수는 없다. 맏이에게는 새 아기의 탄생이 지금까지 누렸던 유일한 지위에 대한 위협이 되기도 한다. 부모의 사랑을 다른 누구와 나눈 경험이 없는 맏이에게는 그것이 특히 더 괴롭다. 부모의 눈에 비치는 유일한 사과였던 맏이에게, 새 아이가 나타나서 앞으로 더 이상 에덴 동산에 머물 수 없게 되었다고 통보하고 있는데, 행복할 이유가 없는 것이다.

이와 같은 위기가 주는 긴장이나 부담을 통해서 아이의 성격이 좋아지느냐, 나빠지느냐는 부모의 지혜와 솜씨에 달려 있다. 다음은 앞으로 태어날 형제에 대해 아이에게 현명하게 이야기해 주는 한 사례이다.

다섯 살 된 버지니아는 어머니가 아기를 가진 것을 알고는, 매우 기뻐했다. 남자 동생의 모습과 함께 햇살과 장미를 그림으로 그렸다. 어머니는 이처럼 한 면으로 치우친 아이의 생각에 맞장구치지 않았다. 대신 이렇게 말해 주었다.

"어떨 때는 동생이 있어 재미있기도 하겠지만, 어떨 때는 귀찮기도 할 거야. 때로는 아기가 울면, 성가시기도 할 거야. 자기 침대에 오줌을 싸고, 기저귀에 똥도 쌀 테고. 나는 아기를 씻기고, 젖을 먹이고, 보살펴주게 될 거야. 그럼 넌 따돌림받는다는 느낌이 들기도 할 거야. 질투심이 나기도 하고. 너 혼자 이런 말을 하기도 할 거야. '엄마는 이제 날 사랑하지 않아. 아기만 사랑해.'

그런 생각이 들면, 꼭 엄마한테 와서 말해. 그럼 내가 그 동안 주지 못했던 사랑을 줄 테니까. 그러니 걱정하지 마. 너도 엄마가 널 사랑한다는 걸 알게 될 거야."

어떤 부모들은 그렇게 말하는 것을 망설인다. 아이 머릿속에 위험한 생각을 넣어주는 것은 아닐까 하여 두려워한다. 그런 생각이 아이에게는 전혀 새로운 것이 아니다. 그러므로 이런 부모들은 안심해도 된다. 그렇게 말하면, 아이는 부모가 자기 마음을 이해해 준다고 생각한다. 그런 말은 아이에게 죄책감을 씻어주고, 친밀감이 생기게 해주며, 의사 소통을 도와준다. 새 아기가 태어나면 아이는 분노와 적대감을 느끼게 되어 있다. 아이가 말없이 시무룩하게 지내는 것보다, 걱정거리를 스스럼없이 털어놓을 수 있게 하는 것이 최선의 방법이다.

3. 질투의 표현 : 기분을 말로 표현하게 한다

세 살 된 조던은 3주 후면 새 아기가 태어난다는 소식에 불편한 마음을 드러냈다. 어느 날 조던은 눈물을 터뜨렸다. 어머니는 아들이 감정을 표현할 수 있도록 도와주었다.

조　던 : 난 집에 새 아기가 생기는 거 싫어. 엄마와 아빠가 아기하고 놀아주고, 아기를 사랑하는 것도 싫고.

어머니 : 새 아기 때문에 속이 상했구나. 아기가 생기는 것을 바라지 않아.

조　던 : 응. 그냥 엄마 아빠하고, 나만 살았으면 좋겠어.

어머니 : 새 아기 생각만 해도, 화가 나는구나.

조　던 : 응. 아기가 내 장난감을 전부 빼앗아 갈 거야.

어머니 : 걱정도 되고.

조　던 : 응.

어머니 : 엄마 아빠가 널 많이 사랑해 주지도 않고, 많이 놀아주
　　　　지도 않을 거라고 생각하는 거지?

조　던 : 응.

어머니 : 조던, 이걸 잊지 마. 넌 언제나 우리에게 단 하나뿐인
　　　　조던이야. 넌 우리에게 특별한 아이야. 너에게 느끼는
　　　　사랑을 어느 다른 사람에게서는 느끼지 못할 거야.

조　던 : 아기한테서도?

어머니 : 새 아기도 조던 너에 대한 사랑을 빼앗아 가지는 못해.
　　　　얘, 슬픈 마음이 들거나 화가 나면 언제든지 엄마에게
　　　　와서 말해. 널 특별히 사랑해 줄 테니까.

갓난아기가 태어나자, 조던은 아기를 누르고, 발을 잡아당기고, 거칠게 대하는 방법으로 적대감을 드러냈다. 어머니는 조던을 타일렀다.

"아기를 아프게 하는 거 아냐. 차라리 아기를 그림으로 그려서, 그 그림을 여러 조각으로 잘라. 하고 싶으면 그렇게 해."

질투심을 억누르면, 아이들은 이를 여러 가지 증상이나 못된 행동으로 위장하여 표현한다. 동생에게 적개심을 느끼는데, 그 감정을 드러내지 못하게 하면, 아이는 동생을, 이를테면 11층의 창문 밖으로 밀치는 꿈을 꿀 수도 있다. 꿈을 꾸던 아이는 너무나 놀란 나

머지 비명을 지르며 잠을 깬다. 그리고는 갓난아기의 침대로 달려가 아기가 여전히 그 곳에 있는지 확인한다. 동생이 무사한 것을 보고 안도의 기쁨을 감추지 못하는 아이를 보고, 부모는 그것을 사랑으로 오해할 수도 있다. 악몽은 아이들이 말로 표현하기 두려운 것을 그림으로 표현하는 방법이다. 아이들이 끔찍한 꿈보다는 말로 질투와 분노를 표현할 수 있게 하는 것이 더 좋다.

누이동생이 태어나자마자, 다섯 살 난 워렌이 갑자기 계속 발작을 일으키며 숨을 헐떡거렸다. 부모는 워렌이 누이동생을 매우 아껴준다고, 심지어는 "동생을 끔찍이 사랑한다."고 생각하고 있었다.(어쩌면 "끔찍이 사랑한 것이 아니라, 죽이고 싶을 정도로 미워했다."가 더 적절한 표현일 것이다.)

내과 의사는 워렌의 몸에서 천식을 유발하는 원인을 찾아낼 수가 없다고 하면서, 정신과 치료를 받아보게 했다. 정신과에 가면 질투와 분노를 헐떡거림이 아니라 말로 표현하는 법을 배울 수 있기 때문이었다. 어떤 아이들은 질투를 말이 아니라, 기침이나 피부에 나는 종기로 표현한다. 또 어떤 아이들은 침대에 오줌을 싸는 것으로 질투를 표현한다. 한 기관으로 표현해야 할 것을 다른 기관으로 대신 표현하는 것이다. 어떤 아이들은 폭력적인 행동을 한다. 적개심을 말로 표현하는 대신에 물건을 깨뜨린다. 또 어떤 아이들은 동생이나 누이가 못 견디게 미울 때는 자기 머리를 쥐어뜯거나 손톱으로 몸을 할퀸다. 어떤 아이들은 동생을 물어뜯고 때려주고 싶은 마음을 감추기 위해 자기 손톱을 물어뜯거나 자기 머리카락을 쥐어뜯는다. 이런 아이들에게는 모두 자기 감정을 증상이 아니라, 말로 표현하게 해야 한다. 부모들은 아이들이 감정을 드러내는 것을 도와줄 수 있는 가장 중요한 위치에 있다.

1) 여러 가지 형태로 나타나는 질투

신중을 기하기 위해서, 부모들은 자기 아이들 마음속에 질투가 자리잡고 있는 것을 당연하게 생각하는 것이 좋다. 물론 단련된 눈이 아니면 질투는 보이지 않는다. 질투는 다양한 얼굴을 가지고 있고, 여러 가지 가면을 쓰고 있다. 질투는 끝없는 경쟁심이나, 모든 경쟁을 회피하려는 태도로 모습을 드러낼 수 있다. 뻔뻔스러울 정도로 인기를 쫓거나, 파트너도 없이 다소곳하게 있는 모습으로도 나타난다. 그 어느 것에도 개의치 않는 관대함이나 냉혹한 탐욕도 질투의 또다른 얼굴이다. 어린 시절에 해소하지 못한 경쟁의 쓰라린 열매는 어른이 되어서도 생활 곳곳에 그 얼굴을 드러낸다.

길 위를 달리는 모든 자동차와 끝없는 속도 경쟁을 벌이는 사람의 이해할 수 없는 경쟁 심리에서 그것을 볼 수 있다. 점잖게 테니스 시합을 져주는 사람, 자기의 주장을 입증하는 일이라면 늘 생명과 재산을 걸 준비가 되어 있는 사람, 그 정도의 여유가 없으면서도 다른 사람보다 더 많이 기부를 해야 직성이 풀리는 사람의 심리에서도 발견할 수 있다.

모든 경쟁을 회피하는 사람, 싸움이 시작되기도 전에 패배감을 느끼는 사람, 늘 뒷자리를 차지할 준비가 되어 있는 사람, 정당한 권리를 위한 싸움에도 나서지 않는 사람에게서도 그걸 볼 수 있다. 그만큼 형제간의 질투는 대부분의 부모들이 알고 있는 것보다도 훨씬 더 많이 아이들의 삶에 영향을 끼치고 있다. 그것은 인격에 지울 수 없는 흔적을 남기고, 성격을 왜곡한다. 질투는 고통스런 삶의 주제가 될 수 있다.

2) 질투의 근원

질투는 부모의 사랑을 독차지하고 싶은 어린아이의 욕망에서 발생한다. 이런 욕망은 너무나 독점욕이 강해서 그 어떤 경쟁자도 용납하지 않는다. 동생들이 태어나면, 아이는 어머니 아버지의 사랑을 독차지하기 위해 동생들과 경쟁한다. 이런 경쟁은 질투에 대한 부모의 태도에 따라 겉으로 드러날 수도 있고 은폐될 수도 있다. 어떤 부모들은 형제간에 경쟁하는 것을 보면 크게 화를 내고, 조금이라도 그런 기미가 드러나면 벌을 준다.

어떤 부모들은 질투의 빌미를 주지 않겠다고 거의 곡예에 가까운 노력을 들인다. 그런 부모들은 아이들에게 모두 다 공평하게 사랑을 받고 있으니 질투할 까닭이 없다는 생각을 심어주려고 안간힘을 다한다. 선물, 칭찬, 노는 시간, 호의, 옷, 음식을 마치 무게를 달 듯 달아, 모든 아이들에게 공평하고 공정하게 나누어준다. 두 가지 방법 모두 시기심을 풀어주지 못한다. 벌과 상을 공평하게 나누어준다고 해서, 사랑을 독차지하려는 욕심을 가라앉힐 수는 없다. 이런 욕망은 충족시키는 것 자체가 불가능하기 때문에, 질투는 절대로 완벽하게 막을 수가 없는 것이다. 그러나 질투의 불꽃이 안전하게 꺼질 것인지, 위험하게 활활 타오를 것인지는 부모의 태도와 행동에 달려 있다.

3) 시기심 다루기

정상적인 조건에서는 나이와 성의 차이가 형제간에 질투심을 유발하는 원인이 된다. 형은 시기를 받는다. 동생들보다 특권을 더 많이 누리고, 재량권도 더 크기 때문이다. 갓난아기도 시기를 받는다. 부모에게 더 많은 보살핌을 받기 때문이다. 여자아이는 남자아이가 더 큰 자유를 누리는 것처럼 보여서 부러워한다. 남자아이는 여자아이가 특별한 관심을 받는 것처럼 보여서 부러워한다. 부모가 자신들의 필요 때문에 성의 차이에 따라 아이를 차별할 때는 위험이 발생한다.

애정과 선물을 듬뿍 받으며 부모에게 특별 취급을 받는 아이가 질투의 희생자가 되는 경우가 자주 있다. 어떤 부모들은 아들을 여러 명 낳고 나서, 기다리고 기다리던 끝에 태어난 딸을 노골적으로 편애했다. 또 딸의 오빠들에게 책임감을 가지고 여동생을 잘 돌봐주라고 강요했다. 아들들은 딸을 편애한 부모보다는, 특권을 누리는 여동생을 비난하며 괴롭혔다. 불행은 거기서 그치지 않았다. 해소되지 못한 질투심 때문에 오빠들은 어린 시절을 불행하게 보냈고, 어른이 되어서도 서로 사랑하는 형제 관계를 잃어버리고 말았다.

부모가 여섯 살 난 아이가 스스로 자기 일을 해결해 나가는 것보다 어린 갓난아기를 돌봐주는 일을 더 앞세울 때 또는 그 반대의 경우에도 질투가 심해질 수 있다. 부모가 한 아이의 성과 생김새, 지능, 음악적 소질이나 사회적 능력을 지나치게 추켜세울 때에도 질투가 심해진다. 타고난 뛰어난 재능 때문에 시기를 받을 수도 있다. 하지만 아이들 사이에 냉혹한 경쟁이 벌어지는 까닭은 부모가 그런 소질이나 재능을 지나치게 추켜세우기 때문이다.

나이에 차이를 두지 않고 아이들을 동등하게 취급해서는 안 된다. 오히려 나이에 따라 새로운 특권과 책임을 주어야 한다. 나이가 많은 아이에게는 당연히 더 많은 것을 허락해야 한다. 동생들보다 더 늦게 잠자리에 들어도 되고, 밖에 나가 친구들과 놀 수 있는 자유도 더 많아야 한다. 이런 특권을 공공연하고 너그럽게 허락하면, 다른 아이들도 그 나이가 되면 자기도 그런 특권을 누릴 것이라고 기대한다.

동생이 형이 가진 특권을 시기할 수도 있다. 부모는 아이가 이런 감정을 처리하는 데 도움을 줄 수 있다. 사실을 설명하기보다는 아이의 감정을 이해해 주면 된다.

"너도 늦게까지 놀고 싶을 거야."
"너도 나이가 더 많았으면 좋았을 텐데."
"네가 여섯 살이 아니라, 아홉 살이면 좋았을 거야."
"나도 알아. 넌 이제 자야 할 시간이야."

한 아이에게 다른 아이를 위해서 양보하라고 요구하여 부모가 자기도 모르게 아이의 질투심을 자극할 수도 있다.

"아기를 네 침대에서 좀 재우자."

"어떡하니, 올해는 스케이트를 사줄 수가 없겠어. 갓난아기 때문에 돈이 많이 필요하거든."

아이가 물건뿐만 아니라 사랑까지도 동생에게 빼앗겼다고 느끼게 하는 것은 위험하다. 그렇기 때문에 아이에게 그런 요구를 할 때는 애정과 칭찬으로 보상해 주어야 한다.

4. 동정의 표현 : 질투하는 마음을 감동시키기

아주 어린아이들은 질투심을 노골적으로 표현한다. 갓난아기들이 죽는지 죽지 않는지 물어보고, 죽으면 병원으로 돌려보내든지, 쓰레기 속에 버리든지 하라고 넌지시 알려준다. 더 모험적인 어린이들은 침입자를 몰아내는 군사 작전까지 감행할지도 모른다. 그런 아이들은 동생을 무자비하게 괴롭힌다. 기회가 있을 때마다, 보아뱀이 먹이를 감아 조이듯 동생을 내리누르고, 밀고, 쿡쿡 찌르거나 주먹으로 때린다. 극단적인 경우에는 질투하는 형제에게 돌이킬 수 없는 상처를 입기도 한다.

우리는 부모로서 동생을 괴롭히는 아이를 용서할 수가 없다. 육체적으로든, 아니면 말로든 동생들을 마구 못살게 구는 행위는 제지해야 한다. 괴롭히는 아이나 희생을 당하는 아이 모두에게 피해가 가기 때문이다. 두 아이 모두에게 부모의 설득과 보살핌이 필요하다. 다행스러운 점은, 동생의 육체적 안전을 보호해 준다는 이유로, 부모가 형의 감성적인 안전까지 해칠 필요는 없다는 것이다.

세 살 아이가 갓난아기를 괴롭히는 장면을 발견했을 때는, 즉시 말려야 한다. 그리고 아이가 그렇게 행동하게 된 동기를 엄마가 솔직하게 말로 표현해 주어야 한다.

"너 동생을 좋아하지 않는구나."
"너 동생에게 화났구나."
"얼마나 화가 나는지 엄마에게 보여줘. 엄마도 보게."

아이에게 커다란 인형이나 종이와 필기 도구를 건네주면 좋다. 아이는 인형을 꾸짖거나, 마구 줄을 그어대면서 분노를 표현할지도 모른다. 어떻게 하라고 말할 필요는 없다. 부모의 역할은 중립적인 눈으로 지켜보면서, 말로써 아이의 마음에 공감을 표현해 주면 된다. 아이의 감정이 잔인하다고 해서 충격받을 필요는 없다. 그런 감정은 정직한 것이며, 그런 공격은 신체적으로 아무런 해도 입히지 않는다. 직접적으로 생명이 있는 갓난아기를 향하거나, 간접적으로 자기 자신의 신체를 괴롭혀서 분노를 표출하기보다는, 무생물의 대상을 향해서 상징적으로 분노를 표출하게 하는 것이 더 좋은 방법이다. 그리고 그에 대한 부모의 언급은 간단해야 한다.

"얼마나 화가 났는지 잘 보여주었어."

"이제 엄마도 네가 얼마나 화가 났는지 알겠다."

"화낼 일이 있거든 엄마에게 와서 말해."

질투를 누그러뜨리는 데는, 이런 방법이 벌을 주거나 창피를 주는 것보다 훨씬 효과적이다. 이와 반대로 다음과 같은 경우는 오히려 문제 해결에 방해가 된다.

네 살 난 월터가 동생의 발을 잡고 잡아당기는 것을 본 어머니는 벌컥 화가 났다.

"아니, 너 무슨 짓을 하는 거야? 동생을 죽일 작정이니? 동생이 평생 다리를 못 쓰게 될 수도 있다는 거 몰라? 동생이 불구가 되길 바라니? 내가 몇 번이나 말했니? 아기를 침대 밖으로 끌어내지 말라고! 아기에게 손대지 마. 정말이야. 절대 손대지 마!"

어머니가 그렇게 대응하면 월터의 적개심만 커진다. 어떻게 했어야 좋았을까?

"아기를 괴롭히는 거 아냐. 여기 네 인형이 있으니까, 그걸 네 맘대로 끌고 다녀."

손위 아이들에게는 질투심과 직접 대면할 기회를 주어야 한다.

"네가 아기를 좋아하지 않는다는 것을 쉽게 알 수 있어."

"동생이 없었으면 좋겠지."

"너 혼자만 있었으면 좋겠지."

"엄마를 독차지하고 싶을 거야."

"너, 엄마가 동생하고 함께 있는 것을 보고 화가 났구나."

"엄마가 너하고만 있으면 좋겠지?"

"너무 화가 나서 동생을 때렸겠지. 나는 네가 동생을 때리는 것
을 절대로 허락할 수가 없어. 하지만 따돌림받는다는 생각이
들면 내게 와서 말해."

"네가 외롭다면 엄마가 더 오래 있을게. 그럼 혼자라는 생각은
다 없어질 거야."

5. 특별한 사랑 : 특별한 사랑은 있어도, 공평한 사랑은 없다

자주 보면, 모든 아이들에게 사랑을 절대적으로 공평하게 나누어
주고 싶어하는 부모들이 결국은 아이들 모두에게 화를 내고 만다.
무게를 달아서 공평하게 대하려고 하면 반드시 실패하게 되어 있
다. 어머니가 다른 아이들의 반대가 두려워 한 아이에게 더 큰 사과
를 주거나, 더 힘있게 안아주지 못한다면, 생활은 견딜 수 없을 정
도로 어려워진다. 감정이든 물질이든, 그 무게를 달아서 주려고 애
쓰다 보면, 힘도 들고 화도 날 수 있다. 아이들은 사랑을 똑같은 분
량으로 받고 싶은 것이 아니다. 아이들을 사랑할 때는 공평함이 아
니라, 특별함을 보여줄 필요가 있다. 공평한 사랑을 중시할 것이 아
니라, 사랑의 질을 중시해야 한다.

우리는 아이들을 모두 똑같은 방법으로 사랑해 주지 않는다. 또 똑같이 사랑하는 모습을 보여주려고 애쓸 필요도 없다. 우리는 아이에 따라 나름대로 특별하게 사랑한다. 그것을 감추려고 애써 노력하지 않아도 된다. 부모가 아이에 따라 사랑에 차이를 두지 않으려고 신경 쓸수록, 아이들은 혹시 사랑을 공평하지 않게 나눠주는 경우는 없나 하고 더욱더 경계하게 된다.

자진해서, 또 마지못해서, 부모들은 아이들이 걸핏하면 내세우는 "공정하지 못해."라는 주장에 대해 변명을 하게 된다.

아이들의 주장에 말려들어가면 안 된다. 어쩔 수 없는 상황이었다고 변명하거나, 본래 마음은 그게 아니었다고 주장하거나, 사실은 그렇지 않다고 반박할 필요도 없다. 상황을 설명하거나 부모의 처지를 변명하고 싶더라도 참아야 한다. 부모의 결정이 공정했느니, 그렇지 않았느니 하는 밑도 끝도 없는 말싸움에 끌려들어가지 말아야 한다. 무엇보다도 공평함을 기한다는 명목으로 부모의 사랑을 골고루 배급하거나 나눠주라는 강요에 밀리지 말아야 한다.

각 아이에게 균등한 사랑이나 똑같은 사랑을 주려고 하지 말고, 아이마다 그와 부모의 관계가 특별하다는 점을 각인시켜 주어야 한다. 어느 한 아이와 몇 분이나 몇 시간을 함께 지낼 때는, 온통 그 아이에게만 몰두해야 한다. 그 시간 동안에 아들은 자기가 부모의 유일한 자식이고, 딸은 자기가 유일한 자식이라는 기분을 느낄 수 있도록 해주어야 한다. 어느 한 아이를 데리고 외출할 때는, 다른 아이에게 신경을 쓰지 말아야 한다. 다른 아이들에 대해서는 이야기도 하지 말고, 선물도 사지 않는 것이 좋다. 그 순간만큼은 아이에게 기억에 남을 수 있도록, 부모가 모든 관심을 쏟아주어야 한다.

사랑을 독차지하고 싶다는 욕심을 부모가 인정해 주면, 아이는 안심하게 된다. 그런 욕심을 부모가 이해하고 동정해 주면, 아이는 위안을 얻는다. 각각의 아이가 지닌 특별함을 인정해 주면, 아이들은 용기를 얻는다.

6. 이혼과 재혼 : 질투의 또다른 무대

부모가 이혼한 아이들은 또다른 형태의 질투를 드러낸다. 자기를 돌봐주는 한쪽 부모에게서 극진한 사랑을 받은 아이들이 이런 질투를 경험한다. 침입자가 그와 같은 친밀한 관계를 위협하기 전까지는 매사가 순조롭다. 이런 경우 침입자란 바로 아이의 한쪽 부모에게 관심을 보이는 어른을 말한다.

한쪽 부모가 집을 나간 뒤에 아이가 불안감을 느끼는 것은 흔히 있는 일이다. 아이들은 이렇게 생각한다.

"아빠가 날 버릴 수 있다면, 엄마도 그럴 수 있을 거야."

그렇기 때문에 아이들은 자기들과 함께 남은 한쪽 부모를 지키려고 무척 애를 쓴다. 아이들은 그 부모가 다른 사람과 좋아하는 관계를 맺지 못하게 하려고 일거수일투족을 감시한다. 아이들은 한쪽 부모가 전화를 할 때 떼를 쓰거나, 데이트 상대가 찾아올 때, 못되게 굴거나 하여, 부모의 데이트를 방해한다. 심지어는 잠도 자지 않고 부모를 감시하려고 한다. 아이들이 가장 싫어하는 것은 낯선 사람과 함께 부모의 사랑을 나누어 받는 것이다.

이럴 때, 어머니나 아버지는 어떻게 해야 하는가?

부모는 아이들의 곤란한 처지를 이해하고, 고통스런 마음에 공감을 표현하고, 걱정이 있으면 말로 나타낼 수 있도록 용기를 주어야 한다. 다음과 같이 아이들의 감정을 대신 표현해 주면서 인정해야 한다.

"지금은 네게 어려운 시간이야. 그래서 네게 부탁하는 거야. 새롭게 다시 시작하자고 말이야. 먼저 아빠(또는 엄마) 없이 사는 데 익숙해져야 해. 우리끼리, 엄마(또는 아빠)하고만 살아야 해. 그리고 또 부탁이 있는데, 그러다가 네 부모가 아닌 낯선 사람과 살게 되더라도, 그걸 받아주었으면 해."

"엄마가 사랑에 빠져서 널 사랑하지 않으면 어쩌나 걱정이 될 거야."

"우리들 사이에 다른 사람이 끼어드는 것이 싫을 거야."

"내가 너를 버리고 이 사람과 함께 떠날까 봐 걱정하는 구나."

"다른 사람은 날 사랑할 필요가 없고, 너만 날 사랑하고 싶을 거야."

"이 낯선 사람과 함께 나를 나눠 가지고 싶지 않을 거야."

"그 사람은 떠나버리고, 우리끼리 예전처럼 살고 싶을 거야."

아이들의 불안을 누그러뜨리고, 부모가 새롭게 사랑하게 된 사람에게 적응하도록 도와줄 수 있는 것은 부모의 사랑뿐이다.

아이의 불안 : 아이의 마음 안정시키기

　　　　　부모들은 아이들이 저마다 두려움과 불안감을 가지고 있다는 것을 안다. 그런데 그런 불안감의 원인이 무엇인지는 모른다. 부모들은 걸핏하면 이렇게 묻는다.

"우리 아이는 왜 그처럼 무서움을 탈까?"

심지어 어떤 아버지는 불안해하는 아이에게 이런 말을 하기까지 했다.

"그런 쓸데없는 생각 그만둬. 네가 걱정할 게 뭐 있니?"

아이들이 불안해하는 몇 가지 원인을 기술하고, 그것을 극복할 수 있는 방법을 몇 가지 제시하는 것도 문제 해결에 도움이 될 수 있을 것이다.

1. 버림받음에 대한 불안 : 준비를 통한 안심

아이들이 가장 두려워하는 것은 부모에게 사랑을 받지 못하고 버림받는 것이다. 존 스타인벡은 『에덴의 동쪽』에서 이를 극적으로 서술하고 있다.

"사랑을 받지 못할 때 아이는 가장 커다란 두려움에 빠진다. 버림당하는 것을 지옥만큼이나 두려워한다. (……) 그리고 버림받은 아이에게는 분노가 찾아온다. 분노를 느낀 아이는 그 앙갚음으로 범죄에 빠진다. (……) 그토록 갈망하던 사랑을 거절당한 아이는 고양이를 걷어차고 나서, 그 죄책감을 몰래 감춘다. 또 어떤 아이는 돈으로 사랑을 받을 수 있을 것이라고 기대하며 도둑질을 한다. 또다른 아이는 세계를 짓밟는다. 그리고 항상 죄책감을 느끼며 앙갚음을 꿈꾼다. 그리고 더 많은 죄책감을 느낀다."

아이에게 버리겠다는 위협을 하면 절대 안 된다. 농담으로라도, 또 화가 나더라도 아이에게 버리겠다고 윽박지르는 일이 있어서는 안 된다. 거리나 슈퍼마켓에서 여기저기를 돌아다니는 아이에게 부모가 울화통이 터져서 이렇게 소리치는 소리를 가끔 들을 수 있다.

"너 당장 오지 않으면, 여기 버려두고 갈 거야."

그런 말을 들으며 아이의 뇌리에서는 부모에게 버림받을지도 모른다는 두려움이 늘 떠나지 않는다. 세상에 홀로 버려졌다는 상상의 불꽃이 활활 타오른다. 더 이상 가만두어서는 안 될 정도로 아이가 마구 돌아다니거든, 버리겠다고 위협하지 말고 손을 잡고 끌고 가는 것이 더 좋은 방법이다.

학교에서 돌아왔는데, 집에 부모나 보호자가 없을 때, 어떤 아이들은 두려움을 느낀다. 부모에게 버림받았다는 잠재되어 있던 걱정이 순간적으로 되살아나기 때문이다. 이미 말한 바와 같이, 이런 경우에는 게시판이나, 전자 우편, 또는 카세트 테이프를 이용하여 부모의 행방을 남겨두면 도움이 된다. 테이프에 담긴 메시지는 어린 아이들에게 특히 좋은 효과가 있다. 부모의 차분한 목소리와 다정한 말은 아이들이 어머니와 잠시 떨어져 있는 시간을, 크게 불안에 떨지 않고 견딜 수 있게 해준다.

살다 보면 어쩔 수 없이 어린아이들과 떨어져야 할 때가 있는데, 이런 때는 미리 준비를 해야 한다. 어떤 부모들은 수술이나, 휴가, 또는 직장 때문에 헤어져야 한다는 사실을 아이들에게 알려주는 것을 어려워한다. 아이들의 반응이 두려워 밤에 잠들었을 때나 학교에 가 있는 동안에, 친척이나 아이를 돌봐주는 사람에게 설명을 부탁하고 몰래 떠나기도 한다.

세 살 난 쌍둥이의 어머니가 수술을 받게 되었다. 집안의 분위기가 긴장되고, 근심에 차 있었다. 하지만 아이들은 아무것도 모르고 있었다. 입원하는 날 아침, 어머니는 시장 바구니를 들고 슈퍼마켓에 가는 체하고, 집을 나가서 병원에 입원했다. 그런 다음 3주일 동안 돌아오지 않았다.

아이들은 그 동안 풀이 죽어 있었다. 아버지가 아무리 설명을 해도 아이들에게는 위안이 되지 못했다. 매일 밤, 아이들은 울다가 잠이 들었다. 낮에는 많은 시간을 창가에 서서 초조하게 어머니를 기다리면서 보냈다.

사전에 이별의 경험을 준비해 둔 아이들은 그 중압감을 쉽게 이겨낸다. 실제로 도움이 될 수 있을 정도로 준비를 하려면, 보통 말로 설명하는 것보다 훨씬 더 많은 것이 필요하다. 아이만의 언어, 곧 아이의 마음에 호소하는 언어인 장난감과 놀이를 통해서 이야기를 나누어야 한다.

다른 예가 있다. 병원에 입원하기 2주일 전에, 어머니는 세 살 난 이베트에게 앞으로 있을 일에 대해서 말해 주었다. 딸이 별로 관심을 보이지 않는다고 해서, 어머니는 딸을 바보로 취급하지 않았다. 어머니는 '엄마 병원 가는 놀이'를 하자고 하면서 (이번 일을 위해 샀거나 아이의 도움을 얻어 만든) 인형들로 세트를 꾸몄다. 가족의 인형, 의사 그리고 간호사의 인형들이었다. 어머니는 각 인물에 해당하는 인형들을 조종하면서, 목소리로 연기를 했다.

"엄마는 건강을 회복하러 병원에 가야 해. 그래서 집을 비울 거야. 이베트는 궁금할 거야. 엄마 어디 있어? 엄마 어디 있어? 하지만 엄마는 집에 없어. 부엌에도 침실에도 거실에도 없을 거야. 엄마는 병원에 있으니까. 의사 선생님을 만나 병을 고치려고. 이베트가 우네.

'엄마가 보고 싶어, 엄마가 보고 싶어.'

하지만 엄마는 병원에 있어. 병을 고쳐야 하니까. 엄마는 이베트를 사랑해. 이베트를 보고 싶어해. 매일 이베트가 보고 싶어. 엄마는 이베트를 생각하면서 마음속으로 사랑해. 이베트도 엄마를 보고 싶어해. 그런 다음 엄마가 집에 와. 이베트는 어찌나 좋은지 엄마를 꼭 껴안아."

어머니와 딸은, 이처럼 헤어지고 만나는 장면을 연극으로 꾸며서 여러 번 되풀이하며 놀았다. 처음에는 어머니가 대사를 거의 다 맡았으나, 곧 이베트가 떠맡게 되었다. 적절한 인형들을 사용하여, 엄마를 잘 돌봐주고 치료해서 집에 보내주는 의사와 간호사의 대사를 해냈다.

어머니가 떠나기 전에, 이베트는 다시 연극놀이를 하자고 했다. 엄마를 대신해서 이베트가 대부분의 대사를 맡았고, 맨 마지막에는 엄마를 안심시키며 이렇게 말했다.

"엄마, 걱정하지 마. 엄마가 돌아올 때까지 여기 있을게."

떠나기 전에 어머니는 몇 가지 더 조치를 취했다. 이베트에게 새 보모를 소개하고, 화장대 위에 딸과 함께 찍은 커다란 사진을 세워 놓았다. 또 딸이 잠들기 전에 들을 수 있도록, 딸이 좋아하는 이야기 몇 편과 사랑한다는 메시지를 카세트 테이프에 녹음해 놓았다. 어쩔 수 없이 외롭게 지내지 않을 수 없겠지만, 어머니의 사진과 육성은 이베트에게 어머니의 사랑이 가까이에 있다는 것을 확신시켜 주었다.

2. 죄책감에서 오는 불안감 : 오래 지속되는 사소한 일

고의든 아니든 부모들은 아이들에게 죄책감을 불러일으킨다. 죄책감은 마치 소금처럼, 생활에 맛을 더해 주는 유익한 요소이다. 그러나 결코 죄책감이 생활을 지배해서는 안 된다. 아이가 사회적이고 도덕적인 행동의 규칙을 어겼다면, 비난을 받고 죄책감을 느끼는 것이 당연하다. 그런데 부정적인 감정이나 '심술궂은' 생각을 품지 말라고 요구하면, 아이는 당연히 훨씬 더 큰 죄책감과 불안감을 느낄 것이다.

아이들이 불필요한 죄책감을 갖지 않게 하려면, 어떻게 하는 것이 좋은가? 잘못을 저지른 아이들을 대할 때, 부모는 숙달된 정비공이 고장난 자동차를 다루듯 다루어야 한다. 정비공은 자동차 주인에게 창피를 주지 않는다. 어디를 어떻게 수리해야 하는지만 지적한다. 그는 소음이 들리고 덜컹덜컹거리고 삐걱거리는 소리가 난다고 해서 자동차를 탓하지 않는다. 오히려 그런 소리를 이용하여 자동차의 상태를 파악한다. 즉 자동차의 고장 원인이 무엇인지 따져본다.

하고 싶은 대로 마음껏 생각을 드러내고 나서도 부모의 사랑과 인정을 잃을 위험이 없다는 것을 마음속으로 알고 있는 아이들은 거기서 커다란 위안을 얻는다. 의견이 일치하지 않을 때는 다음과 같이 말하는 것이 좋다.

"너는 그렇게 생각하지만, 난 달라. 우리는 이 문제에 대해서 생각이 서로 달라."

"네게는 네 생각이 옳은 것 같지만, 내 의견은 달라. 네 견해를 존중하지만, 내 견해는 그게 아니야."

고의는 아니겠지만, 부모들은 장황한 소리를 늘어놓고 불필요한 설명을 하여 아이들에게 죄책감을 일으키는 경향이 있다. 미숙한 아이가 복잡한 상황에 처해 있을 때에도, 꼭 아이의 동의를 얻어서 일을 처리해야 한다고 믿는 부모들이 특히 그렇다.

다섯 살 된 자하리는 병이 나서 2주일 동안 나오지 않은 유아원 교사에게 화가 났다. 그 교사가 다시 출근하던 날, 자하리는 교사의 모자를 빼앗아 들고 운동장으로 도망쳤다. 어머니와 교사가 그를 쫓아갔다.

교　　사 : 그건 선생님 모자야. 이리 주렴!
어머니 : 자하리, 그 모자는 네 것이 아니잖아. 네가 그 모자를 가
　　　　져가서, 선생님이 또 감기가 들어 앓아누우시면 어떻게
　　　　하니? 선생님이 2주일 아팠던 걸 너도 잘 알잖아! 자하
　　　　리, 너 선생님이 또 아프기를 바라진 않겠지? 그렇지?

　이런 설명은 자하리로 하여금 교사의 병이 자기 때문이라고 느끼고, 죄책감을 느끼게 할 위험이 있다. 장황한 설명은 의미가 없으며, 해를 끼칠 수도 있다. 그 순간에 해야 할 일은 모자를 아이 손에서 빼앗는 것이다. 손에 든 모자 하나가 운동장에서 하는 열 마디 설명보다 더 효과적이다.
　아마도 나중에 교사는 자기가 결근한 일 때문에 화가 난 자하리와 이야기를 하면서, 아이를 달래줄 더 좋은 방법을 찾아낼 것이다.

3. 부모의 불신에서 오는 불안감 : 아이에게 필요한 여유

　책임지고 어떤 행동을 준비하고 있는데 못 하게 하면, 아이들은 마음속에서 반항심과 분노를 드러낸다. 어린아이들은 어떤 일을

능숙하게 해내려면 시간이 필요하다. 운동화 끈을 매고, 외투의 단추를 채우고, 병 뚜껑을 열고, 문고리를 돌릴 수 있기까지는 오랜 시간이 걸린다. 그때 아이들을 도와주는 가장 좋은 방법은 너그럽게 기다리면서, 일이 쉽지 않을 것이라고 가볍게 한 마디 해주는 것이다.

"점퍼 입는 게 쉬운 일이 아니야."

"저 병 뚜껑은 열기가 힘들어."

노력이 성공을 거두든, 실패하든, 이런 말은 아이에게 도움이 된다. 성공을 거두면, 아이는 어려운 일을 잘 해냈다는 것을 알고 만족감을 갖는다. 혹시 실패를 하더라도, 그 일이 어렵다는 사정을 부모들도 알고 있다는 것으로 위안을 삼는다. 어느 경우든 부모의 공감과 협조를 경험한 아이는, 부모에게 더욱더 친밀감을 느끼게 된다. 그 일을 해내지 못했다고 해서 아이는 자기가 무능하다는 생각을 하지 않는다. 중요한 것은 아이의 생활을, 어른들에게 필요한 효율을 기준으로 판단해서는 안 된다는 것이다. 효율은 유년기 아이들에게는 적이다.

아이들의 감성의 경제를 고려할 때, 효율에는 너무나 커다란 손실이 따른다. 효율은 아이의 자질을 고갈시키고, 성장을 방해하며, 관심을 억눌러, 결과적으로 아이를 감성적으로 완전히 파괴할 수도 있다. 아이들에게는 마음껏 실험하고, 힘껏 노력하고, 배울 수 있는 기회가 있어야 한다. 그런 아이들을 재촉하거나 무안을 주지 말아야 한다.

4. 가정 불화에서 오는 불안감 : 예의바른 야만적인 전쟁

부모가 싸우면 아이들은 불안감과 죄책감을 느낀다. 가정에 위험이 닥치기 때문에 불안하고, 실제로든 아니면 상상이든 부모의 불화가 자기들 때문이라고 생각해서 죄책감을 느낀다. 틀리든 맞든, 아이들은 자기들이 가정 불화의 원인이라고 생각한다.

아이들은 부모가 벌이는 싸움에서 중립을 지킬 수 없다. 아버지 아니면 어머니 편을 들게 마련이다. 그 결과는 아이들의 인성 발달을 저해한다. 부모끼리 싸우다 보면, 아이들의 애정을 차지하려고 경쟁하지 않을 수 없고, 환심을 사고, 아첨하고, 또 거짓말까지 할 때도 많기 때문이다. 아이들은 절반으로 나뉜 애정을 가지고, 또 사랑과 미움을 늘 동시에 가슴에 안고 성장한다. 더욱이 한쪽 부모로부터 다른 한쪽 부모를 보호하고, 또 한쪽 부모에게 맞서 다른 한쪽 부모를 돕기도 하는데, 이는 아이의 인격에 깊은 흔적을 남긴다. 아주 어린 시절부터 아이들은 자기들을 놓고 경매를 벌이는 두 경쟁자들 때문에 자신들의 가치가 부풀려진다는 것을 깨닫고, 자신의 값을 계속 높여 부른다. 사람 사이를 이간질하고, 이용하고, 음모를 꾸미고, 갈취하고, 염탐하고, 험담하는 것을 배운다. 또 성실함이 불이익이 되고, 정직함이 방해가 되는 세상에서 사는 법을 배우게 된다.

어머니와 아버지는 서로의 차이를 차분하게 이야기하여 처리할수도 있고, 또 그것을 해결할 시간을 따로 마련할 수도 있다. 아이가 어머니와 아버지에게 서로 극복해야 할 차이가 있다는 것을 알게 되는 것은 바람직하다. 하지만 부모가 서로를 공격하는 것을 아이가 목격하는 것은 도움이 되지 못한다.

부모가 이혼을 하고, 아이들이 계속되는 어머니 아버지의 싸움의 인질이 될 때, 이러한 상황은 더욱 악화된다. 아이들은 가끔 다른 한쪽 부모에 대해 염탐하라고 요구받고, 그쪽 부모에 대해 험담하라는 부추김을 당하고, 어느 쪽을 좋아하는지 말하라는 채근을 받기도 한다. 또 서로에게 불쾌한 소식을 전하는 심부름꾼 노릇을 하기도 한다. 그런 일이 벌어지는 상황에서 아이들의 생활은 절대 호전될 수 없다. 더러는 아이들이 어른의 역할을 떠맡아, 사랑을 약속하면서 양쪽 부모를 안심시키기도 한다.

부모를 이혼에 이르게 한 그칠 줄 모르던 불화를 더는 겪지 않게 되었어도, 이혼한 부모의 아이들에게는 생활이 여전히 복잡하다. 아이들에게는 양쪽 부모에게서 사랑을 받고 있다는 마음의 위안이 필요하다. 또 부모의 다툼에 아이들이 휩쓸려서는 안 된다. 부모가 이혼한 뒤에는 아이들에게도 단란한 가정을 잃어버린 것을 슬퍼하고, 새 현실에 적응할 시간이 필요하다.

5. 죽음에 대한 불안 : 베일에 싸인 불가사의

어른들에게 죽음의 비극은 그것을 피할 수 없다는 데 있다. 죽음은 최종적이고 영원한 것이어서 모든 희망에 마침표를 찍는다. 그렇기 때문에 누구나 죽음을 상상하지 못한다. 우리는 내 삶이 중단되고, 내 자신이 해체된다는 것을 상상하지 못한다. 인간의 자아는 기억과 희망, 과거와 미래로 이루어지며, 사람들은 미래가 없는 자신을 상상하지 못한다. 바로 이 지점에서 신앙이 우리에게 위안을 준다. 신앙은 사람들에게 미래를 준다. 그 덕에 사람들은 평화롭게 살다 죽을 수 있다.

어른들에게는 죽음이 수수께끼라면, 아이들에게는 신비한 베일에 싸인 불가사의이다. 어린아이들은 죽음이 영원하다는 것을 이해하지 못한다. 부모나 기도를 주관하는 사람조차도 죽음으로 이별한 사람을 다시 불러올 수 없다는 사실을 이해하지 못한다. 죽음 앞에서는 마술도 희망일 수 없다는 사실에 아이들은 타격을 받는다. 이는 소원하는 마음만으로 어떤 일에 영향을 미칠 수 있다는 힘에 대한 아이들의 믿음을 흔들고, 나약하고 불안한 마음을 심어준다. 눈물로 하소연하고 항의해도, 아이들이 확인할 수 있는 것은 좋아했던 애완 동물과 사랑했던 사람이 이제는 주위에 없다는 사실뿐이다. 그렇게 되면 아이들은 자기들이 버림을 받았다고 느끼며, 사랑을 받지 못한다고 생각한다. 그런 두려움은 가끔 부모들에게 던지는 다음과 같은 질문에 나타나 있다.

"엄마, 죽은 뒤에도 여전히 나를 사랑할 거야?"

어떤 부모들은 사랑하는 대상을 잃었을 때 겪는 고통과 슬픔을 아이들이 겪지 않게 해주려고 애쓴다. 금붕어나 거북이 죽으면, 얼른 새 금붕어와 거북으로 대체해 주면서, 아이들이 그 차이를 알아차리지 못했으면 하고 바란다. 고양이나 강아지가 죽으면, 서둘러 지금까지 기르던 것보다도 더 예쁘고 값비싼 종을 사서 슬퍼하는 아이에게 건넨다. 이렇게 사랑하는 대상을 갑작스레 잃고 난 뒤에 곧바로 그 대용물을 얻었을 때, 아이들은 어떤 교훈을 얻게 될까? 사랑하는 대상을 잃는 것은 그다지 큰 일이 아니며, 사랑은 쉽게 대체될 수 있고, 섬기는 마음도 쉽사리 다른 대상으로 이동할 수 있다는 결론을 내리게 될 수 있다.

아이들(그리고 어른들)에게서 가슴 아파하고 슬퍼할 권리를 빼앗아서는 안 된다. 사랑하는 대상을 잃었을 때, 아이들은 마음껏 슬픔을 느껴야 한다. 삶과 사랑의 종말을 보고 슬퍼할 수 있을 때, 아이들의 인간성이 깊어지고, 인격도 고상해진다. 어느 일에든 전제로 해두어야 할 점이 있다. 가족 생활을 하는 가운데 불가피하게 발생하는 기쁨과 슬픔에 아이들이 참여하는 것을 막지 말아야 한다는 것이다. 어떤 존재가 생명을 마감했는데, 무슨 일이 있었는지 말해주지 않으면, 아이들은 이름 없는 불안감에 휩싸일지 모른다. 아니면 자기가 모르는 여백을 두렵고 혼란스런 설명으로 채우려 할지도 모른다. 그 죽음을 자기 탓으로 돌리며, 죽은 대상뿐만 아니라 살아 있는 존재와도 헤어졌다는 느낌을 받을 수도 있다.

아이들이 좋아했던 사람이나 동물의 죽음을 마주 대할 수 있도록 도와주는 첫째 단계는, 그들이 두려움과 공상, 감정을 있는 그대로 표현하게 해주는 것이다. 보살펴주는 사람이 자기 말에 귀를 기울이며 애절한 감정을 함께 나누어줄 때, 아이는 거기서 위로와 위안을 얻는다. 부모들이 아이가 보통 느낄 수 있는 몇 가지 감정을 말로 표현하는 것도 괜찮다. 하지만 그것을 표현하는 일이 그리 쉽지는 않다. 일례를 들면, 아이가 좋아했던 할머니가 돌아가셨을 때, 어머니가 이렇게 말해 주는 것도 좋다.

"할머니가 그립겠구나."
"할머니가 무척 보고 싶겠구나."
"넌 할머니를 퍽 좋아했는데. 할머니도 널 무척 사랑하셨고."
"할머니가 우리와 함께 살고 있다면 좋을 텐데."
"할머니가 살아계셨으면 좋았을 텐데."
"할머니가 돌아가시다니 믿어지지가 않아."
"할머니가 이제는 우리와 함께 살지 않는다니 실감이 나질 않아."
"네겐 할머니가 좋은 기억으로 남아 있을 거야."
"할머니가 다시 살아오실 수 있다면 얼마나 좋을까."

이런 말을 들으면 아이들은 부모가 자기들의 마음과 생각에 관심을 갖고 있다고 느낀다. 그래서 마음속의 두려움과 상상을 이야기해도 되겠다는 용기를 얻는다. 아이들은 죽으면 아픈지, 죽은 사람이 언젠가는 다시 돌아오는지, 자기들과 부모도 언젠가는 죽는 것인지에 대해서 알고 싶어한다. 이때는 간결하게, 사실대로 대답해 주어야 한다. 사람이 죽으면, 몸은 아무런 고통도 느끼지 않으며,

죽은 사람은 다시는 돌아오지 않고, 사람은 누구나 언젠가는 죽는 다고 말해 주어야 한다.

아이에게 죽음에 대해 말할 때는, 완곡한 표현을 피하는 것이 가장 좋다. 네 살 된 여자아이에게 할아버지는 영원히 주무시기 위해 가셨다고 했다. 그랬더니 아이는 할아버지가 잠옷을 입고 주무시느냐고 물었다. 또 할아버지가 주무시기 전에 인사를 드리지 않았는데, 할머니가 그걸 알면 화를 내실 거라면서 걱정했다. 할머니는 하늘나라에 가서서 천사가 되었다고 하자, 어떤 다섯 살 난 남자아이는 남아 있는 가족도 죽어서 천사가 되게 해달라고 기도했다.

아이에게 사실을 간단하고 정직하게 말해 주면서, 사랑 담긴 표정으로 따뜻하게 껴안아주면 아이는 위안을 얻는다. 부모 자신이 삶과 죽음이라는 현실을 받아들였을 때, 이런 방법이 효과가 있다. 중요한 일이 닥쳤을 때는 늘 태도가 말보다 더 효과가 있는 법이다.

아이들은 거저 크지 않는다. 항상 의심과 죄책감, 특히 불안감과 같은 혼란스런 생각과 감정들을 겪으며 성장한다. 아이들은 부모에게 버림받을까 봐 두려워한다. 부부 싸움에서 고통을 받고, 죽고 또 죽어가는 것을 보면서 근심에 빠지고 혼란스러워한다. 부모가 아이들의 불안감을 모두 다 해소시켜 줄 수는 없지만, 좀더 잘 극복할 수 있도록 도와줄 수는 있다. 아이들이 걱정하는 것을 마음으로 이해해 주고, 혼란스럽고 두려운 사건에 대해서 마음의 준비를 시켜 주면 된다.

성과 인간 : 예민하고도 중요한 주제

많은 부모들은 자녀들의 성적 행동에 대해서 알고 싶어하지 않는다. 또 청소년들은 자기 사생활을 부모들에게 이야기하는 데 시큰둥한 태도를 보인다. 부모가 찬성해 주지 않을 거라고 생각할 때는 특히 더 그렇다. 부모 모임에 나오는 한 어머니가 이런 말을 한 적이 있다.

"젊었을 때는 부모님의 도덕적 판단에서 벗어나고 싶었어요. 죄책감이나 양심의 가책을 느끼지 않고 사랑을 나누었어요. 그런데 내 딸이 십대가 된 지금, 머리로는 그 아이가 성행위를 할 것이라는 생각을 받아들일 수 있어요. 그런데 그 사실에 대해서 알고 싶지는 않아요. 딸이 성에 대해서 내게 상담을 구하거나, 자기의 섹스에 대해서 나에게 말하지 않았으면 좋겠어요."

실제로 자기 아이들이 성적 존재라는 생각을 감당할 수 없을 때, 부모들은 오히려 아이들의 성적인 행동에 대해서 둔감하다.

미네소타 대학 청소년 건강 발달 연구소의 한 연구진은 2000년 9월에 한 보고서를 발표했다. 그 보고서에 따르면 성적으로 적극적인 십대 아이를 둔 어머니들의 절반이 자기 아이들이 여전히 성경험이 없다고 잘못 알고 있다고 했다. 소장인 로버트 블룸 박사는 왜 그렇게 많은 어머니들(아버지가 아니다. 설문에 응답한 아버지들이 거의 없었기 때문이다.)이 자기 아이들이 성행위를 한다는 사실을 모르고 있는지에 대해서는 연구하지 않았다고 했다.

부모와 아이들, 특히 십대 아이들이 효과적으로 의사 소통을 하려면, 서로 믿고 염려하는 관계가 성립되어 있어야 한다. 자기들의 생각에 귀를 기울여주고, 하고 싶은 이야기를 듣고 야단치거나, 비난하거나, 거절하지 않으면, 청소년들은 부모들에게 쉽게 다가갈 수 있을 것 같다고 느낀다. 그래야 그들은 성에 대한 두려움을 놓고 부모와 의논하려고 한다.

열세 살 된 셀마는 이렇게 말한다.

"우리 엄마한테는 성에 대해서 물어볼 수가 없어요. 만일 물어봤다가는, 엄마는 왜 내가 그런 질문을 하는지 궁금해하기 시작해요. '너 뭘 알고 싶은 건데?' 하고 되물어요."

열두 살 된 줄리엣은 이렇게 말한다.

"우리 엄마는 성에 대해 몰라야 순결이 보장된다고 믿고 있어요. 내가 성에 대해서 뭘 묻기라도 하면 미친 듯이 화를 내요.

'나이가 들면 필요한 것은 다 배우게 돼.'

이게 엄마가 보통 하는 대답이에요."

아들의 성관계에 대해서 만족스러워하면서, 심지어는 격려하는 부모들(대개는 십대 소년들의 부모들이다.)이 있다. 그에 비해서 아이들의 성경험에 대해서 이야기를 듣고 싶어하지 않는 부모들도 있다. 아이에게 죄책감을 안겨주지 않으면서도, 다른 한편으로 혼전 성관계를 인정하지는 않는다는 뜻을 전해 줄 수 있는 대응 방법을 모르기 때문이다.

다음 이야기를 보면, 찰스의 아버지는, 처음에는 충격을 받았지만, 이와 같은 딜레마를 피해 나갔다. 열일곱 살 된 찰스가 기숙 학교에서 3학년을 마치고 집에 왔다.

찰　스 : 정말 멋있는 여자 친구를 사귀었어요.

아버지 : 그래.

찰　스 : 정말 그 애를 좋아해요. 내일 만나기로 했어요.

아버지 : 데이트를 하는구나.

찰　스 : 지난 주에 학교에서 그 애를 만났어요. 전에 래리랑 만
　　　　 났는데, 알고 봤더니 나를 좋아했어요. 마음으로 좋아
　　　　 하기 전에 그 애랑 같이 잤어요. 하지만 지금은 그 애를
　　　　 알게 되었고, 무척 좋아해요.

아버지 : (듣고 싶었던 것보다 더 많은 이야기를 쏟아내는 데 어이
　　　　 없어하며) 응, 그러니까 진심으로 좋아하는 여자아이를
　　　　 만났다는 말이지? 놀라운 소식이구나.

찰　스 : 지난 주 내내 함께 지냈어요. 지금은 그 애를 정말 좋아
　　　　 해요. 보고 싶어 견딜 수가 없을 지경이에요.

아버지 : 듣고 보니 지난 주에 정말 행복했던 모양이구나. 올해
　　　　 는 새로운 경험을 많이 한 것 같구나.

찰　스 : 예. 아빠는 믿지 않을지도 모르겠지만, 음악 수업에서
　　　　 정말 많은 것을 배웠어요. 내가 다른 사람이 된 것 같아
　　　　 요. 집을 떠나서 학교에 다닌 덕분에 철이 들었다고 생
　　　　 각해요.

찰스의 아버지는 훈계하거나 설교하지 않았다. 그랬더라면 아들
은 죄책감을 느꼈거나, 앞으로 아버지에게 속마음을 털어놓으려고

하지 않았을 것이다. 아버지는 애인이 새로 생겨서 즐거워하는 아들의 마음에 대화의 초점을 맞추었다. 그 과정에서 아들이 스스로 철이 들었다고 생각하도록 대화를 유도했다.

그런데 어떤 부모들은, 특히 혼전 성경험을 죄악으로 여기는 신앙을 가진 부모들은 생각이 다르다. 그들은 순수한 성적 관심을 가지기만 해도 아이들에게 죄책감을 느끼게 해야 가치 교육에 효과가 있다고 믿는다.

열세 살 된 사만다는 어머니가 성적인 것에 대해서 어떤 생각을 갖고 있는지 잘 알고 있었다. 친구들이 함께 즐길 중학교 졸업 파티를 열고 싶었던 사만다는 어머니의 허락을 받아낼 궁리를 하는 중이었다.

사만다 : 졸업 파티 열어도 돼요?

어머니 : 원하면 해.

사만다 : 그런 파티에서 아이들이 뭘 하는지 알아? 키스 게임 할 거야.

어머니 : 오, 그래.

사만다 : 우리 파티에서도 그걸 할지 모르는데, 해도 돼요? 나와 내 파트너가 그걸 하게 될지 모르겠어. 내 차례가 오면 안 하려고 할 거야. 하지만 하게 될지도 몰라. 허락할 거야?

어머니 : 한 번 생각해 봐야겠구나.

사만다 : 『성서』에서 섹스를 허락한다는 거 알아?

어머니 : 누구에게 허락하는데?

사만다 : 남편과 아내에게 허락하는 거지?

어머니 : 물론이지. 결혼한 사람들에게 허락하는 거야.

사만다 : 파티는 어때. 허락할 거야?

어머니 : 넌 어떻게 생각하는데?

사만다 : 엄마가 반대할 거라고 생각해. 내 생각이 맞아?

어머니 : 그래, 네 말이 맞아.

사만다 : 왜, 이유가 뭐야? 그걸 알고 싶어.

어머니 : 네 나이 또래의 남자와 여자아이들은 아직은 어려. 키
스와 사랑은 결혼한 어른들이 하는 거야.

사만다 : (투덜거리며) 엄마가 그렇게 말할 줄 알았어.

사만다의 어머니는 성에 대해서 점점 더 관심을 갖게 될 딸의 마음을 편안하게 해줄 수 있는 참으로 좋은 기회를 놓치고 말았다. 꼬치꼬치 캐묻는 딸에게 이렇게 말해 줄 수도 있었을 것이다.

"네가 낭만적인 관계에 관심이 있다는 거 알아. 하지만 이런 놀이가 네 나이의 아이들에게 적합하다고는 생각하지 않아. 너와 네 친구들이 즐기고 놀 다른 놀이를 생각해 보는 게 좋겠어."

그런데 사만다의 어머니는 그렇지 않아도 죄책감에 시달리는 딸에게 죄책감만 더 얹어주었다.

1. 부모들의 성적 욕구

성교육은 자기 자신의 성적 욕구에 대한 부모의 태도에서 출발한다. 부모들은 자기 몸을 바라보고, 냄새 맡고, 감촉을 느끼는 것을 좋아하는가? 자기 몸에 보기 흉한 곳이 있다고 생각하는가? 각자 서로의 벌거벗은 몸을 보며 감탄하는가? 아니면 부끄러워하며 몸을 옷으로 감싸는가? 자기 자신이나 상대방의 성에 대하여 특별한 혐오감을 갖고 있는가? 아니면 그것을 높이 평가하는가? 상대방을 남을 배려할 줄 모르고 이용하려는 사람으로 생각하는가, 아니면 함께 즐거움을 나누는 데 솔선하는 흥미로운 사람으로 바라보는가?

부모들이 아무리 감정들을 말로 표현하지 않는다 해도, 아이들에게는 그것이 전해지게 되어 있다. 말로 얼버무려 그것을 감추려고 해도 마찬가지이다. 그렇기 때문에, 부모들에게 아이들이 성에 대해 질문하면, 어떻게 대답해 주라고 정확하게 말해 주기가 어렵다. 성에 대해서 질문을 받을 때, 먼저 부모들 자신이 당황한다는 것은 인정할 수밖에 없다. 하지만 부모의 걱정과 당혹감을 누그러뜨릴 필요도 있다.

2. 성적 감정의 시초

갓난아기들도 태어나면서부터 몸의 쾌감을 느끼게 되어 있다. 그리고 성에 대한 태도도 태어나면서부터 계속 형성되는 과정에 있다. 육체적으로 능력이 생기면, 갓난아기들은 곧바로 자기 몸을 탐색하기 시작한다. 자기 팔다리를 만진다. 누가 만져주고, 간질이고, 껴안고 귀여워해 주면 좋아한다.

이와 같이 갓난아이 때, 몸을 만지고 쓰다듬어 주는 것이 아이들에게는 성교육의 일부가 된다. 그런 것을 통해서 아기는 자기가 사랑받고 있다는 것을 느끼게 된다.

응석받이로 만들지 않으려면, 갓난아기를 껴안지도 놀아주지도 말라고 어머니들에게 당부하던 시절도 있었다. 그래도 이런 지침을 따르는 부모들은 없었다. 갓난아기를 껴안고 귀여워하고, 팔에 안아주고 싶어하는 부모 자신의 마음과 필요가 그 어떤 규칙보다도 강했기 때문이었다. 지금 우리는 갓난아기의 몸을, 될 수 있으면 많이, 부드럽게 만져주고 껴안아 줄수록 좋으며, 또 어머니, 아버지가 그렇게 해주어야 한다는 사실을 알고 있다. 그것은 부모와 갓난아기 모두에게 행복한 경험이 되고, 서로에게 특별한 유대감을 안겨준다.

아이들이 입을 통해서도 즐거움을 느낄 수 있다는 것을 알아채면, 엄지손가락, 담요, 장난감 등 움직일 수 있는 것은 무엇이든 입으로 가져간다. 입에 넣어서는 안 되는 물건이라도, 빨고, 씹고, 물어뜯으며 쾌감을 느낀다. 그와 같이 입으로 느낄 수 있는 즐거움을 무조건 막으려고 하지 말고, 통제하기만 하면 된다. 아기 입 속으로 들어가는 것이 위생상 문제가 없는 것인지, 좋지 않은 것인지 살펴야 한다는 말이다.

어떤 갓난아기들은 먹는 것만으로 입을 통해서 얻을 수 있는 즐거움을 다 만끽한다. 어떤 아기들에게는 먹는 것 이외에, 빠는 것이 필요한 경우도 있다. 이럴 때는 반드시 빨게 해주어야 한다. 생후 1년 동안은 입이 아이에게 세계를 비춰주는 중요한 거울 역할을 한다. 그 거울이 비춰주는 것이 즐거운 것이 될 수 있게 해야 한다.

3. 성과 대소변가리기

생후 2년 동안에 아이들은 배설의 즐거움에 좀더 집중하게 된다. 아이들은 변을 쳐다보고, 냄새를 맡고, 만져도 더럽다고 생각하지 않는다. 아이들에게 문명화된 용변 습관을 길러줄 때, 부모들이 특별히 주의해야 할 점이 있다. 아이들에게 자기 몸과 그 몸에서 배설된 것에 대해서 혐오감을 갖게 만들어서는 안 된다. 자기 용변을 부모가 얼굴을 찡그리며 서둘러 치우면, 아이들은 자기 몸과 그 몸의 기능을 즐겨야 할 대상이 아니라, 반갑지 않은 대상으로 여길지도 모른다.

성급하게 용변 훈련을 시키려고 들면 반드시 실패한다. 보통 아이는 두 살 반에서 세 살 정도가 되면 낮에 용변을 가릴 준비가 된다. 밤에 용변을 가리는 것은 세 살과 네 살 사이가 되면 가능하다. 물론 실수도 한다는 것을 예상하고, 그때는 너그럽게 받아주는 것이 좋다.

"이번에는 화장실에 가기 전에 실례를 했구나. 탑쌓기 놀이를 하느라 너무 바빴나 봐. 엄마가 씻는 것을 도와줄게."

용변 훈련을 충분히 시키지 않을 경우에도, 나중에 용변을 제대로 가리지 못한다. 훈련이 부족한 아이에게 용변을 전적으로 맡겨 놓으면, 오랫동안 용변을 가리지 못할지도 모른다. 어떤 아이들은 그것을 즐겁게 생각할지도 모른다. 하지만 그러는 동안에 용변을 가릴 수 있음으로써 얻는 만족감을 누리지는 못한다. 아이가 용변을 가릴 준비가 되면, 부모가 기대하는 것을 분명하고 다정하게 말해 주어야 한다.

"이제 넌 갓난아기가 아니야. 다 컸어. 화장실에 가고 싶을 때는 엄마 아빠에게 말해 주면 좋겠어. 그러면 널 데려다 줄게."

4. 성에 관한 난처한 질문

성교육은 두 부분으로 이루어진다. 정보와 가치가 그것이다. 정보는 학교나, 교회 또는 집에서 얻을 수 있다. 하지만 가치는 집에서 배우는 것이 가장 좋다. 아이들은 부모들이 서로를 대하는 모습을 관찰하면서, 성적 관계와 사랑하는 관계에 대해서 배운다. 부모들이 입을 맞추고, 포옹하거나 가벼운 성적 접촉을 하는 것이, 아이들에게는 성과 사랑에 대한 의문의 많은 것을 풀어주는 대답이 된다. 그것은 또한 아이들에게 친밀하고 사랑하는 감정에 대해 솔직하게 행동할 수 있는 용기를 준다.

성교육을 할 때, 부모들은 너무나 많은 것을 한꺼번에 주고 싶어 하는 유혹을 물리쳐야 한다. 아이들이 성에 대해서 질문할 때, 솔직하게 답변해서 안 될 이유는 없다. 그렇다고 산부인과 수업하듯 대답할 필요도 없다. 대답은 간단하게, 한두 문장으로 끝내면 된다. 여러 문단 또는 여러 장에 걸친 장황한 대답은 필요 없다.

아이가 질문을 할 때가, 시기상으로 성문제에 대해서 알려주기 가장 좋을 때이다. 두 살이나 세 살 된 남자아이가 성기를 가리키며 "이게 뭐야?"라고 궁금해할 때가 바로, "응, 그건 네 자지야."라고 말해 줄 적절한 순간이라는 것이다. 아이가 성기를 가리키며 잠지라느니, 고추라느니 부르더라도, 어른은 반드시 올바른 이름으로 불러주어야 한다.

아이가 아기는 어디서 나오느냐고 궁금해할 때, 병원에서 왔다거나, 황새가 데려다주었다고 말할 필요 없다. "아기는 엄마 몸에 있는 어떤 장소에서 자라는 거야." 하고 말해 주면 된다. 아이가 계속 질문을 던지면, 그곳이 자궁이라고 말해 줄 필요가 있지만, 더 이상 질문이 없으면 굳이 이름을 말해 줄 필요는 없다.

일반적으로 말하면, 갓난아기 시절부터 아이들은 몸의 여러 기관들의 기능과 남성과 여성의 해부학적인 차이를 배워야 한다. 식물과 동물들의 성의 차이에 대해서까지 배울 필요는 없다.

거의 모든 유치원 아이들이 궁금하게 여기는 문제는 두 가지이다. 아기는 어떻게 생기는가 하는 것이 그 하나이고, 아기는 어떻게 태어나느냐가 다른 하나이다. 대답을 하기 전에 아이들이 거기에 대해 어떻게 생각하는지 먼저 들어보는 것도 현명한 방법이다. 아이들은 보통 음식과 배설을 이용해서 대답한다. 어떤 영리한 아이는 이렇게 설명했다.

"착한 아이는 좋은 음식에서 생겨서, 엄마 뱃속에서 자라다가 배꼽으로 나와. 나쁜 아이는 나쁜 음식에서 생겨서 똥구멍으로 나오는 거야."

부모는 사실에 맞게 설명해야 하지만, 다음과 같이 육체 관계의 모든 것을 상세하게 말해 줄 필요는 없다.

"엄마 아빠가 아기를 갖고 싶을 때, 많은 정자가 들어 있는 정액이라는 액체가 아빠 몸에서 나와 엄마 몸 속에 있는 난자와 만나는 거야. 두 세포가 만나면 아기가 자라기 시작해. 다 자란 아기는 엄마의 질을 통해서 나오는 거야."

이따금 자기가 나온 곳을 보여달라고 요구하는 아이도 있다. 이런 요구는 부모의 비밀을 침해하는 것이므로 들어주지 않는 것이 좋다. 그 대신 사람의 몸을 그리거나, 인형을 가지고 설명하거나, 그림이 들어 있는 책을 가지고 보여줄 수도 있다.

아이는 부모의 대답을 듣고도 금방 궁금증을 느낄 수 있다. 그러면 똑같은 질문을 되풀이하거나, 또다른 질문을 들고 올지도 모른다. 부모가 난감해하는 질문을 할 수도 있다.

"아빠의 정자가 어떻게 엄마의 난자 속으로 들어가는 거야?"

그때는 다시 아이가 그 문제에 대해서 어떤 생각을 가지고 있는지 물어보는 것이 좋다. 어쩌면 '씨앗 이식'("아빠가 엄마 뱃속에 씨앗을 심었어."), '씨앗 먹기'("아빠가 엄마에게 과일 씨앗을 삼키라고 했어."), 수분("씨앗이 바람에 날아와 엄마 몸 안으로 들어갔어."), 수술("의사가 수술을 해서 씨앗을 엄마에게 심어주었어.") 이론에 대한 이야기들을 들을 수 있을 것이다.

그런 다음 간단하게 아이의 질문에 대답한다.

"정액은 아빠의 성기에서 나와서, 엄마의 질 속으로 들어가는 거야."

이때가 정액이 오줌과는 다르다는 점을 강조할 수 있는 좋은 때가 될 수도 있다.

"오줌은 몸에서 나오는 찌꺼기지만, 정액은 정자를 운반하는 액체야."

그런 다음에는 이런 질문이 튀어나올지도 모른다.

"엄마와 아빠는 언제 아기를 만들어?"

어떻게 들릴지 몰라도, 이것은 괜히 해보는 쓸데없는 질문이 아니다. 간단하게 대답해 주는 것으로 충분하다.

"엄마 아빠가 아늑하게 단 둘이 있을 수 있는 시간을 정하는 거야. 그런 다음 사랑해 줄 아이가 생기기를 바라면서 서로 사랑을 나눠."

함께 지낸다거나 짝을 이룬다는 것은 개인적이고 사사로운 일이라는 설명을 덧붙여줄 필요도 있다.

어떤 남자아이들은 아빠들도 아기를 가질 수 있었으면 하고 바란다. 그들은 묻는다.

"왜 엄마의 난자가 아빠 몸 속으로 들어가지는 않는 거야?"

이 질문에는 여자의 몸에만 아기가 자랄 수 있는 장소, 곧 자궁이 있고, 남자의 몸에는 그런 곳이 없다고 설명해 준다. 아이는 당연히 또 "왜?"라고 물을 것이다. 그러면 간단하게 남자와 여자의 몸은 서로 다르게 만들어졌다고 대답해 준다. 남자아이에게는, 아기에게는 사랑해 주고 보호해 줄 아버지도 필요하다는 점을 확실하게 심어주는 것이 바람직하다.

마지막으로 부모들이 기억해 두어야 할 점이 있다. 아이들과 성에 대해 이야기를 나누다 보면 대개는 마음이 무척 거북하고, 매우 긴장이 되기도 한다. 그래도 유머 감각을 잃지 말아야 그런 상황을 잘 넘기는 데 도움이 된다. 어떤 어머니가 다음과 같이 재미있는 이야기를 자세하게 해주었다.

"두 살 반 된 아들 폴이 내게 자지가 있느냐고 물었어요. 없다고 했죠. 그랬더니 그럼 그 대신 뭐가 있느냐고 묻는 거예요. 그래서 엄마들에게는 특별한 곳이 있다고 했어요. 폴이 그걸 뭐라고 부르냐고 묻더군요. 그 말을 다 알아듣기에는 아이의 나이가 아직은 너무 어리다고 생각했기 때문에, 그 이름을 말해 주었어요. 몇 주가 지나고 난 어느 날, 유모차에 태운 폴을 우리 건물의 복잡한 승강기 안으로 밀어 넣고 있었어요. 어떤 아주머니가 커다란 목소리로 폴에게, 이름은 뭐냐, 휴일 잘 보냈느냐, 안녕이라고 말할 줄 아느냐고 묻더군요. 폴은 아무런 대답도 하지 않았어요. 내가 폴에게 기대

면서 귓속말로, '말해!'라고 했어요. 폴이 목청이 떠나갈 듯이 '안
녕!'이라고 소리를 지르더군요. 그 아주머니가 '오, 드디어 아이가
안녕이라고 했어.'라고 큰 소리로 말했어요. 그러자 폴은 아주머니
를 빤히 바라보면서 또박또박 이러더군요. '나, 질이라는 말도 할
줄 알아요.' 승강기 안이 웃음바다가 되었어요. 아무리 마음을 가라
앉히려고 해도 쉽지가 않더군요. 우리 집 안으로 들어오자, 폴이
'그것이 내가 알고 있는 가장 긴 말이야.'라고 하더군요."

5. 벌거벗은 몸

어린 시절에 엄마나 아빠의 벗은 몸을 보면, 아이들은 성적으로
자극을 받아 흥분하게 될 수도 있다. 그렇다면 예전의 빅토리아 여
왕 시대로 돌아가야 한다는 말인가? 그럴 필요는 전혀 없다. 다만
부모의 평화를 위해서도 그렇고, 어린이들의 성장을 위해서도 사생
활을 지킬 필요는 있다는 말이다. 목욕을 하거나, 옷을 갈아입고 있
는데, 아이가 불쑥 들어와 부모를 응시하는 경우에는 너그럽게 눈
감아 줄 수도 있다. 하지만 그런 행동을 조장해서는 안 된다. 특히
아이가 다음과 같은 생각을 갖지 않도록 조심해야 한다. 곧 아이들
이 부모의 몸을 살펴보는 것을 부모가 원하고 있다는 생각을 갖게
해서는 안 된다.

우리는 아이들이 인간의 몸에 대해 호기심을 가지고 있다는 것을

인정한다. 그들에겐 어린 소녀와 소년의 몸이 다르다는 것을 확인할 기회도 있었다. 또 가끔은 부모의 몸을 힐끗 쳐다볼 기회도 더러 있었다. 부모의 몸을 더 보고 싶을지도 모른다. 이런 아이들에게는 그런 호기심을 솔직하게 인정하되, 사생활은 적절한 수준에서 보호하는 것이 최선이다.

"엄마 몸을 보고 싶겠지만, 목욕할 때는 난 혼자 있고 싶어."

이렇게 말하면 아이의 호기심을 비난하지도, 또 억누르지도 않게 된다. 오히려 아이의 호기심을 사회적으로 좀더 바람직한 방향으로 유도할 수 있다. 호기심은 쳐다보고 만지기보다는 말로 표현할 수 있다.

6. 자위 행위

어린 시절의 자위 행위가 아이들에게는 만족스럽고 위안을 가져다줄지도 모르지만, 많은 부모들에게는 갈등의 원인이 된다. 어린이들은 자위 행위를 하면서, 외로울 때는 자신에 대한 사랑을, 심심할 때는 혼자 할 수 있는 소일거리를, 거절당했을 때는 위안을 발견한다. 하지만 부모들에게는 막연한 걱정과 근심을 안겨준다. 대부분의 부모들은 자위 행위가 해롭지 않다는 소리를 들었고, 글로 읽었고 심지어는 경험도 했다. 자위 행위가 정신병, 불임, 성불구, 또는 수많은 전염병들의 원인이 아니라는 사실도 알고 있다. 그런데 어쩌다 자기 아이들이 성기를 가지고 장난하는 것을 목격하면, 화를 내며 그것을 말리려고 한다. 부모들은 자위 행위가 정상적인 성 발달의 한 단계일 수 있다거나, 어른이 되어서도 자위 행위가 계속된다는 사실을 이론적으로는 인정한다. 그런데 아직도 어떤 부모들에게는 자기 아이들이 자위 행위를 하고 있다는 사실을 받아들이기가 쉽지 않다.

그렇지만 자위 행위는 아이의 성적인 실험의 일부로서, 자연스런 일이다. 아이가 공공 장소에서, 이를테면 저녁 식사를 하는 식탁이나 자동차에서 자위 행위를 하면, 부모들은 그런 행동은 남들이 보지 않게 해야 한다는 점을 상기시켜 주어야 한다. 그때 과민 반응을 보이거나 아이에게 수치심을 안겨주지 않는 것이 중요하다. 짤막하게 언급해 주는 것으로 충분하다.

"그러면 넌 좋을 거야. 하지만 그것은 네 방에서 너 혼자 있을 때 하는 거야."

7. 금지된 장난

갓난아기들은 자기 몸을 탐험하는 것을 좋아하고, 아이들은 서로의 몸을 탐색하는 것을 좋아한다. 많은 부모들에게는 어린아이였을 때, 성이 다른 친구에게 아무도 보지 않는다고 안심시키며 이렇게 말했던 기억이 있다.

"네 것을 보여주면, 나도 내 것을 보여줄게."

이성의 몸에 대한 이와 같은 갈증은 쉽게 수그러들지 않는다. 아이들은 남녀의 몸이 해부학적으로 다르다는 사실에 당황스러워한다. 하지만 무슨 잘못이 있어서 그런 차이가 생기는 것이 아니라는 점을 깨닫게 해주어야 한다. 사실대로 설명하고, 당황스러워하는 마음을 이해해 주었는데도, 아이들은 서로 몸에 대한 탐색을 계속하기도 한다. 의사놀이나, 엄마 아빠 놀이 같은 소꿉장난을 생각해 내기도 한다. 서로 협의하여 상대의 몸을 살펴보는 놀이를 벌일지도 모른다. 성에 대해 잘 알고 있는 부모들이라도 그런 상황 앞에 놓이면, 냉정하게 처신하기가 쉽지 않다. 아이의 엉덩이를 때리거나 창피를 주는 일을 억제할 수는 있을 것이다. 하지만 아이의 그런 행동을 확실하게 제지하는 방법에 대해서는 확신을 하지 못한다. 심지어 지금에 와서는 그와 같은 사적인 문제에 간섭할 경우, 아이가 자라 성인이 되었을 때 성생활에 해를 끼치는 것은 아닐까 싶어 걱정하는 부모들도 있다.

두세 살 정도 된 여자아이가 어린 남자아이의 오줌 누는 모습을 지켜보는 것은, 해부학적으로 당연한 일이다. 아이들이 화장실을 함께 쓰는 유치원에 가면 직접 눈으로 봄으로써 호기심을 충족할 수 있다. 그런데 어른들은 아이가 초등 학교 1학년이 되면 남녀의 차이를 볼 만큼 봤을 것이라고 가정한다. 남자아이와 여자아이가 팬티를 내리고, 겉옷을 올리고 있는 것을 발견했을 때, 부모가 이런 질문을 해서는 안 된다.

"너희들 뭐 하고 있니?"(아이로서는 모든 것을 사실대로 대답하기에는 너무나 난처하기 때문이다.)

이렇게 말하여 아이들을 무안하게 하거나 꾸짖어서도 안 된다.

"너희들 무슨 일이니? 부끄러운 줄 알아야지! 지미, 넌 당장 집으로 가. 그리고 멜리사, 넌 나중에 나 좀 봐."

그렇다고 아이들에게 다음과 같이 쉽사리 변명거리나 거짓 알리바이를 제공해서도 안 된다.

"벗고 돌아다니기에는 너무 추운 날씨라고 생각하지 않니?"

다음과 같이 말하는 것이 좋다.

"지미, 멜리사, 너희 둘 다 옷 입고, 다른 놀이를 찾아봐."

부모가 차분하게, 호들갑을 떨지 않아야, 성과 사랑에 대한 관심을 해치지 않고, 아이들의 성적 실험을 제지할 수 있다.

8. 저속한 표현

자기 아이가 또래 친구들이 사용하는 상스러운 말들을 전혀 몰랐으면 좋겠다고 생각하는 부모는 없다. 그런 말들은 매우 박력도 있고, 표현력도 풍부한데다, 사용까지 금지하기 때문에, 아이들은 그걸 입에 올리면서 자기들이 다 자랐고, 중요한 사람이라도 된 것 같은 느낌을 얻는다. 비밀스럽게 만나 상스런 표현들을 사용하면서, 마치 자기들이 독립 선언서를 작성하기라도 한 듯한 기분을 느낀다.

성적으로 상스런 표현들은 아이들 있는 곳에서 아이들끼리만 사용해야 한다. 부모들은 그 문제에 대해서 생각을 솔직하게 말해 주어야 한다. 어머니라면 이렇게 말할 수 있다.

"엄만 그런 말이 싫어. 하지만 아이들과, 심지어는 어른들도 그런 말을 입에 올린다는 것은 알고 있어. 그런 소리를 듣지 않는 게 내겐 더 좋아. 그런 말들은 네 친구들하고 있을 때나 써."

다시 말하지만, 아이들의 소원과 감정은 인정하고 존중해야 하지만, 행동은 제지하고 고쳐주어야 한다.

9. 동성애

보통 부모들은 사춘기에 접어든 자기 아이들이 동성 친구들과 친밀하고 열렬한 관계를 갖는 것을 보면 당혹스러워한다. 그들이 아이의 성적 지향에 대해 걱정을 하는 데는 그만한 까닭이 있다. 동성애라는 사실을 솔직하게 털어놓았을 때, 아이가 헤쳐야 할 난관이 염려스럽기 때문이다. 사춘기에 이르러, 남자아이들은 끼리끼리 모여 어울리고, 여자아이들은 자기들끼리 깊은 우정을 쌓는다. 대부분의 시간을 성에 대해서 이야기하면서 보낸다. 정보들을 비교하고, 각자가 발견해 낸 것들을 반복해서 이야기한다. 이러한 동성 간의 우정은 이성에 대한 사랑이 피어나는 데 없어서는 안 될 출발점이다.

동성 친구들과 실험을 하는 아이들이 있다. 하지만 마음이 내키지 않으면 아이들이 이성 상대를 찾을 것이라는 사실을 우리는 알고 있다. 인디애나 대학교 킨제이 성 연구소 연구원인 라우만, 개그년, 마이클 등은 1994년에 다음과 같이 보고했다. 많은 사람들이 동성애를 경험했다는 사실을 인정하면서도, 남성의 4퍼센트, 여성의 2퍼센트만이 자신이 동성애자라고 간주한다는 것이다. 성적 지향에 대한 혼동은 청소년기에는 흔히 있는 일이다.

부모들이 열린 마음을 가지고, 성적 감정에 대한 걱정을 이야기하는 것을 받아주고 허락하는 아이들은 행복한 편이다. 전문가들이라고 해서 부모들에게 무슨 말을 할 수 있겠는가? 몇 년 전에는 청소년 동성애자들에게 정신과 치료를 받게 했다. 하지만 프로이트조차도 인간의 성적 지향을 바꾸는 일에 대해서는 낙관하지 못한다.

오늘날 우리는 동성애의 많은 경우는 생물학적인 영향에 기인한다고 알고 있다. 그래서 사람들이 인간의 성적 지향에 대해서는 점점 더 많이 인정을 하고 있고, 그것을 바꾸려는 시도는 줄어들고 있다.

아이들에게 동성애에 대해서 이야기할 때, 판결을 내리거나 도덕적인 암시를 해서는 안 된다. 또 남자가 여자가 아닌 남자를 사랑할 때, 정확하게 어떤 일이 벌어지는가에 대해서 토론하는 일을 피하지도 말아야 한다. 정직하게 동성애에 대해서 알고 있는 가장 좋은 정보를 아이들에게 주어야 한다. 아이들은 "왜 레베카에게는 엄마가 둘이야?" 하고 물었을 때, 부모가 피하지 않고 진실을 이야기해

준 점에 대해서 고마워할 것이다.

10. 성교육

인생과 문학, 텔레비전과 영화에서 성적 터부는 계속해서 이어지고 있다. 우리 시대의 추세는 솔직함과 자유이다. 성은 더 이상 금지된 영역이 아니다. 학교에서 성을 가르치고, 집에서 이야기를 나눈다. 심지어는 교회에서도 도덕을 현실에 비추어 재평가하고 있다. 그리고 사실 지금까지 성은 늘 인기 있는 주제였다.

십대 아이들은 성에 대해서라면 모든 것을 다 배우고 싶어 안달한다. 마음이 어수선하고 당혹스러우면서도, 실제적이고 개인적인 대답을 듣고 싶어한다. 성에 대해 진지하게 이야기할 기회가 오면, 십대 아이들은 거침이 없으면서도 분별력을 가지고 이야기를 나눈다. 그들은 성에 대한 기준과 의미를 찾으려 한다. 또 성적 욕구에 익숙해지고, 그것을 인격 전체 속으로 통합하고 싶어한다.

11. 성경험

열다섯 살 된 제이슨은 아버지와 성과 사랑에 대해 이야기를 나누었다. 제이슨은 이렇게 말했다.

"남자와 여자 사이에 실제로 어떤 차이가 있는지 알아냈어요. 여자아이들은 사랑을 얻기 위해서 성관계를 약속하고, 남자아이들은 성관계를 하기 위해서 사랑을 약속한다는 거예요. 일단 성관계를 하고 난 뒤에는 떠난다는 것이 내 소신이에요."

아버지 : 사랑을 나누고 나서 떠나버리면, 그 여자아이는 어떻게 되는 거냐?

제이슨 : 그거야 내가 알 바 아니죠. 그런 문제는 생각하지 않을 거예요.

아버지 : 생각해 보자. 사랑을 약속하면서 한 여자아이를 유혹하여 성관계를 맺었다면, 넌 그 아이의 감정을 고려해야 하는 거야.

제이슨의 아버지는 정직과 책임은 모든 인간 관계에 다 적용된다는 그의 가치를 주장하고 있다. 단순하든, 복잡하든, 사회적이든, 성적이든, 그 어떤 상황에서도 개인에게는 정직함이 요구된다.

열여섯 살인 나탈리는 이렇게 말한다.

"우리 부모님과 나는 우아한 무언의 원칙 아래 살고 있어요. 깊이 묻지도 않고, 사실대로 대답하지 않는다는 원칙이에요. 부모님은 내게 무슨 일이 벌어지고 있는지 정말로 알고 싶어하지 않아요. 나도 말할 수가 없어요. 말하자면 난 착한 아이니까요."

열다섯 살인 조슈아는 이렇게 불평한다.

"우리 아버지는 자기는 늘 솔직하고 진실하다며 큰소리를 쳐요. 그런데 성에 대한 이야기만 시작되면 아버지의 정직함은 슬그머니 사라지고 말아요. 내가 솔직한 의견을 말해서 환영받지 못하는 유일한 분야가 바로 성이에요."

부모들은 십대 아이들에게 성에 대한 감정에 대해서 정직하라고 격려할 필요가 있다. "안 돼."라고 말하고 싶으면서도 "괜찮아."라고 말하지 말고, 자신의 요구에 귀를 기울이고, 자신의 즐거움을 존중하고, 친구들을 기쁘게 하거나 한패거리가 되려고 너무 서두르지 말고, 지금보다 더 컸다는 기분을 느끼고 싶어 성관계를 하지 말고, 성관계와 사랑하는 관계를 혼동하지 말라고 강조할 필요가 있다.

많은 부모들이 청소년 아이의 성생활에 대해서 자기들이 해야 할 역할에 혼동을 겪고 있다. 열일곱 살 된 딸 샐리가 피임약을 사달라고 부탁하자, 어머니는 정신과 의사에게 상담을 했다.

"난 내 딸을 잘 알아요. 그 아이는 사랑에 빠져서, 성관계를 갖고 싶어해요. 피임약이 있으면, 최소한 안전하기는 할 테니까요. 그런데 난 그것 때문에 딸아이가 더 쉽게 성관계를 가질까 봐 마음이 편치 않아요."

정신과 의사는 이렇게 대답해 주었다.

"십대 아이가 부모에게 피임약을 구해 달라고 부탁했다면, 그것은 그들이 아직 성인이 될 준비가 되어 있지 않기 때문이에요. 청소년 아이에게 피임약을 전해 주면, 그것은 부모가 그들에게 반드시 필요한 경험을 빼앗는 것이나 마찬가지예요. 결정을 내리고 그 결과를 받아들이는 경험 말이에요. 어른은 부모에게 책임을 전가하지 않아요. 샐리도 책임을 자기가 짊어져야 해요."

집으로 돌아온 샐리의 어머니는 딸에게 이렇게 말했다.

"얘, 네가 성관계를 가질 준비가 되어 있다고 생각하면, 의사에게 피임약에 대해서 상담할 준비도 되어 있어야 해. 네게 피임약을 구해 주면, 네가 아니라 바로 내가 네 행동에 관여하게 되고, 책임도 떠맡게 되는 거야."

12. 성숙한 사랑

열여섯 살 된 베티는 이렇게 말했다.

"오로지 사랑만이 성관계를 정당화해 줄 수 있어요. 그래서 난 늘 사랑에 빠져 지내요."

이와 같은 냉소적인 태도에는 사회적으로 그만한 내력이 있다. 아마 베티는 죄책감을 느끼고, 자기의 성관계를 정당화할 수 있는 유일한 방법으로 사랑에 빠졌을 것이다. 실제로든 상상으로든, 사랑은 베티의 죄책감을 구원해 준다. 하지만 사랑은 단순한 감정과 정열이 아니다. 사랑은 사랑하고 사랑받는 두 사람의 삶의 질을 높여주는 태도의 체계이자 연속된 행동이다. 낭만적인 사랑은 가끔 맹목적일 때가 있다. 그것은 사랑받는 사람의 강점은 인정하면서도, 약점을 보지는 못한다. 반대로 성숙한 사랑은 약점을 거부하지 않으면서 강점을 받아들인다. 성숙한 사랑을 할 때는 남자나 여자 모두 상대를 이용하거나 소유하려고 하지 않는다. 각자는 자기 자신의 소유일 뿐이다. 그런 사랑은 상대에게 자신의 가장 훌륭한 점을 펼치고, 가장 훌륭한 자신이 될 수 있게 하는 자유를 준다. 사랑과 성관계는 같은 것이 아니지만, 운이 좋은 사람은 그 두 가지를 결합할 수 있다.

요약 : 아이를 올바르게 키우기

육아의 목적은 무엇일까? 아이가 반듯한 인간, 곧 동정심이 있고, 헌신적이고, 남을 보살필 수 있는 사람으로 자랄 수 있도록 이끌어주는 것이다. 어떻게 하면 아이를 인간다운 사람으로 키울 수 있을까? 자비로운 방법으로 키울 때에만 그럴 수 있다. 다시 말해서 과정이 방법이라는 것을, 목적이 수단을 정당화할 수 없다는 것을, 예절바르게 행동하도록 하는 데 효과가 있을까 하여 아이들의 감정을 상하게 해서는 안 된다는 사실을 인정할 때에만, 인간다운 사람으로 키울 수 있다.

아이들은 경험을 통해서 배운다. 아이들은 아직 굳지 않은 시멘트와 같아서, 무슨 말이든 그 위에 떨어지면 선명한 흔적을 남긴다. 그러므로 부모들에게는 아이들을 분노하게 하거나, 상처를 입히거나, 자신감을 떨어뜨리거나, 자신의 능력과 자존심에 대한 믿음을 파괴하지 않고 그들과 대화를 나누는 기술을 익히는 것이 중요하다.

가정의 분위기를 좌우하는 것은 부모이다. 모든 문제에 대해 부모가 반응하는 태도에 따라 분위기가 살아나거나 가라앉거나 한다. 그러니까 부모들은 배척의 언어를 버리고, 너그러움의 언어를 익혀야 한다. 부모들은 이 너그러움의 언어를 알고 있다. 자기 부모들이 손님과 낯선 사람들에게 그 언어를 사용할 때, 들어본 적이 있기 때문이다. 그것은 행동을 비판하는 언어가 아니라, 감정을 보호하는 언어이다.

청바지를 입은 한 대학생이 길을 건너다 택시에 거의 치일 뻔했다. 택시 운전사는 노발대발하여 그를 야단치기 시작했다.

"이봐, 좀 제대로 보고 다닐 수 없어? 죽고 싶어? 아니면 엄마 손이라도 붙들고 다니든지."

젊은이가 한껏 몸을 추켜세우더니 차분한 목소리로 물었다.

"의사한테도 이런 식으로 이야기합니까?"

택시 운전사는 잘못을 깨닫고 사과했다. 아이들을 의사로 생각하면서 이야기한다면, 부모들이 그들을 자극하거나 화나게 하는 일은 절대 없을 것이다.

노벨 문학상을 수상했던 토마스 만은 '언어가 문명 그 자체'라고 말한 바 있다. 하지만 말은 사람을 문명인으로 만들기도 하지만, 야만인으로 만들기도 하고, 마음을 치유하기도 하지만, 상처를 주기도 한다. 부모들은 동정의 언어, 정겨움이 담긴 언어로 말해야 한다. 부모들은 마음을 전해 주는 언어로 말하고, 분위기를 바꿔주는 대응 방법을 터득하고, 선의를 격려하는 표현을 사용하고, 보는 눈을 키워주는 대답을 건네고, 존중하는 마음을 보여주는 답변을 해야 한다. 말은 아이의 정신 세계에 영향을 미친다. 그러나 아이의 욕구와 감정에 민감한 보살핌의 언어로 말할 때, 부모들은 좀더 친밀하게 가슴에 호소할 수 있다. 이는 아이들이 자기 자신에 대해 긍정적인 이미지를 키울 수 있게 하고, 곧 스스로를 자신감 있고 확신에 찬 존재로 바라볼 수 있게 하고, 동시에 존중하고 존경하며 부모를 대하는 태도를 가르치는 데 도움이 된다.

그러나 우리가 일반적으로 말하는 방법을 배려의 언어로 대체하기란 쉬운 일이 아니다. 예를 들어 블룸 씨는 아이를 배려하는 좀더 효과적인 대화 방법을 배우고 싶어하는 부모들을 돕기 위해 운영하는 과정에 참여하고 있었다. 몇 번 만나고 나서 우리는 다음과 같은 이야기를 나누었다.

블   룸 : 내가 아이들에게 지금까지 말해 왔던 것이 모두 잘못된 것 같아요. 그런데 아이들을 키우는 방법을 바꾸기가 무척 어렵군요.

의   사 : 태도를 바꾸고, 새로운 방법을 배우는 일이 어디 쉬운가요.

블   룸 : 그뿐만이 아니에요. 당신 말이 옳다면, 지금까지 나는 우리 아이들을 존중하며 대하거나, 점잖게 대하지 못했어요. 그러니 아이들이 나를 존중하지 않거나, 내 말을 듣지 않는다고 해서 섭섭해할 까닭이 없지요.

의   사 : 그런 사실을 진작 알지 못했다고 해서, 자책하는 겁니까?

블   룸 : 당신 말이 옳아요. 자책만 하다가는 아이들과 대화하는 방법을 고치는 것이 아니라, 아이들 탓을 하게 될 거예요. 그래요. 이제는 뭘 해야 하는지 알겠어요. 비난은 그만 하고, 당신이 권하는 배려의 언어가 정말로 효과가 있는지 알아봐야겠어요.

부모가 대화를 나눌 때 아이들을 배려하면서 다가가려고 노력하면, 큰 대가를 얻는다. 부모가 달라진 것을 알고, 아이들도 똑같은 방법으로 부모에게 말하는 법을 배우게 될 테니까.

자기 사무실에 페인트칠을 하는 날, 브라운 씨는 아홉 살 난 딸 데비를 직장에 데리고 갔다. 그는 딸과 다음과 같은 이야기를 나누었다고 했다.

브라운 : 이 냄새는 정말 참을 수가 없어. 먼지도 그렇고. 모든 것이 엉망이구나.

데　비 : 이런 일을 하려면 아빠 정말 힘들겠다. 이렇게 엉망진 창인데.

브라운 : 그래.

데　비 : 내 말 들으니까 기분 좋아?

브라운 : 응. 우리 데비가 아빠 기분을 이해하는구나 하고 생각했지.

데　비 : 요즈음에 아빠가 내게 그렇게 생각한다는 걸 알았어.

하지만 대화를 나눌 때, 전에 없이 배려하는 언어를 사용한다고 해서 항상 아이들이 그걸 고맙게 생각할 것이라고 기대할 수는 없다. 아이들은 가끔 자기들의 감정을 이해하려고 하기보다는, 문제를 해결해 달라고 고집을 부리기도 한다. 다음은 어떤 어머니의 이야기이다. 열한 살 된 아들 노아가 일곱 살짜리 동생 론에 대해서 불평을 쏟아놓았다.

노   아 : 론이 거짓말하고, 속이고, 날 괴롭히는 데 넌더리가 나.

어머니 : 화가 나기도 할 거야. 학교에서 긴 시간을 보내고 집에
        왔는데, 동생이 귀찮게 하니 얼마나 힘이 들겠니.

노   아 : 또 그 말이야. 네 기분 알 만하다는 그 말. 난 그 말을
        듣고 싶은 게 아냐.

어머니 : (차분하게, 변명조가 아닌 말투로) 누가 내게 네 기분
        알겠다고 하면, 난 그 사람이 날 이해해 준다는 느낌이
        들던데.

노   아 : (더 화가 나서) 엄마가 내 기분을 이해한다는 거 알아.
        엄마가 기너트 박사의 수업을 지나치게 진지하게 받아
        들인다고 생각해. 난 그런 변화가 싫어.

어머니 : 어떻게 하면 엄마가 네게 도움이 될 수 있겠니?

노   아 : 론을 더 심하게 야단쳐 줘.

어머니 : 하지만 혼내주는 것으로는 아무것도 해결되지 않는다
        고 배우고 있는 중이야.

노   아 : 난 엄마가 나와 론의 문제를 해결해 주었으면 해.

어머니 : 나도 노력했는데, 더 이상은 할 수 없어. 너는 그런 변
        화를 좋아하지 않겠지. 나는 자신의 문제를 해결할 수
        있는 능력을 믿어야 한다는 것도 배웠어.

노   아 : 론의 거짓말은 어떻게 하고. 난 더 이상 견딜 수가 없어.

어머니 : 바로 어젯밤에 네 아버지가 내게 그러더라. 론의 거짓
        말 때문에 골치가 아픈데, 노아가 침착하라고 말해 줘

서 흥분을 가라앉혔다고. 열한 살짜리 아이가 자기 아

버지가 아들의 나쁜 행동에 차분하게 대응하도록 도와

주었다는 것을 넌 상상할 수가 있겠니?

노   아 : 내가 아빠에게 도움이 되었을지도 몰라. 어쩌면 내 자

신에게도 도움이 될 수 있을 거야.

비난을 받고도 과거의 방식으로 돌아가 아이에게 대응하지 않으

려면 기술이 필요하다. 노아의 어머니는 아들 때문에 기분이 좌우

되지 않았고, 자기가 배운 것을 계속 실천하겠다는 결심을 누그러

뜨리지도 않았다. 아들의 곤란한 사정을 인정해 주었을 때, 어머니

는 자기가 아들을 배려하고 있다고 느꼈기 때문에 마음이 편안했

다. 그래서 굳이 자기 자신에 대해서 변명하려고 하지 않았고, 문제

를 해결해 달라는 아들의 요구에 굴복하지 않았다. 그 대신 어머니

는 아들이 스스로 문제를 해결할 능력이 있다는 믿음을 키울 수 있

도록 도와주었다. 곧 아이의 성장을 도와준 것이다.

1. 규율 : 감정에는 너그럽지만 행동에는 엄격하게

부모들은 규율에 대해서 이 책에서 권장하는 방법들이 엄격한지

너그러운지 알고 싶어한다. 아이들이 잘못된 행동을 할 때는 엄격

하다. 하지만 감정과 소원, 욕망과 상상에 대해서는 너그럽다. 그

내용이 긍정적이든 부정적이든, 또는 상반되는 것들이 병존하든 관계 없이 그렇다. 부모들과 마찬가지로 아이들도 감정을 느낀다. 때로는 욕심, 쾌락, 죄책감, 분노, 두려움, 슬픔, 환희, 혐오감을 느낀다. 감정을 선택할 수는 없지만, 그것을 표현하는 방법과 시기에 대한 책임은 아이들에게 있다.

용납할 수 없는 행동에 대해서는 너그럽게 대하지 말아야 한다. 받아들이기 어려운 행동을 바꾸라고 아이들에게 강요하다 보면 낭패감이 들기도 한다. 하지만 아직도 많은 부모들은 효과도 없을 질문을 자기 자신에게 던지고 있다.

마크에게 집안일을 거들게 할 수 있는 방법이 뭘까? 프레디가 마음잡고 숙제를 하게 하는 방법은 뭘까? 어떻게 하면 그레이스에게 자기 방을 청소하게 할 수 있을까? 코니에게 귀가 시간에 늦지 않도록 설득할 수 있는 방법이 뭘까? 어떻게 하면 이반이 차분한 태도로 생활할 수 있도록 만들 수 있을까?

잔소리나 강압은 아무 소용이 없다는 사실을 부모들은 확실히 알아야 한다. 강압적인 방법들은 반발과 반항만 불러일으킬 따름이다. 외적인 압력은 저항만 초래할 뿐이다. 부모의 뜻을 아이들에게 강요하지 말고, 그들의 관점을 이해하여 스스로 문제를 해결하도록 유도하는 방법이 좀더 효과가 있다.

다음 예를 보자.

"프레디, 선생님이 그러는데, 네가 계속 숙제를 해오지 않는다고 하더라. 뭐가 문제인지 말해 볼래? 우리가 도울 수 있는 방법이 있겠니?"

열한 살 된 프레디가 뭐라고 대답하든, 부모는 이미 문제의 원인에 도달하게 될 대화를 시작했으니, 아이가 숙제에 대한 책임을 질 수 있도록 도와준 셈이다.

어떤 행동이 용납이 되고, 어떤 행동이 용납이 되지 않는지, 아이들은 명확하게 알고 있어야 한다. 부모의 도움 없이 아이들이 충동과 욕망을 행동에 옮기기란 어려운 일이다. 부모의 허락을 받을 수 있는 행동의 분명한 한계를 알게 되면, 아이들은 훨씬 더 안정감을 느낀다.

부모들에게는 규칙을 만들고, 행동을 제지하고, 행동에 한계를 정해 주는 것이, 아이들에게 어떤 행동을 강요하는 것보다 더 쉽다. 아이들이 규칙을 어기면, 부모들은 융통성을 발휘하고 싶은 유혹을 느낀다. 부모들은 아이들이 행복하기 바란다. 규칙을 어기려고 할 때 부모가 이를 허락하지 않으면, 아이들은 부모에게 아이들의 사랑을 받지 못한다는 생각이 들게 하고, 죄책감을 느끼게 만든다.

열 살 된 아들이 보는 프로그램이 끝나자, 아버지는 "이제 텔레비전 그만 봐."라고 말했다. 스티븐은 소리를 지르며 화를 냈다.

"아빠, 정말 나빠. 아들을 사랑한다면, 아들이 좋아하는 프로그램이 곧 시작되니까 그냥 보게 놔둘 거야."

아버지는 아들 말대로 하고 싶은 유혹을 느꼈다. 그렇게 부탁하는데 거절하기가 쉽지 않았다. 하지만 선례를 만들지 않겠다고 결심했다. 아버지는 규칙을 지키라고 요구했다.

규칙이 많으면 지키라고 요구하기가 어렵기 때문에, 부모들은 거기에 우선 순위를 매기고 싶어하고, 또 될 수 있으면 규칙의 숫자를 적게 하고 싶을 수도 있다.

2. 아이를 배려하면서도 부모의 의지를 관철시킨다

감정 이입 대화법을 적용하면, 부모들이 아이들과 대화할 때, 아이들을 배려하면서도 효과를 거두는 데 도움이 된다.

1) 지혜의 출발점은 아이의 말에 귀를 기울이는 것이다. 아이의 마음을 헤아리면서 대화에 귀를 기울일 때, 부모들은 아이가 말로 전하려고 했던 감정, 아이가 느끼고 경험하는 것, 그리고 아이의 생각을 들을 수 있다. 곧 대화의 핵심 내용을 이해할 수 있다.

부모들은 열린 마음과 열린 가슴을 가져야 한다. 그래야 그 내용이 유쾌하든 불쾌하든 모든 진실에 귀를 기울이는 데 도움이 된다. 그런데 많은 부모들은 아이들의 말에 귀를 기울이는 것을 두려워한다. 귀에 들리는 소리가 마음에 들지 않기 때문이다. 부모가 먼저 진실의 분위기를 조성하여 아이들이 심지어는 불안한 감정과 의견, 불평과 아이디어들을 이야기할 수 있도록 부추겨야 한다. 그렇게 하지 않으면, 아이들은 진실을 이야기하려고 하지 않을 것이다. 부모가 듣고 싶어하는 말만 하려고 할 것이다.

어떻게 해야 부모는 진실의 분위기를 조성할 수 있는가? 불쾌한 진실에 대응하는 방법에 달려 있다. 다음과 같은 표현들은 도움이 되지 못한다.

"무슨 그런 미친 생각이 다 있어."(거절)
"내가 널 싫어하지 않는다는 거 알잖아."(부인)
"넌 늘 덤비는 게 탈이야."(비난)
"뭣 때문에 네가 그렇게 대단하다고 생각하는데?"(모욕)
"거기에 대해서는 더 이상 다른 소리 듣고 싶지 않아."(분노)

그 대신 인정해 주는 표현이 있다.
"그래, 알았어. 네 격한 감정을 말해 주어서 고마워. 그러니까, 그것이 네가 생각 끝에 내놓은 의견이구나. 내게 알려줘서 고마워."
인정한다는 것이 곧 찬성을 의미하는 것은 아니다. 그것은 아이들의 말을 진지하게 받아들여 주며 대화를 시작하는 정중한 방법일 따름이다.

2) 아이의 지각을 부정하지 말아야 한다. 감정을 반박하지 말아야 한다. 소원을 무시하지 말아야 한다. 아이의 취미를 조롱하지 말아야 한다. 아이의 의견을 헐뜯지 말아야 한다. 아이의 인격을 훼손하지 말아야 한다. 아이의 경험에 대해 이러쿵저러쿵하지 말아야 한다. 그 대신 이를 인정해야 한다.

수영장에서 여덟 살 된 로버트가 물 속으로 뛰어들려고 하지 않았다. 울음을 터뜨리며 이렇게 말했다.

"물이 너무 차. 별로 내키지가 않아."

아버지는 이렇게 대꾸했다.

"깨끗한 물이야. 넌 이미 다 젖었잖아. 수영장 속은 따뜻해. 너 겁이 나는구나. 그래서 토끼처럼 무서워하여 아기처럼 우는 거지. 괜히 큰소리치더니, 겁은 많아가지고."

아버지의 말은 아이의 지각을 부정하고, 경험을 반박했으며, 감정을 인정하지 않았고, 인격을 훼손했다.

아이의 감정을 인정하면서 다음과 같이 대응했으면 유익했을 것이다.

"물이 차가워 보여서 별로 내키지 않나 보구나. 오늘은 수영장 속으로 뛰어들고 싶지 않은 모양이야."

이런 식으로 대응하면, 반발이 줄어들게 되어 있다. 아이는 아버지가 자기 생각을 받아들여 주고, 존중해 준다는 느낌을 받는다. 아버지가 자기 말을 진지하게 생각해 주고, 비난하지 않는다고 생각한다.

열 살 된 메리는 어머니에게 불평했다.

"수프가 너무 짜요."

어머니는 즉각적으로 딸의 맛을 부정하며 이렇게 대답했다.

"그렇지 않아. 난 거의 소금을 쓰지 않아."

딸의 지각을 인정하는 법을 알아두었더라면, 이렇게 대답했을 것이다.

"그래? 네겐 너무 짠 모양이구나."

인정이 꼭 찬성을 뜻하는 것은 아니다. 그것은 아이의 의견을 존중한다는 것을 보여줄 따름이다. 이 경우에는 미각을 존중한다는 것이다.

3) 비난하지 말고, 길잡이를 해주어야 한다. 문제를 이야기하며 가능한 해결책을 제시해 주어야 한다. 아이 자체에 대해서 부정적인 말을 하지 말아야 한다.

딸이 도서관에서 빌린 책의 반납 기간이 지난 것을 알게 된 어머니는 화가 나서 딸에게 비난을 퍼부었다.

"저렇게 책임감이 없다니까. 넌 걸핏하면 늑장을 부리고 잊어버리더라. 왜 책을 제때 도서관에 반납하지 않은 거야?"

어머니가 딸에게 길잡이를 해주려고 했다면, 다음과 같이 문제를 이야기하고 해결책을 말해 주었을 것이다.

"책을 도서관에 반납해야겠더라. 반납 기한이 지났어."

4) 화가 날 때는, '나'라는 말로 시작하여 자기가 본 것, 느낀 것, 기대했던 것을 이야기하는 것이 좋다.

"나 화났어, 나 약 올라, 나 분통 터져, 나 분개했어, 나 깜짝 놀랐어."

아이의 인격을 공격하지 말아야 한다. 여섯 살 된 아들 빌리가 친구에게 돌을 던지는 것을 본 아버지는 다음과 같은 표현을 써서 아들을 모욕하고 창피를 주지 않았다.

"너 미쳤니? 친구가 불구가 되면 어떡해. 그렇게 하고 싶어? 너 아주 못된 아이구나."

그 대신, 아버지는 이렇게 큰 소리로 말했다.

"나 화나고 실망했어. 사람에게 돌을 던지는 거 아니야. 사람을 다치게 해서는 안 돼."

5) 아이들의 노력에 대해서 높이 평가한다는 점을 말해 주기 위해서 칭찬을 할 때는, 그 특별한 행동을 언급해야 한다. 인격을 평가해서는 안 된다.

열두 살 된 베티는 어머니가 부엌 찬장을 정리하는 일을 도와주었다. 어머니는 다음과 같이 형용사를 사용하는 표현을 쓰지 않았다. 다시 말하면 평가하는 표현을 쓰지 않았다.

"아주 잘 했어. 넌 정말 큰 일꾼이야. 앞으로 대단한 주부가 될 거야."

그 대신 베티가 한 일을 그대로 말해 주었다.

"이제는 접시와 잔들이 가지런히 정돈되었어. 필요한 것을 찾기가 쉬워질 거야. 일이 많았는데, 네가 한 거야. 고맙다."

자기가 한 일을 인정해 주는 어머니의 말을 듣고, 베티는 스스로 이런 결론을 내렸다.

"내가 한 일을 보고 엄마가 좋아했어. 내가 일을 잘 했나 봐."

6) 현실에서는 허락할 수 없는 것을 상상 속에서는 허락하여, 거절하더라도 마음을 덜 아프게 하는 방법을 알아두는 것이 좋다. 아이들은 필요와 욕구를 구분하는 데 어려움을 겪는다. 무엇이든 사달라고 조르면서 필요하다고 말한다.

"나 새 자전거 사도 돼요? 정말 필요한데. 제발 사줘요, 예?"

장난감 가게에 가면 이렇게 말한다.

"나 이 트럭 갖고 싶어. 제발 사줘."

이럴 때, 부모는 어떻게 대응하는 것이 좋을까? 무뚝뚝하게 "안돼. 그거 사줄 돈 없어."라고 말하지 않는 것이 좋다. 최소한 아이의 욕망을 이해하고, 소원을 인정한다는 말을 해주면 아이의 마음에 덜 상처를 준다.

"응. 새 자전거를 사줄 수 있으면 좋을 거야. 자전거를 타고 동네와 학교를 돌아다니면 얼마나 재미있겠니. 그럼 너도 지내기가 훨씬 더 편리해질 거야. 그런데 지금 당장은, 그걸 살 돈이 안 돼. 아빠에게 말해 볼게. 또 크리스마스 때 네게 뭘 선물해 줄지 알아도 보고."

"넌 뭐든 보기만 하면 가지려고 하더라. 안 돼. 그건 사줄 수 없어. 더 이상 조르지 마."라고 말하는 것보다 "그걸 사줄 돈이 있으면 좋겠는데, 돈이 없어."라고 말하는 것이 더 효과적이다.

열일곱 살 된 엘리자베스는 어머니에게 이런 부탁을 했다.

"엄마, 나 댄스 파티에 하고 갈 다이아몬드 귀걸이가 필요한데. 엄마 것 좀 써도 돼요?"

어머니는 화가 나서 이렇게 대답했다.

"절대 안 돼! 아무도 내 다이아몬드 귀걸이에 손 못 대게 하는 거 너도 알잖아. 잃어버리기라도 하면 어떡하니?"

딸의 소원을 인정하면서 좀더 마음이 상하지 않게 말할 수도 있었을 것이다.

"네게 줄 다이아몬드 귀걸이가 하나쯤 더 있었으면 좋았을 걸 그랬구나. 귀금속 상자에 네가 좋아할 만한 다른 것은 없니?"

부모로서 아이들의 부탁을 거절하기가 쉽지 않다. 소원을 들어주고 싶어한다. 아이들이 행복해하는 모습을 보고 싶어한다. 그래서 들어줄 수 없는 부탁을 받으면 실망해서 화를 내며 무정하게 "안 돼."라고 말하게 된다. 화를 내지 말고 아이의 소원을 인정함으로써, 부모는 아이들이 감정을 표현할 수 있게 해줄 수 있다.

7) 아이들의 삶에 영향을 미치는 문제들에 대해서는 그들에게 선택권과 발언권을 주는 것이 좋다. 아이들은 부모에게 의지한다. 그런데 의존 상태는 반발심을 키운다. 반항심을 누그러뜨리기 위해서 부모들은 아이들에게 자립을 경험할 수 있는 기회를 주는 것이 좋다. 자율성을 많이 가질수록, 반발심은 줄어든다. 곧 자기 힘으로 결정할 기회가 많아지면 부모에 대한 반발도 줄어든다는 것이다.

어린 아이에게도 "토스트에 잼을 바를까 버터를 발라줄까?" 하고 물어볼 수 있다. 또는 "잠자리에 드는 시간은 7시와 8시 사이야. 그 사이에 졸리면 네가 알아서 아무 때나 가서 자."라고 말할 수도 있다. 아이에게 선택권을 주면 무슨 차이가 있는가? 아이는 이렇게 말할지도 모른다. 우리 부모님은 내 소원을 고려해 준다, 나도 내 생활에 대해서 말할 것이 있다, 나도 인간이고, 나도 중요한 사람이다.

　한 신문에 아이들에게 선택권을 줘야 한다는 기사를 쓴 적이 있다. 그걸 읽고 어느 독자가 다음과 같은 편지를 보내왔다.

　　당신 기사를 읽고 아무리 어린아이들도 어떤 선택을 할 수 있어야 한다는 것을 다시 생각하게 되었습니다. 그 점에 대해 특별히 감사드립니다. 그리고 그 말이 인생의 다른 한쪽 끝에 있는 사람에게도, 곧 어린아이처럼 다시 아무것도 할 수 없게 된 사람에게도 똑같이 적용된다고 말씀드리고 싶습니다.

　　저는 여든 살이 된 아버님을 모시고 있습니다. 암으로 투병 중이십니다. 몸을 가누지 못하고 누워 우울해하시는 아버님을 지켜보고 있으려니, 당신 말이 더욱 절실하게 다가왔습니다. 자기 삶을 자기가 마음대로 하지 못한다는 것은 정말 무서운 일이라고 하셨던가요? 아버님께서 몇 가지라도 중요한 선택을 하실 수 있으면, 좌절감을 더는 데 도움이 될 수 있겠다고 생각했습니다. 생각해 보니, 아버님께서 결정할 수 있고, 결정해야 할 것들이 놀라울 정도로 많았습니다. 이를테면 화장실에 가실 때, 아버님께서는 제가 도와주는 것을 바라셨을까요?(어느 순간에는 부끄러움도 사라질 것입니다. 하지만 그때가 언제일지는 아버님께서 결정하실 일입니다.) 제가 말을 거는 것을 좋아하실까요, 아니면 가만히 앉아 있는 것을 좋아하실까요? 점심을 드시고 싶어하실까요? 손자들이 찾아오기를 바라실까요?

그런 일들 가운데 어느 것은 간단하게 처리할 수 있었습니다. 하지만 제가 느끼기에는 그 모든 일에 대해서 아버님께서 선택권을 갖고 계셔야 한다는 것이었습니다. 저도 그것이 제가 아버님과 일정한 관계를 맺는 데 도움이 되었을 거라고 생각합니다. 생각하기조차 싫은 일이지만, 혹시 제가 그럴 기회를 놓쳤을지도 모를 일입니다. 제가 아버님의 고통을 누그러뜨릴 수는 없지만, 불행한 일이지만, 죽음의 짐을 덜어드리는 데 도움이 되었기를 바랍니다.

이 책에서 제시한 해결책들은, 이를 적절하게 적용했을 때, 비로소 아이들을 키우는 부모들의 짐을 덜어줄 수 있다. 아이들은 자기들의 요구에 대해서 부모들이 대응하는 데 따라 달라진다. 어떤 아이들은 고분고분하다. 일상과 인간 관계에 변화가 생겨도 쉽게 받아들인다. 어떤 아이들은 조심스러운 성격이어서, 항의를 하고 부모를 괴롭힌 다음에 받아들인다. 또 어떤 아이들은 생활에 큰 변화가 오면 적극적으로 반항한다. 이 책에서 제시한 방법들을 현명하게 적용하면, 아이의 기질과 인격의 기본적인 바탕에 대해서 무시하는 일은 없을 것이다.

부모가 존중해 주는 마음과 동정심이 가득 담긴 방법으로 키울 때, 아이들은 무럭무럭 자라는 법이다. 이런 방법으로 부모와 아이의 관계라는 도전적인 과제를 해결해 나갈 때, 감정에 대해서는 좀더 예민한 감수성을 드러내고, 필요에 대해서는 좀더 강한 책임감을 발휘할 수가 있다.

한 젊은 부부가 캘리포니아의 간선 도로의 미로 속에서 길을 잃었다. 두 사람은 통행료 내는 곳에서 경찰에게 말했다.

"우린 길을 잃었어요."

경찰이 물었다.

"여기가 어딘 줄 아세요?"

"예. 통행료 내는 곳이잖아요."

"가시려는 곳은 알고 있나요?"

부부가 한 입으로 대답했다.

"예."

경찰관이 결론을 지었다.

"그렇다면 길을 잃은 게 아니군요. 확실한 방향만 알면 되겠어요."

확실한 방향을 알면 부모들에게도 이롭다. 자기가 원하는 방향으로 아이들을 키우는 데 도움을 받을 수 있기 때문이다. 하지만 그에 더해서 행운과 기술도 필요하다. 어떤 사람은 이렇게 물을지도 모른다.

"행운이 있다면, 왜 굳이 기술이 필요할까요?"

그러나 행운을 버릴 것까지는 없다.

부록

부록 1

도움이 필요한 아이들

겉으로는 안정되어 보이는 아이들도 스트레스를 주는 상황이나 마음속에 갈등을 접하면 감정적으로 흥분된 반응을 보인다. 두려워하고, 악몽을 꾸고, 손톱을 물어뜯고, 형제자매를 괴롭히고, 집착을 보이고, 짜증을 내고, 그 밖의 다른 많은 불안한 행동을 보일 수도 있다. 이런 아이들은 부모의 사랑을 받으며 정상적인 가정에서 자랐지만, 뭔가 결핍이 있는 아이들이다. 아동 치료를 받으면 도움을 받을 수 있을 것이다.

■ 정신적 충격을 받은 아이

갑작스런 재앙에 노출된 아이들은 충격 후 스트레스 장애를 일으킬 수도 있다. 화재나 자동차 사고, 테러를 목격하면 지나치게 불안한 반응을 보이고, 극적인 증상을 나타낼 수 있다. 사랑하는 사람의 죽음은 특히 파괴적인 영향을 끼칠 수 있다.

2001년 9월 11일, 테러리스트들이 비행기를 무기로 미국을 공격하여, 뉴욕에 있는 쌍둥이 건물을 파괴했을 때, 어른과 어린이들 모두 심각한 충격을 받았다. 많은 어린이들이 한쪽 부모를 잃었고, 어떤 어린이들은 양쪽 부모를 다 잃었다. 살아남아 슬픔에 잠긴 부모나 친척이, 사랑하는 사람을 잃고 혼란에 빠진 아이들과 함께 생활해야 하는 책임을 떠맡았다.

텔레비전이나 안전한 거리에서 불타는 쌍둥이 건물을 바라보는 것도 어린이와 어른들에게 충격적이었다. 하지만 이를 직접 경험한 어린이들이나, 화재를 피해 탈출한 부모가 받은 정신적 충격은 그보다 훨씬 더 심각하다. 『뉴욕타임스』에 보도된 한 연구에 따르면, 재난 지역에 좀더 가까운 곳에 있었던 어린이일수록 반응이 더 충격적이었다고 한다.

충격적인 경험에서 목숨을 건진 어린아이들은 거기에 대해서 거의 말을 하지 않는다. 그들의 두려움과 긴장은 놀이를 통해 드러난다. 어린이 심리 치료 요법에서는 적절한 상황을 설정하고, 적합한 물건들을 갖추고, 아주 위급할 때 아이들을 도와줄 호의적인 어른도 대기시켜 놓는다. 공포와 불안감을 해소하고 극복할 수 있도록 하기 위해, 심리 치료사는 아이들에게 무시무시한 그 사건을 말과 놀이로 재현하게 한다. 블록으로 집을 세우고 거기에 폭탄을 떨어뜨린다. 사이렌이 울리고, 불길이 솟구친다. 응급차가 상처 입은 사람과 죽은 사람들을 실어 나른다. 몇 주일에 걸쳐 아이들은 충격과 공포의 감정을 놀이로 표현한다. 그와 같이 사건을 상징적으로 재연하고 난 이후에 비로소 아이들은 두려움과 불안감 없이 자기들의 감정과 기억에 대해서 이야기를 할 수 있다. 최근의 재앙으로 비롯된 불안감은, 그것을 이해하는 어른이 있는 자리에서, 아이가 장난감을 가지고 그 두려운 사건과 기억을 재연하고, 말로 표현할 수 있을 때 해소될 수 있다. 많은 전문적인 자원 봉사자의 도움을 얻어, 뉴욕은 필요한 사람들에게 정신적인 도움을 줄 수 있었다.

■ 두려워하는 아이

바늘 가는 데 실 가듯, 어린아이와 두려움은 늘 함께 다닌다. 세 살짜리 아이들은 주로 개를, 네 살짜리 아이들은 어둠을 무서워한다. 이러한 두려움은 나이가 들면서 줄어들다가, 여덟 살이 되면 완전히 사라진다. 많은 아이들은 소방차, 사이렌 소리, 지진, 유괴, 과속 운전, 뱀, 높은 장소가 무섭다고 말한다. 9 · 11 테러 이후에는 아이들이 가장 두려워하는 것이 테러리스트다. 어떤 아이들은 불안 증세는 가벼운데, 부모가 주위에 있어도 두려움에서 벗어나지 못한다. 훨씬 더 불안에 떠는 아이들도 있다. 밤에도 불을 켜놓게 하고, 소방차가 지나가거나 강도 이야기를 하면 불안감을 드러낸다.

지속적으로 강한 불안감을 보이는 아이들에게는 전문적인 도움을 받게 하는 것이 좋다. 아이들이 보여주는 격한 반응에서 해결의 실마리를 찾을 수 있다. 그런 아이들은 불안감 때문에 마비 증상을 보이고, 모든 일에 무기력 증세를 보인다. 하늘이 무너지고, 집에

벼락이 떨어지고, 허리케인에 온 가족이 휩쓸릴까 봐 걱정한다.

그들이 두려워하는 대상과 사람들은 만화경처럼 끝이 없다. 소음, 높은 장소, 처음 보는 사람, 흐르는 물, 어두운 모퉁이, 작은 곤충, 커다란 동물들이 두려움의 대상이다. 그들은 두려움에서 벗어나려고 무서워 보이는 장소나 행동을 아예 기피한다. 그러다 보니, 물을 멀리하고, 사다리를 오르려고 하지 않고, 어두운 방에 있는 것을 싫어한다.

집단 심리 치료를 받으면 두려움에 빠진 아이들도 그 두려움을 해결하는 데 필요한 활동에 참여할 가능성이 크다. 집단 심리 치료에서는 소리나는 장난감 총을 쏘고, 손가락으로 물감을 문지르며 그림을 그리고, 온몸에 진흙을 바르고, 불을 끄는 놀이를 하게 한다. 치료 집단에 들어가면, 두려움에 빠진 아이들은 반드시 자기들이 가진 문제와 대면해야 한다. 그것을 피할 수가 없다. 두려워하는 반응이 나타날 때, 치료사들이 그것을 치료한다. 어린이들은 극도의 두려움을 놀이로 풀어내고, 말로 표현할 수 있도록 도움을 받는다. 또 치료사들은 어린이들이 막연한 불안감을 줄이고 극복할 수 있도록 해준다.

■ 형제간에 지나친 경쟁심을 가진 아이

형제자매에 대한 질투가 인격 전반에 깊이 스며들어 생활 전체에 영향을 끼치는 아이들은 심리 치료의 도움을 받아야 한다. 그런 아이들은 형제자매들을 몸으로 또 말로 학대한다. 서로 부모의 총애를 받으려고 형제간에 경쟁을 벌인 경험이 있는 아이들은 교사와 스카우트 지도자, 캠프 지도자의 관심을 독차지하려고 하며, 무슨 방법을 써서라도 총애를 받으려고 노력한다. 경쟁하듯, 남보다 뛰어나려는 욕구를 드러내지만 자신은 그것을 의식하지 못한다. 질 경우에는 그것을 잘 다스리지 못한다. 그런 질투심이 어린 시절에 사라지지 않으면, 아이들은 평생에 걸쳐 다른 사람들을 마치 형제간 경쟁의 대리인으로 취급하게 될지도 모른다. 또 계속해서 의식적으로 형제자매의 삶을 비참하게 만들지도 모른다.

아이들이 형제자매에게 질투를 느끼는 것은 정상적인 행동이다. 그런 질투심은 인격 전반에 스며들어 있는 유형의 질투심이 아니다. 그런 아이들은 치료의 도움이 필요한 아이들과는 다르다. 그들은 형제자매가 자기보다 더 많은 사랑을 받는다고 느낄 수도 있다. 또 부모의 사랑을 받기 위해 서로 경쟁을 벌일지도 모른다. 하지만 사랑을 받으면 즉시 안심한다. 그들도 경쟁을 좋아하며, 남보다 더 뛰어나기를 바랄 수 있다. 그러면서도 또 놀이의 즐거움을 위해서 시합을 즐기기도 한다. 게다가 큰 고통이나 부담 없이 패배를 받아들일 수도 있다.

■ 성에 지나친 관심을 보이는 아이

어떤 아이들은 성에 대해 조숙한 관심을 보이고, 끈질기게 성문제에 집착한다. 성에 관한 꿈을 꾸고, 성에 대해 생각하고, 성에 대해 이야기한다. 드러내놓고 하든, 남몰래 하든, 습관적으로 자위 행위를 한다. 그리고 형제자매를 포함한 다른 아이들과 함께 성에 대해 파헤치려고 노력한다. 부모들의 성관계를 훔쳐보고, 현장을 목격하려고 한다. 너무 이른 나이에 성이 마음의 너무 많은 부분을 차지하고 있다. 이런 아이들은 심리 치료를 받을 필요가 있다.

대부분의 아이들은 성문제에 대해 자연스런 관심을 보인다. 이성 간에 서로 놀려대고, 여자 친구나 남자 친구에 대해서 깔깔대며 이야기한다. 또 자기들이 갖고 있는 육체적 욕망을 즐거운 마음으로 인정한다. 그들은 자기 몸을 만지기도 하며, 가끔 자위 행위를 하기도 한다. 그러나 이런 성적인 행위는 생활의 일부에 지나지 않는다.

■ 수줍음을 심하게 타는 아이

이런 아이들은 옷을 벗고 있는 모습을 다른 사람에게 들키면 공포에 가까운 반응을 보인다. 자기 몸에 대해서도 고통스러울 정도로 수줍음을 탄다. 체육 시간을 불편해하며, 건강 진단을 받을 때에도 수치심을 느낀다. 이런 아이들도 전문가의 도움을 받는 것이 이롭다.

다른 아이들도 체육 시간이나 체조 시간에 옷을 벗는 것을 좋아하지 않을 수 있다. 그들도 안절부절못하며 항의를 할지 모른다. 하지만 공포에 휩싸이지는 않는다.

■ 지나치게 공격적인 아이

매우 적대적인 아이들에게도 전문가의 도움이 필요하다. 우리는 적대적인 태도의 의미를 철저하게 평가하고 이해할 필요가 있다.

적대적인 태도는 여러 가지 이유에서 발생하므로, 그것이 발생할 때마다 그 원인이 어디에 있는지 파악해야 한다. 그래야 그 원인과 상황에 적절한 치료를 할 수 있다.

외부로 배출했는데도 그 공격성이 줄어들지 않고, 파괴적인 행동을 한 뒤에도 겉으로 죄책감을 드러내지 않는 어린이들을 가끔 만나게 된다. 눈썹 하나 까딱하지 않고, 참회의 빛이라고는 전혀 없이 극단적으로 잔혹한 행동을 하는 아이들이 있다. 그들에게는 상대방을 동정할 수 있는 능력이 없는 듯하며, 다른 사람의 행복에 대해서는 전혀 개의치 않는다. 나무라고 비난해도 전혀 끄떡하지 않는다. 다른 사람들이 자기들에 대해서 어떻게 생각하든 상관하지 않는다. 이들은 처벌을 받고도 행동을 고치지 않는다. 이런 아이들은 어른을 두려워하며, 친절하게 대해도 믿지 않으며, 호의도 거절한다. 그런 아이들과 관계를 형성하기란 간단한 문제가 아니다. 그런 경력이 있는 아이들은, 심리 치료사가 이들의 믿음을 얻을 수 있고, 상호 존중에 입각한 인간 관계를 형성할 수 있어야, 치료의 도움을 받을 수 있다.

아이들이 가끔 공격적이고 파괴적인 행동을 하는 것은 드문 일이 아니다. 많은 경우는 호기심이나 힘이 넘치기 때문에 벌어진다. 욕구 불만이나 적대감에서 행동을 하는 경우도 있다. 집에서는 공격적인 행동을 하면서도 밖에 나가서는 하지 않고, 또 그 반대로 학교에서는 공격적인 행동을 하다가, 집에서는 하지 않는 경우도 있다. 호기심이나 화가 나서 자기 장난감을 부수기도 한다. 그러나 다른 아이들의 장난감은 조심해서 다룬다.

■ 남의 물건을 자주 훔치는 아이

계속해서 남의 물건을 훔친다면 심각한 문제이다. 어떤 아이들은 기회만 있으면 사소한 것들을 훔친다. 사소하지 않더라도, 좀도둑의 수준을 넘지 못하는 물건들을 훔친다. 집, 학교, 캠프, 슈퍼마켓, 이웃집을 가리지 않는다. 이렇게 훔치는 버릇이 오래 된 아이들은 집단 심리 치료를 받으면 도움을 받을 수 있다. 이런 아이들 가운데 어떤 아이들은 더 나이가 들면, 약물을 구입하기 위해 도둑질을 한다. 이런 아이들은 약물 중독 치료소를 이용하는 것이 좋다.

자기 집에서만 물건을 훔치는 아이들은 이러한 범주에 속하지 않는다. 이들이 집 밖에서 가벼운 좀도둑질을 하는 경우도 가끔 있을 수 있다. 과일이나 사탕을 들고 가거나, '빌리거나', '우연히 발견한' 물건들을 돌려주지 못할 수도 있다. 하지만 일반적으로 이런 행동은 오래 지속되지 않는다. 나이가 들어가면서 이런 아이들은 남의 소유권을 인정하고, 그것을 존중하게 된다.

■ 지나치게 착한 아이

어떤 아이들은 믿을 수가 없을 정도로 지나치게 착하다. 순종적이고 예의바르며, 몸가짐이 깔끔하다. 어머니의 건강을 걱정하고, 아버지의 사업을 염려한다. 또 동생들을 열심히 보살핀다. 이런 아이들의 생활은 온통 부모를 즐겁게 하려는 데 목적이 있는 것처럼 보인다. 이들에게는 자기 또래의 어린이들과 같이 놀 힘이 거의 남아 있지 않다.

학교나 이웃에서도 이들은 항상 착하게 행동한다. 얌전하고 예의 바르게 행동하며, 아이들이 무서워하는 교사의 마음을 풀어주기 위해 시간과 노력을 아끼지 않는다. 맛있는 사과를 가져오기도 하고, 자진해서 칠판을 닦는다. 선하기 그지없는 이런 겉모습 뒤에는 악하기 짝이 없는 충동들이 감춰져 있다. 적대감을 숨기고 남을 칭찬하는 행동을 하려고 애쓰고, 계속 그런 겉모습을 유지하려고 조바심을 내다 보면, 아이들의 얼마 되지 않는 힘이 다 소진되어 버린다. 말 잘 듣고, 조용하고, 남을 잘 돕는 아이라는 이웃의 평가를 받기 위해 심각한 범죄를 저지르는 아이들에 관한 기사를 흔히 읽는 것은 드문 일이 아니다.

집단 심리 치료를 받으면 지나치게 착한 행동을 수정하는 데 효과적인 환경을 제공한다. 거기에는 자신의 적대적인 충동에 좀더 솔직한 아이들도 포함되어 있다. 이 아이들이 천사처럼 착한 아이들이 노예처럼 순종하는 태도를 버리고, 정상적인 자기 주장을 내세울 수 있도록 용기를 불어넣는다. 그들은 관찰과 경험을 통해서 자신을 숨기면서까지 타인의 환심을 살 필요가 없다는 사실을 깨닫게 된다. 그리고 자기 마음속에 있는 적대감을 서서히 겉으로 드러내기 시작한다. 자신의 소망을 발견하고, 자신의 감정을 알게 된 아이들은 이를 통해서 자신의 정체성을 확립해 간다.

■ 미성숙한 아이

자기 자신의 생각과 욕구를 가진 성장한 개인이 아니라, 갓난아기처럼 사랑받고 싶어하는 아이들을 미성숙한 아이들이라고 부른다. 과보호를 받은 이런 아이들은 가정의 울타리를 벗어난 생활 현실에 놓이게 되면 거의 아무것도 할 수가 없다. 그런 아이들에게는 다른 사람들의 욕구와 감정에 대해 생각해 볼 기회가 별로 주어지지 않는다. 욕구 불만이 있으면 이를 견디지 못한다. 자기가 노력하는 대신, 다른 사람들이 자기를 보살펴주기를 바란다.

신중하게 선택한 집단과 함께 심리 치료를 받으면, 미성숙한 아이들에게는 큰 도움이 된다. 집단과 함께 치료를 받으면, 성숙한 행동을 할 수 있는 자극과 격려를 받을 수 있고, 새로운 행동 패턴을 연습할 수 있는 안전한 장소를 제공받을 수 있다. 집단 속에서 아이들은 자기 행동 가운데 어떤 점이 사회적으로 받아들여지지 않는지를 배우게 된다. 바람직한 행동이 무엇인지도 배운다. 결과적으로 자기 또래 아이들의 기준에 적응하려고 노력한다. 집단 안에서 아이들은 사회적으로 중요한 여러 가지 수법들, 곧 물건을 함께 쓰고, 함께 행동하며, 다정한 어른의 주목을 받는 법을 배운다. 이런 기술들은 그런 아이들에게 자기와 같은 처지에 있는 아이들을 상대할 수 있는 마음의 준비를 갖춰준다.

■ 소극적인 아이

이런 아이들은 수줍음이 많고, 순종적이고, 내성적이고, 유순하다. 애정과 공격성 같은 정상적인 감정을 표현하는 데 어려움을 겪으며, 친구가 적고, 함께 어울려 시합하며 노는 것을 싫어한다. 여러 사람이 모여 있는 곳에서는 쉽게 지치며, 낯선 사람을 만나려고 하지 않는다. 그들은 다른 사람들이 먼저 허물없이 접근해 주기 바라며, 그럴 때에도 상대처럼 허물없이 대응하지 못한다.

소극적인 아이들은 학교에서 교사에게 말을 걸거나, 운동장에서 친구들에게 말을 거는 데 어려움을 느낀다. 소리내어 책을 읽으라고 하거나, 질문에 대답하라고 요구하면, 굴욕감을 느낀다. 그런 아이들은 '예'나 '아니오'로 대답하거나, 아예 전혀 대답을 하지 않는다. 놀 때에도, 다른 아이들과 함께 섞여서 놀 필요가 없는 조용하고 안전한 놀이를 선택한다. 함께 어울려 놀라고 강요하면, 불안감이 커져서 공포 수준에 도달한다.

소극적인 아이들은 집단 심리 치료를 받으면 많은 도움을 얻을 수 있다. 어른들이 다정하게 대해 주고, 매혹적인 물건들이 널려 있고, 집단에 선택된 회원들의 도움을 받으면, 어렵지 않게 자기 껍질을 벗고 나올 수가 있다. 그런 환경은 고립을 극복하는 데 큰 보탬이 된다. 또 다른 아이들과 마음껏 놀고 자유롭게 이야기를 나눌 수 있도록 용기를 북돋워 준다.

■ 병적인 집착과 독특한 버릇을 가진 아이

어떤 아이들은 끈덕지게 독특한 버릇을 계속하여 부모들을 괴롭힌다. 눈을 흘기고, 콧방귀를 뀌고, 얼굴을 찡그리고, 잡아당기고,

코를 후비고, 눈을 비비고, 헛기침을 하고, 어깨를 구부리고, 손톱을 깨물고, 손가락을 빨고, 손가락 마디를 꺾어서 소리를 내고, 발을 떤다. 몸을 비비 꼬거나 독특한 버릇을 계속 반복하면, 눈에 거슬리기도 하고, 우스꽝스럽게 보이기도 하기 때문에, 다른 사람들의 주의를 끌지 않을 수 없다. 손가락을 비틀고, 살갗에 물집을 내고, 살점이 드러날 정도로 손톱을 물어뜯기도 한다.

이런 아이들이 있으면, 코를 킁킁대고, 헛기침을 하고, 손가락 마디를 꺾고, 발을 떠는 귀에 거슬리는 소리들을 피할 수가 없다. 이런 아이들은 심리 치료 상담과 건강 진단을 하고 나서, 적절한 치료를 받아야 한다.

피곤하고, 졸리고, 어떤 일에 몰두하거나, 감정적으로 긴장하면, 아이들이 여러 가지 독특한 버릇을 보이며, 이에 집착하는 경우가 종종 있을 수도 있다. 하지만 이런 버릇은 오래 가지 않으며, 결국에는 사라진다.

부록 2
심리 치료사들은 자기 아이들을 어떻게 대하는가

부모이자 어린이 심리 치료사인 나는 가끔, 내가 받은 직업 교육과 경험이 내 아이들을 키우는 데 도움이 되었느냐는 질문을 받는다. 심리 치료사들이 훈련을 받지 않은 사람들보다 더 부모 노릇을 잘 할까? 이런 질문을 받고 대답해 본 적은 거의 없다. 대답도 분명하지 않다. 심리 치료사들과 정신과 의사들 여러 사람이 함께 모여, 이 쉽지 않은 주제를 놓고 이야기를 나누었다.

애덤스 박사 : 사람들은 보통 정신 건강 전문가들이 부모 노릇도 더 잘 할 것이라고 예상해요. 전문가들마저 전문적인 경험과 통찰력이 주는 이점을 누리지 못한다면, 보통 부모들에게 무슨 희망이 있을 수 있겠는가 하는 거지요.

브루스 박사 : 다른 한편으로는 바로 그런 사람들이 심리 치료사들

과 정신과 의사들의 아이들이 정서적으로 장애가 있고, 또 남을 정서적으로 혼란스럽게 한다는 농담을 즐겨 하기도 해요.

체임버스 박사 : 문제는 직업적인 능력을 개인화할 수 있느냐 하는 거예요. 심리학 원리들이 육아 원칙으로 전환될 수 있을까요?

데이비드 박사 : 난 의심스러워요. 내 어린이 환자들은 이해하고, 또 너그럽게 대할 수 있는데, 우리 아이들에게는 금방 화를 내게 되거든요. 화내고, 야단치고, 잔소리하고, 창피를 줘요. 다른 사람과 다를 바 없는 부모라고요.

필드 박사 : (데이비드 박사를 향해) 박사께서는 강연에서 이렇게 말한 적이 있어요. 부모와 아이 관계에서 문제가 되는 것은 특별한 방법이 아니라, 일반적인 태도라고요. 박사가 자기 아이들에게 놀라울 정도로 일반적인 태도를 보인다는 건 알겠어요. 그렇다면 당신은 일상 생활에서 어떻게 아이들의 생활을 힘들게 하나요?

데이비드 박사 : 우리 아이들을 객관적으로 대할 수가 없어요. 자연 발생적인 기분에 따라 대해요. 우리 아이들에게는 침착한 방법을 적용할 수가 없어요.

애덤스 박사 : 어린이 환자들에게는 효과가 있다는 것이 증명된 방법을 당신 아이들에게 적용하는 데 뭐가 문제가 되었나요?

데이비드 박사 : 그런 방법은 매우 조작적이고 인위적이어서, 자연 발생적인 느낌을 주지 못한다고 생각해요.

그린 박사 : 세상에는 어린 시절에 부모에게서 '자연 발생적인 취급'을 받아 정서적으로 문제가 있는 어른들이 널려 있어요. 허파 위

에 있던 것이 혀로 올라왔다고 할 수 있어요. 그런 혀로 욕설과 모욕을 뿌려댄 거지요.

데이비드 박사 : 우리 아이들을 '자연 발생적인' 기분으로 대하는 데 반대한다는 뜻인가요?

그린 박사 : 아니요. 전적으로 반대한다는 뜻은 아니에요. 내 말은 충동적인 행동을 자연 발생적인 행동으로 가장하는 데 반대한다는 거예요. 자기 아이들을 대하는 자연스런 반응에 대해 생각해 보는 부모들이야 잘못이 없어요. 좋은 것과 나쁜 것을 구분하고, 아이들에게 도움을 되는 것과 상처를 주는 것을 알아내는 것을 뭐라고 탓하겠어요.

데이비드 박사 : 자연적인 반응이 때로는 아이들에게 상처를 줄 수도 있다는 말인가요? 당신 말이 옳을지도 모르겠군요. 화가 날 때에도, 어린이 환자를 모욕적인 이름으로 부르는 일은 절대 없으니까요. 내 아들에게도 그렇게 해볼 생각이에요.

아이비 박사 : 나도 마찬가지예요. 한 어린이 환자가 잘못해서 놀이방에 빨간 페인트를 엎질렀어요. 그럴 때 어떻게 대응해야 하는지 잘 알고 있었지요. "저런, 페인트를 쏟았구나. 스펀지가 있어야겠다. 그리고 여기 이 물로는 네 옷을 닦아라." 자연적으로 그런 반응이 나왔고, 자동적으로 말이 그렇게 나왔어요. 인위적이지도 않았고, 우연히 그렇게 된 것도 아니었어요. 치료 훈련의 결과였어요.

브루스 박사 : 당신 아들이 잘못하여 집 안의 양탄자에 페인트를 쏟았다고 가정해 봐요. 그때는 어떻게 했겠어요?

아이비 박사 : 묻지도 마세요. 물론 내 기분에 따라 달라지겠죠. 하지만 지금까지는 나무라고 창피를 주었어요. "무슨 일을 저질렀는지, 봐. 저렇게 칠칠맞지 못하다니까. 조심하라고 내가 몇 번이나 말했니?" 내가 내 꼬마 환자들에게는 무척 친절하지만, 우리 아이에게는 함부로 대할 때가 더러 있다는 것을 나도 알아요. 흥분해 있는 순간에는 훈련받은 자연스러운 태도를 내 아들에게 적용할 생각을 하지 못하니까요.

애덤스 박사 : 한 위대한 스승이 학생들에게 이렇게 말했다더군요. "기술을 배운 다음에는 잊어버려라." 대가들은 모두 그렇게 말해요. 그것은 우리에게도 적용되는 말이에요.

브루스 박사 : 외과 의사가 자기 가족을 수술하지 못한다고 하잖아요. 마찬가지로 심리 치료사도 자기 아이에게는 치료사가 될 수가 없어요. 아이에게 부모가 아니라 치료사가 되면 위험도 따르지 않을까요?

애덤스 박사 : 전혀 그렇지 않아요. 난 내 환자에게 내가 배운 최선의 것을 베풀어요. 거기에는 적절한 시간에 맞춰 행하는 무의식적인 해석 과정도 포함되어 있어요. 그러나 우리 아이들을 진단하거나 해석하고, 그들에게 정신과 의사 역할을 한다는 생각은 하지 않을 것 같아요. 하지만 민감하고, 동정적이고, 자비로운 자세는 직장에서 집으로 가도 거의 변하지 않아요.

필드 박사 : 나도 내과와 정신과에서 받은 훈련이 내 생활에 도움이 된다고 생각해요. 내 아들의 팔이 부러졌을 때, 뼈가 살을 비집

고 나온 것을 보고도 기절하지 않았어요. 응급 조치를 취했어요. 물리적인 조치도 취했고, 정신적으로도 조치를 취했어요. 그것이 아들이 고통과 공포감을 극복하는 데 도움을 주었어요.

힐 박사 : 임상 지식을 아이들을 키우는 데 거의 적용하지 않는 이유가 궁금해요. 이를테면 나는 본질적으로 보면 우리 어머니가 날 대했던 방법으로 아들을 대해요. 어떨 때 보면 말투까지 어머니를 닮았어요. 꼭 낯익은 테이프를 재생하고 있는 것 같아요.

체임버스 박사 : 낯선 테이프를 찾는 중인가요? 새로운 대본을? 다른 드럼 소리를 찾나요?

힐 박사 : 부모님의 테이프는 싫어요. 알지도 못하는 가운데, 많은 부모들이 무의식적으로 이미 지난 대본을 암기하고 있으니까요. 하지만 우리는 알고 있어요. 우리는 우리 자신의 대본을 쓸 수 있어야 해요. 어린이 치료사로서 배운 것을 모두 사용해야 해요.

브루스 박사 : 그런데 전형적으로 부모가 하는 소리로 들리는군요.

힐 박사 : 내게도 그래요. 그 때문에 괴로워요. 집에서 일이 잘못되었을 때, 어떻게 하면 주의를 다른 곳으로 돌리는 방법을 모르겠어요. 전문적인 훈련을 받았고, 몇 년 동안 아이들을 치료해 왔는데도, 다른 부모들처럼 과거로 돌아가고 나서는 후회를 해요.

브루스 박사 : 부모라면 누구나 마음에 상처를 입기가 쉬워요. 아이들을 제대로 키우기란 쉬운 일이 아니에요. 부모가 냉정을 잃고 흥분하면, 아이들은 풀이 죽어요.

애덤스 박사 : 아이들은 사랑, 존중, 인정, 개인적인 차이와 인간적

인 개성에 관한 그럴싸한 일반적인 이론으로는 해결할 수 없는 구체적인 문제들을 제기해요. 그런 개념들은 지나치게 광범위해요. 그것들은 1000달러짜리 지폐와 같아요. 엄연히 현금이지만, 일용품을 사는 데는 쓸모가 없다는 거예요. 커피를 한 잔 사고, 택시를 타고, 전화를 거는 데는 도움이 안 돼요. 일상 생활에 필요한 것은 동전이에요. 아이를 키울 때는, 어린이를 치료할 때와 비슷하게, 심리적으로 조금은 변할 필요가 있다고 봐요.

데이비드 박사 : 그런데 말이에요. 심리적으로 조금 변해야 한다는 게 무슨 뜻이죠?

애덤스 박사 : 사소한 짜증, 반복되는 갈등, 갑작스런 위기같이 시시각각 일어나는 일을 효과적이고 인도적으로 처리할 수 있는 특별한 방법이라고 할 수 있어요.

데이비드 박사 : 심리 치료사인 것이 부모 노릇을 하는 데 어떤 도움을 주는지 말해 줄 수 있나요?

애덤스 박사 : 책처럼 긴 목록을 줄 수도 있어요. 하지만 내가 마치 모든 해답을 다 알고 있다고 생각하면 안 돼요. 사실은 그렇지 않으니까요. 난 우리 아이들 때문에 매일 발생하는 어려움에 좀더 인도적으로 대응하는 방법을 배웠어요. 난 어린이 환자를 대하듯, 내 아이들에게 감정을 이입해요. 아이들의 감정을 이해하기 위해서, 그들의 입장이 되려고 노력해요. 난 모욕을 주지 않고 분노를 드러내는 방법을 배웠어요. 흥분해도, 내 아이들을 모욕적인 이름으로 부르지 않아요. 인격과 개성을 비난하지 않아요. 그 대신, 치료법에

있듯이, 내가 본 것, 느낀 것, 해야 할 일에 대해서만 이야기해요.

데이비드 박사 : 당신은 아이들에게 냉정을 잃지 않고, 화를 내지 않는다는 말인가요?

애덤스 박사 : 그 반대예요. 난 분노를 두려워하지 않아요. 피해를 주지 않고, 분노를 표현하는 방법을 알기 때문이에요. 난 감정에 충실해요. 내 말에는 내 감정이 들어 있어요. 나는 또 지혜의 시작은 침묵이며, 권위에는 용기가 필요하다는 것도 배웠어요. 그래서 말은 적게 하고, 대신 말을 많이 들어요. 문제가 발생하면, 훈계하지 않고, 해결책을 찾아요. 변명하거나 맞대놓고 불평을 터뜨리지 않으면서 아이들의 불평에 대응하는 법을 배웠어요. 아이들의 마음을 동정하면서 투덜대기도 하고, 간략하게 언급을 하기도 해요.

체임버스 박사 : 예를 들어주실 수 있어요?

애덤스 박사 : 이런 식이에요. "응, 알았어. 그런 일이 있었구나. 그래서 네 기분이 그렇구나. 그것이 네가 심사숙고 끝에 결정한 의견이구나. 네 생각을 내게 말해 줘서 고맙게 생각한다. 네 생각에 대해서 주의를 기울일 수 있게 되어서 다행이야. 잘 기억해 두기 위해서 네 제안을 적어두어야겠다." 아이를 당황하게 하는 질문은 조심스럽게 피해요. 흥분된 상황에서는 차가운 논리를 적용하지 않으려고 해요. 세상은 아이의 정신에 호소하고 있기 때문에, 나는 가슴에 호소하려고 해요.

브루스 박사 : 그야말로 상식적인 이야기네요.

그린 박사 : 나는 상식적인 이야기가 아니라고 생각해요. 이를테면

어린이 심리 치료에서는 어떤 칭찬은 파괴적인 영향을 끼치기도 한다고 배웠거든요. 그래서 난 그런 칭찬을 사용하지 않아요. 아이들 대기실이나 집에서도 사용하지 않아요. 아이들에게 아이들이 도저히 따를 수 없는 의무를 부과하는 칭찬은 피해요. 이를테면, "넌 언제 봐도 정말 대단한 아이야, 넌 항상 정말 생각이 깊어, 넌 천사야."라는 식의 칭찬은 하지 않아요. 내 칭찬은 사실을 인정하는 칭찬이에요. 아이의 노력과 성취, 그리고 그에 대한 내 감정을 그대로 말하는 거예요. 나는 칭찬할 때 평가하거나, 판결을 내리거나, 비교하거나, 우월감을 드러내지 않아요.

체임버스 박사 : 좀더 자세히 설명해 주시겠습니까?

그린 박사 : 좋습니다. 내 견해를 좀더 명확하게 말하죠. 난 당신의 관심을 높이 평가해요. 체임버스 박사도 보았다시피, 이것이 바로 사실을 인정하는 칭찬 방법이에요.

체임버스 박사 : 아동 심리 치료 훈련을 받기 전이었다면 나를 어떻게 평가했을 것 같아요?

그린 박사 : "당신 대단하군요. 늘 이렇게 내게 도움을 준다니까요. 우리 그룹에서 당신은 기적적인 일을 해냈어요." 이렇게 칭찬했을 거예요. 사실을 인정하는 칭찬을 할 때 내가 '나'라는 말로 시작했다는 것을 눈치챘나요? 판결을 내리는 칭찬을 할 때는 '당신'이라는 말로 시작했거든요.

체임버스 박사 : 난 그런 칭찬 받지 않고도 내 일을 할 수 있어요.

그린 박사 : 그건 아이들도 마찬가지예요. 또 나는 아이의 지각을

부정하지 않아요. 감정을 무시하지도 않고요. 아이의 경험을 가지고 왈가왈부하지 않아요. 나는 아이의 지각과 감정 그리고 경험을 인정해요.

아이비 박사 : 그렇다면 부모 노릇을 하는 데 우리도 도움을 받아야 해요. 우리가 일상적으로 아이들을 대하는 방법이 중요하다는 사실을 인정할 필요가 있어요. 우리가 아이들을 어떻게 대하느냐에 따라 좋든 나쁘든 아이의 행동과 성격에 영향을 주기 때문이에요. 사실 우리는 이미 그걸 알고 있어요. 우리에게 필요한 것은 우리가 가진 능력을 전환하고, 기술을 적용하는 거예요. 이런 전환은 자동으로 일어나지 않아요. 하지만 우리는 심리 치료사이기 때문에 남보다 출발이 유리하다고 할 수 있어요.

공동 저자 소개

■ 앨리스 기너트(Alice Ginott) 박사

옛 체코슬로바키아 출생, 이미 세상을 떠난 하임 G. 기너트 박사와 함께 슬하에 두 딸을 두었고, 현재는 두 손자의 할머니이다.
심리학자, 심리치료사, 저자, 강사로 활동 중이다.
주 관심 분야는 언어를 통한 의사 소통이다. 〈Between Us〉, 〈생각이 건강한 아이로 키우는 방법(How to Drive Your Child Sane)〉, 〈아이들의 슬픔을 덜어주는 방법(How to Help Children Mourn)〉이라는 제목으로 칼럼을 연재하기도 했다.

인디애나 대학교에서 석사 학위.
뉴욕 뉴 스쿨 대학교(New School University)에서 석사와 박사 학위
뉴욕 주 헌터 퀸스 대학(Hunter and Queens colleges) 심리학과에서 조교수 역임
피츠버그의 채텀 대학(Chatham College) 교환 교수 역임

기타 이력
1970년 어린이에 관한 백악관 회의에 참가
이집트 카이로 소재 아메리칸 대학교(The American University)에서 열린 국제 어린이의 해 심포지엄에서 기조 연설
미국을 비롯하여 브라질, 캐나다, 유럽, 인도, 홍콩, 이스라엘 등에서 강연
엘리노어 루스벨트 인문상 수상

■ 월리스 고더드(Wallace Goddard) 박사

미국 유타 주 출생으로, 아내 낸시와 함께 슬하에 세 자녀를 두었고, 수 년 동안 20명의 입양아를 돌보았다. 현재 아칸소 주의 리틀 록(Little Rock)에 살고 있다.

현재 아칸소 대학교 사회교육원에서 가족 생활 지도 전문가로 활동하고 있으며, 사회교육원 웹사이트에 글을 올리고 있다. 지역 사회의 가족 생활 개선 교육에 참가하고 있으며, 〈어린이를 위한 성공적인 길잡이(Guiding Children Successfully)〉라는 제목의 텔레비전 프로그램에 출연하고 있다. 강연 활동과 더불어 〈가족 생활 교육(family life education)〉에 관한 교재를 집필 중이다.

브리검 영(Brigham Young) 대학교에서 학사와 석사 학위.
유타 주립 대학(State University)에서 박사 학위.
6년 간 앨라배마 주의 오번(Auburn) 대학교에서 가족 생활 지도 전문가로 활동.
유타 주립 대학 출강.
고교 교사 역임.

기타 이력
육아 교육 프로그램, 〈육아의 원칙(Principles of Parenting)〉 개발.
부모 교육 모델, 〈전국 지역 사회 부모 교육 모델(The National Extension Parent Education Model)〉 개발.
청소년 발달 프로그램, 〈위대한 자아의 신비(The Great Self Mystery)〉 개발.
스티븐 코비의 『성공하는 가족들의 7가지 습관』의 집필을 도움.
가족 생활의 질을 높여 주는 응용 활동 개발.

옮긴이의 말

이 책은 하임 G. 기너트(Haim G. Ginott)의 *Between Parent and Child*를 번역한 것이다. 자세하게 말하면, 본래는 하임 G. 기너트가 쓴 같은 이름의 책을 그의 아내인 앨리스 기너트(Alice Ginott)와 월리스 고더드(Wallace Goddard)가 수정 보완하여 2003년에 재출판한 것을 우리말로 옮긴 것이다.

개정판과 원판을 비교해 보면, 같은 소제목 아래 원판에 없는 내용이 많이 추가되거나, 원판의 내용이 삭제된 경우가 많았고, 내용에는 변화가 없이 서술의 순서가 뒤바뀌는 경우도 있었다. 내용의 변화가 없는 경우에도 사소하게 수정된 것들이 많이 있었다. 원판이 출판된 이후 오랜 시간이 지난 지금의 가족 현실을 반영하여 원판에는 전혀 없는 내용이 추가되기도 했다. 그래도 원판의 의도, 곧 올바른 가정 교육을 위한 길잡이 노릇을 하고자 했던 의도는 끝까지 유지되었다.

일상처럼 세 끼 밥 먹이고 키워서 아이들을 독립시키는 것으로 가정 교육의 끝을 삼을 수도 있다. 그러나 그 일상의 골을 타고 앞선 세대에게서 다음 세대로 지식과 경험, 가치와 도덕이 전해지고, 그것이 다음 세대의 삶의 여정을 가르는 이정표 역할을 한다고 생각하면, 가정 교육을 강 건너 불 보듯 할 수만은 없는 노릇이다.

전통적으로 우리 사회에서 가정 교육의 중심에는 효도와 예의 범절이 있었다. 이것이 인격과 가치관 교육의 핵심을 이루었다. 또 논란의 여지는 없지 않지만, 지금까지도 그것은 우리의 정서와 사고 방식에 결정적인 영향을 미치고 있다. 가정 교육의 영향은 여기에서 그치지 않는다. 사회적 성취 동기도 대부분 가정 교육에서 형성되기 시작한다. 입신출세와 입신양명은 전통적으로 효의 중요한 구성 요소였다. 그것이 지금에 와서 우리 사회의 여타 현상과 맞물려 일그러진 형태로 집약되어 나타난 것이 바로 사교육 열풍이기도 하다.

그 동안 우리 사회는 급속하게 변했고, 우리 사회를 둘러싼 외부의 환경도 크게 바뀌었다. 또 두 가지 모두 지금도 아주 빠른 속도로 변화하고 있다. 이런 변화의 파고를 타고 넘어 미래를 준비해야 하는 우리에게 교육의 역할과 몫은 여전히 무겁고 또 무겁다. 가정 교육도 여기서 예외는 아니다.

이 책에는 역동적으로 변화하는 현실 앞에서 가정 교육을 걱정하는 부모와 교사, 그리고 어린이 교육에 관계된 모든 사람들에게 길잡이가 될 만한 내용들이 풍부하게 담겨 있다.

하임 G. 기너트는 어린이를 독자적인 개인, 독립된 인격체로 전제한다. 어린이라고 해서 그 감정과 정서를 무시해서는 안 되며, 이를 인정하고 존중하는 것이 가정 교육의 출발점이 되어야 한다고 역설한다.

그의 주장에 따르면 부모는 아이를 설득해야 한다. 어린이의 생각과 감정도 한 인간의 생각과 감정이므로 이를 용납하고 존중해야 한다. 다만 그 생각과 감정에서 비롯된 행동이 파괴적일 때는 그것을 과감하게 제지할 필요가 있다. 꾸짖기보다는 먼저 이해하고, 마음을 읽으려고 노력하고, 비판하기보다는 격려해 줄 때, 아이들은 이를 부모의 사랑으로 확인한다. 이는 아이들에게 정서적 안정의 바탕이 되기도 하지만, 용기와 위안의 원천이 되기도 한다.

이와 동시에 아이들에게는 책임감이 강조된다. 아이들이라고 해서, 늘 일방적인 보살핌과 배려의 대상일 수는 없다. 보살핌과 배려는 아이 스스로 문제를 해결할 수 있도록 안내하는 정지 작업에 지나지 않는다. 결국 문제는 아이가 자기 힘으로 처리해야 한다.

하임 G. 기너트는 아무리 훌륭한 이론도 '기술'로 전환되어 생활 속에서 실천되지 못하면 의미가 없다고 본다. 그러자면 먼저 아이의 감정과 정서, 생각을 인정하고 존중해야 하는데, 이 모든 것의 성패를 좌우하는 것이 곧 대화 기술, 곧 대화 방법이다. 일상에서 벌어지는 갖가지 문제들을 교육적 차원에서 해결하는 가장 훌륭한 수단은 바로 대화 방법이다. 마음을 공감하고 이해한다는 것을 보여주는 대화 방법은 아이를 훌륭한 인격과 품성, 그 밖의 여러 가지 인격적 미덕을 지닌 인간으로 키우려는 부모가 반드시 습득해야 할 기술이기도 하다.

이 책을 우리가 안고 있는 가정 교육 문제에 대한 대안의 모든 것이라고 우길 생각은 없다. 다만 성적이라는 지상 과제 앞에서, 공범이자 포로가 되어 여타의 교육적 가치를 철저하게 외면하고 있는 우리들에게, 질곡을 벗어나 방향 감각을 회복하고, 가정 교육의 본령을 회복하는 실마리를 찾는 참고 자료로서는 일독의 가치가 넘치는 책이라고 본다.

역사와 사회, 문화의 차이에서 비롯된 세계관과 인간관의 차이가 교육 문제에 대한 접근 방법과 해법의 차이를 낳는다는 보편적 진리까지도 이 책에서 읽어준다면 옮긴이로서는 더없이 고맙겠다.

옮긴이 신홍민

옮긴이 | 신홍민

한국외국어대학교 독일어과를 졸업하고, 동대학원에서 독문학 박사 학위를 받았다.
한국외국어대학교, 서울시립대학교, 성신여자대학교에서 독일 문학을 강의했다.
현재 덕성여자대학교, 대진대학교 겸임교수로 독일 문학과 동화를 강의하고
있으며, 전문번역가로 활동 중이다.
옮긴 책으로는 《사랑의 매는 없다》《처음 그 설렘으로 아이들을 만나고 싶다》《부모와
십대 사이》《교사와 학생 사이》《형제》《변증법의 역사》《폭력의 기억, 사랑을 잃어버린
사람들》 등이 있고, 어린이 문학 작품으로 《평화는 어디서 오는가》 이외에 다수가 있다.

'우리들 사이' 시리즈
부모와 아이 사이

1판 1쇄 | 2003년 8월 16일
1판 49쇄 | 2023년 6월 21일

지은이 | 하임 G. 기너트 외
옮긴이 | 신홍민
펴낸이 | 조재은
펴낸곳 | (주)양철북출판사
등록 | 2001년 11월 21일 제25100-2002-380호
주소 | 서울시 영등포구 양산로 91 리드원센터 1303호
전화 | 02-335-6407
팩스 | 0505-335-6408
전자우편 | tindrum@tindrum.co.kr
ISBN | 978-89-90220-12-7 03180
값 | 13,000원